国家旅游局资助项目成果（861605050009）

中国世界遗产旅游与城市发展的关系研究

闫　颖　张广海　著

中国海洋大学出版社

·青岛·

图书在版编目(CIP)数据

中国世界遗产旅游与城市发展的关系研究/闫颖，
张广海著. —青岛：中国海洋大学出版社，2016.5
ISBN 978-7-5670-1160-1

Ⅰ. ①中… Ⅱ. ①闫… ②张… Ⅲ. ①文化遗产—旅
游资源开发—关系—城市建设—研究—中国 Ⅳ. ①F592
②F299.2

中国版本图书馆 CIP 数据核字(2016)第 102396 号

出版发行　中国海洋大学出版社
社　　　址　青岛市香港东路 23 号　　　邮政编码　266071
出 版 人　杨立敏
网　　　址　http://www.ouc-press.com
电子信箱　zhaochong1225@163.com
订购电话　0532-82032573（传真）
策划编辑　韩玉堂
责任编辑　赵　冲　　　　　　　　电　　话　0532-85902495
印　　制　蓬莱利华印刷有限公司
版　　次　2017 年 11 月第 1 版
印　　次　2017 年 11 月第 1 次印刷
成品尺寸　170 mm × 230 mm
印　　张　15.5
字　　数　254 千
印　　数　1—1000
定　　价　28.00 元

如有质量问题请联系 0535-5651533 调换

中国已加入《保护世界文化和自然遗产公约》30年，至2015年中国世界遗产总数达到全球第二，分布于全国62处。2015年中国人口城镇化率达到56.1%，处于城镇化快速发展的中后期。世界遗产作为城市空间中的珍贵资源，成为城市发展过程中不可忽视的因素。自1987年我国第一批世界遗产诞生，从总体上看世界遗产旅游与城市发展一直保持攀升的态势。在中国旅游业高速发展的今天，围绕全人类共同财富的世界遗产进行的旅游在激发经济增长活力、促进城市的建设与发展、提升城市人民生活质量等方面的作用备受关注。中国政府高度重视世界遗产旅游的地位和作用，正为实现将世界遗产旅游打造成中国旅游业中的重要链环和人民群众更加满意的现代服务业的目标而努力。

　　本书的基本内容是围绕世界遗产旅游与城市发展关系的研究。研究依据旅游学、城市发展学、经济地理学等相关理论与方法，按照"内涵—特征—机理—测度—评价—路径"的研究思路，构建世界遗产旅游与城市发展的评价体系，对近十几年中国世界遗产旅游与城市发展的水平进行测度并对其时间演变和空间差异进行分析，在确定世界遗产旅游与城市发展之间的动力机制后，建立世界遗产旅游与城市发展协调度评价模型，对世界遗产旅游与城市发展的协调度进行评价与分析，并通过聚类分析总结世界遗产旅游与城市协调发展的类型以及相应的发展路径。以此作为我国协调遗产地遗产旅游与城市发展的理论支撑和实践研究基础。

　　本书的撰写正值我攻读博士的阶段。首先要衷心感谢我的恩师张广海教授，是张教授给了我难得的学习机会，并在本书的选题、多次修改中对我进行悉心指导。张广海教授无论是在学习、科研上，还是在做人上都给我很多启发,他严谨的治学精神、深厚的学术造诣让我受益匪浅。其次要感谢攻读博士期间的师兄师姐、师弟师妹和各位同学,朝夕相处中我们共同学习,共同进步,有欢笑也有泪水,我相信这是我们一辈子的缘分。最后,我要感谢我的家人,你们永远是我最温暖的港湾和最坚强的后盾。本书的撰写完成并不意味着我对遗产旅游与区域发展关系研究的结束,它更是我继续深入研究的起点。

管理学院 320 室

2016 年 6 月 20 日

目 录

第 1 章
绪　论

一、研究背景与意义

（一）世界遗产资源及其旅游价值

世界遗产数量不断增加。从 1972 年联合国教科文组织第十七届会议通过《保护世界文化和自然遗产公约》开始，截至 2015 年第 39 届世界遗产大会闭幕，《世界遗产名录》共列入了 1 031 项世界遗产，其中 802 项为文化遗产，197 项为自然遗产，32 项为文化和自然混合遗产，拥有遗产的国家数增至 163 个。我国于 1985 年加入世界遗产组织，1987 年拥有第一批世界遗产 6 项，到 2015 年共有 48 个项目列入《世界遗产名录》（其中，文化遗产 34 项，自然遗产 10 项，自然与文化混合遗产 4 项），世界遗产数量位居世界第二。

在旅游价值上，世界遗产具有其他旅游资源无法比拟的优越性，世界遗产具有不可替代性，还具有"突出的普遍价值"，是人类社会发展和自然环境演化的历史遗存，是极其珍贵而不可替代的高品位旅游资源。一般旅游资源只具有地区意义，而世界遗产的旅游吸引力要更广，成为全国范围内甚至是国际范围内的旅游热点。世界遗产在资源品味及其吸引力上所表现出来的垄断性使其成为旅游开发优先选择的资源，也是世界遗产地发展旅游业最受重视和最先发展的对象，因为世界遗产本身就是遗产地最典型的旅游形象，其直接决定了世界遗产地的旅游发展水平和级别，使世界遗产地旅游业拥有起点高、潜力大的先天优势。由此可见，旅游是世界遗产价值实现的重要途径,世界遗产也是品位最高的旅游资源。

(二)世界遗产旅游的发展

遗产旅游作为一种世界现象已经成为人类求取与外部世界高度和谐的有效形式之一,成为高质量回归自然、回归历史的必然性的社会生活组成部分[1]。1978 年第一批世界遗产诞生,自此之后,世界遗产旅游开始被发达国家作为全新的旅游产品主题进行营销和培育。经过多年的发展,伴随着国际旅游产业向纵深化方向发展,旅游活动的高品位化趋势加强,遗产旅游已经成为发达国家主流的大众旅游类型之一。根据世界旅游组织(WTO)的预测,以世界遗产旅游的重要组成部分——文化遗产旅游为例,每年文化遗产旅游者的数量占到全世界旅游人数的 37%,并且其人数还在以每年 15% 的速度增加。若以 2015 年 11.8 亿人次的国际旅游人数估算,其中至少有 4.37 亿人次的旅游活动与世界文化遗产有关。由此可见,随着世界遗产项目的丰富,以世界遗产为主要吸引物的各种类型的旅游活动日益增多,各国世界遗产地接待的旅游者数量也逐渐增多。

进入 21 世纪以来,我国的世界遗产意识日益增强,世界遗产旅游蓬勃发展。2000 年中国国家旅游局向国际旅游市场推出"神州世纪游"的年度旅游主题活动,以中国全部 27 项世界遗产所在地为旅游目的地和主打产品向全世界推介,这些世界遗产及其所在地纷纷成为国内外游客心驰神往的旅游首选目的地。据统计,2003 年南京明孝陵"申遗"过程中,景区客流量比申报前增加了 20%。申遗前明孝陵一年的客流量在 80 万人次左右,申遗成功后的一年里,客流量突破了 100 万,并仍在以每月 20% 的速度递增。湖北钟祥市的明显陵 2000 年底被列入"世界遗产"项目后,2001 年一年的游客数量即是前 5 年的总和。2004 年苏州第 28 届世界遗产大会的召开进一步推动了我国世界遗产旅游的发展,之后的一系列旅游统计数据也充分反映了这一历程。世界文化遗产皖南古村落——西递、宏村之一的西递村自从 2000 年成为世界文化遗产后才声名鹊起,2000 年接待游客 18.4 万人次,门票收入为529.19 万元,2005 年接待游客 43.9 万人次,门票收入为 1 452.62 万元[2]。2011 年四川省旅游总收入的 90.24% 来自于其境内的世界遗产所在地(四川省拥有 5 项世界遗产,分别是世界文化遗产"都江堰—青城山"、世界文化与自然遗产"峨眉山—乐山"、世界自然遗产"四川大熊猫栖息地"、"九寨沟风景名胜区"和"黄龙风景名胜区"),这一数据充分说明了世界遗产旅游在四川旅游中的核心地位。另外,2011 年旅游总收入排名前十位的旅游景区中,世界遗产旅游景区几乎占了半壁江山。其中居于首位的是世界文化景观遗产庐山,旅游总收入达到 56.27 亿元,居于第五位、第九位、第十位的是世界文化景观遗产五台山、世界文化遗产武当山和世界文化与自然遗产黄山,旅游总收入分别是 28.28 亿元、18.6 亿元和 18.18 亿元 [1]。从旅游资源成为世界遗产前后的数据对比中能更加清晰地发现世界遗产旅游的号召力,我们将世界文化遗产丽江古城申遗成功前 1995 年的旅游数据与申遗成功后的 2013年的旅游数据进行对比发现,丽江旅游总人数从 1995 年的 84.5 万人次爆增到 2013 年的 2 079.58 万人次,旅游总收入从 1995 年的 3.26 亿元增加到2013 年的 278.66 亿元,分别增长了 24.61 倍和 85.48 倍之多。

(三)对申报世界遗产热潮的思考

很多国家对申报世界遗产的热情不断高涨,中国也是如此。我国在加入世界遗产组织后积极参与世界遗产工作,国内民众和各级政府的世界遗产意识也日益觉醒,世界遗产由一个陌生的概念变成了家喻户晓的时尚名词,诸多景点表现出日益高涨的申报热情,而且很多纷纷开展了申报世界遗产的具体筹备工作。中国作为文明古国固然有丰富的文化遗产,但要列入世界遗产目录则还必须在多个方面付出努力。正是 30 多年来的不断努力,中国拥有世界遗产的数量迅速跃居世界第二。目前中国世界遗产预备名单中仍然有26 个世界遗产项目,仅仅这些已经列入世界遗产预备名单中的项目就要至少13 年才能申报完毕(2004 年,世界遗产委员会出台新规定,每个国家每年最多只能申报 2 项世界遗产)。

总的说来,"申遗热"是件好事。世界遗产的多样性使我们能够在世界文化的总体格局中,从世界文化的全新角度重新审视中华民族的文化,认识华夏文明在世界上的地位,无形中增强了文化自觉与文化认同,增强了全社会的民族自豪感。申报世界遗产的过程为世界遗产保护方面的国际交流与合作提供了最好的切入点和平台,给了世界进一步了解中国遗产保护相关工作的机会,也给国内遗产保护工作的完善和在国际社会形象的提升提供了舞台。申报工作要求世界遗产地按照《世界遗产公约》的要求,遵循国际先进的遗产保护理念和科学具体的遗产管理标准,投入大量的资金进行环境的整

1《2011 年中国旅游景区发展报告》(国家旅游局)

治和舆论的宣传,在多方面的综合推动下提升全民的遗产保护意识和遗产利用水平。社会各界包括各地方政府和行政管理部门,各方面专家学者和社区居民在内,都对世界遗产的相关问题给与了广泛的关注和高度的重视,世界遗产旅游也从少部分人的旅游选择逐渐成为受到普遍欢迎的旅游活动,进而带动了世界遗产地的开发热潮,推动很多地方的经济、社会和文化等方面的大发展。在许多世界遗产地,旅游业已经成为地方经济发展的重要支柱,成为促进城市发展的重要驱动因素。

但是申报世界遗产对所在地城市也可能是一把双刃剑,除了前面所述的推动作用,也可能对城市带来负面影响。一是为了成功申报地方政府往往要投入大量人力物力财力,花费巨大的成本进行前期的准备工作,一旦失败会给地方发展带来沉重的包袱,即使能够成功也并不是每一项世界遗产都适合进行开发利用而为当地带来足够丰厚的经济回报。二是成功申报并开发的世界遗产同样会因为使用不当对遗产地城市带来很多负面影响,如生态破坏、环境污染、交通拥挤等(Wall,1994;Garrod and FyaU,2000)[4]。世界遗产地政府对世界遗产的品牌效应及其带来的巨大经济效益深信不疑,这虽然激发各方力量掀起世界遗产旅游开发的热潮,但也忽视了世界遗产保护的重要性,没有处理好保护和利用的关系,出现为了旅游而过度开发以及掠夺性经营的现象。很多世界遗产都因为过度发展或不当发展旅游而遭受无法弥补的损失,比如2000年的"水洗三孔事件"、2003年武当山建筑群的"遇真宫电线短路失火化为灰烬"以及2002年武陵源修建"百龙天梯"等。可见,申报世界遗产成功后,如何实现世界遗产旅游与城市的协调发展是值得思考的关键问题。

(四)世界遗产旅游与城市发展的关系

从2011年我国人口城镇化率首次超过50%正式进入城市型社会已经过了5年,如今,人口城镇化率也进一步提升到54.77%,城市的健康发展问题对建设和谐社会具有重要意义,世界遗产旅游与城市协调发展的研究成为国家可持续发展研究的重要内容。

城市是自然界经过人类改造形成的聚居地,城市中大量分布着人类漫长历史文明发展过程中经过历朝历代的积淀而保存下来的遗存,这些遗产不仅是国家和民族的优秀文化结晶,更是城市的灵魂和文脉。城市的发展进程就像人的成长过程一样,会经历诞生、发展和消亡的各个历史阶段,很多有价值的东西会随着时间的流逝而无迹可寻，只有其中的一小部分作为世界遗产遗留并被保护了起来，成为城市历史的记录。这些遗产不仅包括反映不同时代风貌的各种不可移动的建筑文物，还包括埋葬于地下体现不同时期社会生活印迹的遗物或遗迹。作为城市发展独一无二的见证，世界遗产被认为是一个城市乃至城市所在的整个地区的代名词和重要的象征。随着我国居民收入的稳步提升和旅游消费观念的成熟，遗产地政府对遗产旅游发展更加倚重，遗产旅游市场日益壮大，这促使着遗产旅游产业链的深度延长、遗产地城市基础设施建设的规模扩张和中国民间资本的扎堆投资热潮，都使得世界遗产旅游与遗产地城市之间的关系更加紧密。

世界遗产旅游与城市发展相互作用、相互影响。从 1978 年改革开放以来，中国用 30 多年的时间完成了西方发达国家经历了 200 年甚至 300 年的时间才得以完成的城市发展历程和达到的城市化水平，在取得经济快速发展、人民生活显著改善等成绩的同时，也不可避免地出现了房价过高、交通拥挤、环境污染和社会治安问题等一系列城市发展难题。特别是城市发展过程中出现的大规模"旧城改造"运动，在很大程度上改变了众多世界遗产地城市的原始面貌，破坏了世界遗产的完整性、整体性，在一定程度上导致城市发展的功能趋同，城市文化出现特色危机，降低了世界遗产的价值和世界遗产地的吸引力，使一些世界遗产成为濒危遗产，也影响了世界遗产旅游的长期发展。反过来世界遗产旅游也反作用于世界遗产地城市，对其造成一定的负面影响。当旅游者大量的涌入世界遗产地城市，再加上旅游者有意识或者是无意识的不当旅游行为，会对世界遗产资源产生一定程度的损毁，并对其依托的世界遗产地城市的生态环境造成一定程度的破坏，致使一些世界遗产地城市的原始状态已经发生了不可逆转的改变。

虽然世界遗产旅游与世界遗产地城市发展之间不乏这样那样的矛盾，但是绝不能把二者之间的关系理解为是相互对立的（吴必虎等，2002；杨锐，2002）。世界遗产旅游是发挥世界遗产经济功能、文化功能和教育功能的重要手段，可以有效促进世界遗产地城市的发展[4]。2008 年 7 月 23 日联合国教科文组织亚太地区世界遗产培训与研究中心成立，并在揭牌仪式上通过了"关于建立亚太世界遗产论坛的倡议"草案将亚太世界遗产地可持续旅游列为讨论的主要成果[5]。倡议草案认为，虽然世界遗产旅游给世界遗产地城市的管理带来了巨大压力，但是也应该继续保障与增加世界遗产旅游在未来的发展机会。由此可见世界遗产旅游在世界遗产地城市保护及发展中的积极作用已经得到了国际社会的广泛认可。因此,世界遗产旅游发展的适宜性、与世界遗产地城市的协调性成为目前讨论的热点,围绕这一问题进行的科学研究不仅对世界遗产地城市旅游发展,而且对世界遗产地城市的整体发展进程都具有重要意义。科学分析世界遗产旅游与城市发展的关系是为了选择更合理的发展路径,达到引导世界遗产旅游与城市协调发展的目的。

二、研究目的与价值

(一)研究目的

本研究的主要目的是通过对各种世界遗产旅游与城市发展相关问题的梳理和回顾,针对世界遗产旅游与城市发展的现状,研究世界遗产旅游与城市发展的关系。我们利用旅游学、地理学、经济学等的相关理论和方法,在科学界定"世界遗产旅游"与"城市发展"内涵的基础上,对世界遗产旅游与城市发展的相互作用机理进行分析,包括影响因素、程度和范围等,并通过构建世界遗产旅游与城市发展水平评价体系,定量测度世界遗产旅游与城市发展水平,以及二者的耦合协调水平,确定 2000 年以来我国地级行政单位世界遗产地旅游与城市协调发展的程度,进而根据聚类分析结果总结世界遗产地旅游与城市发展的关系类型,最后提出不同关系模式下世界遗产地旅游与城市的发展模式与发展对策。

(二)研究价值

(1)学术价值

本书以世界遗产旅游为核心概念,分别探讨了世界遗产旅游与世界遗产地城市的涵义、特征、发展历程、现状及二者之间的相互关系,丰富了旅游与城市关系的理论研究视角;结合耦合理论、协调度理论、发展理论研究世界遗产旅游与城市发展之间的互动关系和耦合作用机理,解释了世界遗产旅游与城市发展之间的相互促进与约束关系,拓展了旅游与城市关系理论研究的深度;基于发展理论,分别从旅游发展规模、旅游发展速度和旅游发展效益三个维度和城市经济发展、城市社会发展、城市环境发展和城市文化发展四个维度构建了世界遗产旅游发展水平与城市发展水平的评价体系,是对以往旅游与城市发展评价研究的拓展与深入;结合探索性分析与检验性分析,论证了世界遗产旅游与城市发展水平评价体系的科学性与合理性,明确了各个指标对世界遗产旅游发展水平与城市发展水平的影响以及影响程度;基于耦合协调理论,利用耦合协调度为依据对世界遗产旅游与城市协调发展进行了类型划分并在此基础上提出了不同类型的发展模式与优化对策,为进一步研究提供了一定的理论基础与分析支撑。

（2）应用价值

通过对世界遗产旅游与城市发展水平及关系的评价,从动态上分析中国世界遗产地旅游业发展水平与城市发展水平以及二者之间关系,探讨世界遗产旅游与城市协调发展的方向和路径。分解世界遗产旅游发展水平与城市发展水平的不同维度,可以发现旅游业与城市发展的薄弱环节,挖掘世界遗产地发展的潜力,从而为世界遗产地的发展指明方向。耦合协调度的分析有助于在正确认识世界遗产地不同协调水平的前提下,找到世界遗产旅游与城市协调发展的路径与机制,为世界遗产地旅游业转型升级与城市可持续发展相关政策的制定提供有针对性的参考和依据。了解世界遗产地旅游与城市发展水平的时间演变与空间差异,正确认识世界遗产地所处的发展阶段和空间环境,有助于推进区域间的竞争与合作,全面提升世界遗产地旅游与城市的发展水平与发展质量。

三、国内外研究综述

（一）国外相关研究综述

我们在 Elsevier 电子期刊全文数据库期刊文献范围内,以"heritage"为关键词进行搜索,然后对相关文献进行整理归类,其中涉及世界遗产旅游研究的文献主要从以下几个方面进行研究。

（1）关于遗产旅游的研究。

遗产旅游这一旅游类型最早出现在欧美等西方发达国家,围绕遗产旅游的研究也随之开展。一般认为,最早研究遗产旅游的是英国学者 Edwards,他在 1987 年发表了一篇关于英国遗产海岸旅游生态影响的调查研究,被认为是遗产旅游研究的开端[5]。之后,学者们围绕遗产旅游的基本概念、遗产旅游者、遗产旅游开发与保护、遗产旅游影响等众多方面开展了广泛的研究,并取得了丰富的研究成果(见表 1-1)。

表 1-1　国外关于遗产旅游的研究成果

研究主题	主要研究人员
遗产旅游的概念与价值	Yale, 1991; Poria etal., 2001; Garrod and Fyall, 2001; Ashworth and Tunbridge, 2000; Halewood and Hannam, 2001; Chhabraetal., 2003; Porter, 2004; Spennemann, 2007; Kim, 2007; Kinghorn, 2008; Bowitz, 2009; Tuan, 2008; Sanna, 2008
遗产的保护与旅游开发	Garrod and Fyall, 2000; Poria etal., 2001; Smith, 2003; Scantlebury, 2003; Russo etal., 2001; Mckercher etal., 2005; Fladmark, 1994; Seyed Koorosh Sarvarzadeh, Syed Zainol Abidin, 2012; Zerafinas binti Abu Hassan, 2014; Tutur Lussetyowati, 2015
遗产旅游者	Dallen, 1997; Terence, 1999; David, 2001; Yaniv, 2003; Ching-Fu, 2010
遗产旅游管理	Garrod, 2000; Brian, Alan Fyall, 2000; Orsi, 2013

① 遗产旅游的概念与价值。关于遗产旅游的概念,有两种主要的观点。Garrod Brian 等认为"遗产集中了我们所继承的一切,遗产旅游是指能从历史建筑物、艺术品或美丽的风景中得到的任何意义"[7]。但 Poria Yaniv 认为这种观点会造成历史旅游与遗产旅游界限的混淆,容易引起相关管理的混乱,并认为遗产旅游的界定应该基于两个特征,一是旅游者的游览动机是受到遗产的吸引,二是旅游者感知到自己是遗产的一部分。根据 Poria Yaniv 的阐述遗产旅游者分为三种类型:认为遗产地与自己无关的游客、认为遗产是属于自己的游客和不知道这是遗产地的游客[8]。之后 Garrod Brian 等又指出了Poria Yaniv 所给出定义的缺陷,包括定义仅从遗产旅游者的视角考虑而无视了遗产旅游供给方的立场,定义基于容易受到市场营销等因素影响的遗产旅游者的感知等方面。

关于遗产旅游价值的研究包括遗产资源价值测度和遗产旅游价值评估两个方面。Porter(2004)提出用旅游成本和个体评估的方法研究遗产资源的价值[8]。Spennemann(2007)已经把月球作为未来遗产研究其潜在的文物遗产价值[9]。与之相比,遗产旅游价值的评估更具有实际意义,Kim(2007)和 Kinghorn(2008)都从游客的角度衡量了发展遗产旅游的经济效益[10][11],Bowitz(2009)则从遗产旅游项目的角度研究了发展遗产旅游带来的经济效益[12]。关于遗产旅游经济价值的评价方法,Tuan（2008)和 Sanna(2008)分别提出成本收益法和模糊数法等一些建模计算方法[13][14]。

② 遗产的保护与旅游开发。保护是一个永恒的话题,尤其对于具有旅游开发价值的遗产资源来讲更为重要。文化遗产旅游有助于保护文化遗产,将旅游业与传统文化相联系,促进旅游经济的发展。Fladmark(1994)认为旅

游作为保护文化遗产的工具,文化遗产旅游的发展不仅具有识别、管理和保护遗产的价值,还对社区具有影响力、产生经济和社会效益、实现金融资源的供应以及旅游目的地的营销和推广[15]。但在文化旅游资源的保护中,公民参与文化遗产问题已成为一个全球性的问题,Seyed Koorosh Sarvarzadeh 和 Syed Zainol Abidin(2012)运用 SWOT 分析探究伊朗历史悠久古城的遗产计划,他们在研究中发现公民对正确保护文物的意识较为缺乏和城市管理过程中权力失衡[17]。遗产旅游的开发对旅游经济的发展具有推动作用,Zerafinas binti Abu Hassan 等(2014)采用市场营销中重要的工具如 PESTEL 和 SWOT 对马六甲遗产旅游发展的情况进行分析,研究结果对实现遗产旅游的可持续发展具有重要意义[18]。Tutur Lussetyowati(2015)揭示了巨港文化遗产旅游的潜力,并表明了旅游业在城市遗产保护中具有保护文化遗产和提高当地居民生活质量的作用[19]。综上所述,国外学者对遗产旅游的研究旨在遗产的保护和旅游的可持续发展,尤其是旅游者和居民开发保护遗产的意识。

③ 遗产旅游者。Dallen(1997)研究了旅游与个人遗产体验的关系,讨论了四种遗产体验模式,认为个性化遗产旅游的研究存在广阔的潜在空间[20]。Richard(1998)在工业遗产公园游客调查的基础上分析了游客的体验和收益需求的不同维度及其影响因素。以往研究把根据体验和收益需求定义的细分消费群体描述成与旅游动机和游客的社会经济状况有关,他对这种过分强调社会人口学分析的实用性的问题提出质疑并认为根据体验和收益细分的消费群体在一定程度上和社会经济状况不相关[21]。Terence(1999)研究了游客在攀登位于澳大利亚中部名叫 Uluru 的山峰时不恰当的文化行为。他以到访世界遗产地区的旅游者为样本,应用理性行动理论作为一种方法论的框架,探讨游客的信念与目标相关的行为,得出了信念的强度与性别和攀爬行为相关的结论[22]。David(2001)研究了文学遗产地、旅游和遗产体验之间的关系,文学遗产地因与作者及小说的背景密切相关而显得特别,成为吸引旅游者的遗产旅游景观。作者对文学遗产旅游者关注的焦点,得到满足的类型,是否是文学朝圣者,遗产真实性与保护的相关问题等进行了研究[23]。Yaniv(2003)认为旅游者的认知是遗产旅游的核心,通过调查旅游者行为前、行为中和行为后在性格、遗产属性、感觉、认知四个变量上的变化,发现旅游者对遗产地的认知与旅游方式有关,特别是认为自己与遗产有一定联系的人与其他人的旅游行为不同,认为研究旅游者行为对遗产地管理具有重要意义[24]。Ching-Fu(2010)以我国台湾省台南市 4 个主要遗产地的 447 名游客

为调查对象,运用结构方程模型(SEM)技术研究了体验质量、感知价值、满意度和行为目的性之间的关系。结果显示体验质量对感知价值和满意度有直接影响,但对行为目的没有直接影响,然而"体验质量→感知价值→满意度→行为意图"的关系似乎是显而易见的[25]。

④遗产旅游管理。Garrod等(2000)在对包括遗产拥有者、管理者以及相关学者问卷调查的基础上,讨论了入境游客的影响因素和遗产管理机构的主要作用等问题,研究了遗产旅游管理的制约因素和应采取的长期管理规则,并进一步分析了这些问题在遗产旅游可持续发展策略评价中的重要性[26]。Brian和Alan Fyall(2000)调查了遗产地管理的主要限制和相关政策问题并评估了遗产旅游可持续发展策略[27]。《世界遗产报告》(2005~2006)指出了全球尤其是西欧地区遗产管理存在的诸多不足:管理机构对世界遗产及保护条例的理解偏差;对遗产缺乏系统识别、认识和整合;中央和地方管理机构之间权责不清;责任分散,缺乏协调等[28]。Orsi(2013)提出了利用有地理标记的照片和地理信息技术的自然遗产景区旅游流评估方法,通过地理标记照片识别热点景区,并在此基础上构建检索点(如停车场、车站等)到热点景区的旅游流的重力模型,模型以旅游流的容量与景区知名度成正比,与旅游者旅行时间成反比为前提假设,并在GIS环境中通过景区实际访问量对假设进行检验[29]。

(2)关于"世界遗产"旅游研究。

以《世界遗产名录》中的各类遗产项目为研究对象,学者们对"世界遗产"旅游的各个方面都开展了大量的研究,取得了丰富的研究成果。Anne(1996)研究了世界遗产旅游可持续发展的相关规划和政策问题,指出教育和调节是世界遗产旅游实现可持续发展的有效途径[30]。Jan等(1996)认为遗产城市发展旅游在产生收益的同时也会带来损失,如果损失大于收益,就说明旅游业的发展不是可持续的,并通过对欧洲七个世界遗产城市的调查得出了旅游业威胁了当地的经济活力、遗产的完整性和居民的生活质量的结论,进一步提出了控制和引导旅游流的措施[31]。Pretes(2002)对世界遗产城市potosi进行了实地调查,分析了遗产旅游的价值及游客与当地人的关系。Russo研究了世界遗产旅游发展的"恶性循环"(vicious circle)现象,提出针对这一现象的关键点是要制定可持续发展的政策,并以威尼斯为例探讨了遗产城市中旅游产品的质量、地方的经济动力、旅游业空间组织中的关系等问题[32]。澳大利亚学者Michael(2002)通过实地调查,分析了该地开展遗产旅游的价值所在,并对游客与当地人之间的相互关系进行了调查[33]。
Hazen(2008)探讨了美国国家公园在贯彻世界遗产公约"杰出的普遍价值"
中面临的挑战,认为应对挑战需要教育以及国家公园管理局和联邦政府项目
的联合[34]。Dutta(2009)提出在遗产评估过程中运用综合考虑多种因素的多
标准决策制定方法(MCDM)[35]。

关于世界遗产的身份对旅游业发展的作用研究,不同学者得出了两种截
然相反的结论。Hardiman(2010)研究了遗产旅游的生态影响,提出了政府应
该通过法律手段(建立保护区、影响评估)管理旅游业,并指出对澳大利亚沿
海海洋生态系统来说最严重的是旅游活动导致大量非本地物种的介入和散
步对本地动物群的影响[36]。Yang(2010)分析了到中国世界遗产地的国际游
客选择的影响因素,2000~2005 年各省份的数据统计结果显示,影响国际游
客选择的主要因素包括相对的收入水平、客源国的人口基数、旅行费用、旅游
基础设施和世界遗产地身份。而世界文化遗产地比自然遗产地吸引更多的
国际游客,因为中国是国际知名的文明古国。不同国家的游客旅游选择的影
响因素存在很大差异。Huang 等(2012)通过比较澳门历史街区加入世界遗产
名录前后游客数量的变化来分析世界遗产身份的旅游效果,结果表明短期游
客尤其是亚洲游客的数量并没有显著增加[37]。Kaltenborn(2013)通过对挪威
的维加群岛的调查研究揭示了世界遗产全球化准则的本土化困境,认为世界
遗产保护体系发挥作用的前提条件是其主要的发展目标和战略被遗产地清
晰地理解和优先化[38]。

(3)关于遗产旅游与城市发展关系研究。

遗产旅游与城市发展关系的相关研究围绕着遗产旅游与城市发展相互
作用的方向与性质展开,其中遗产旅游对城市发展的作用是研究的焦点,关
于积极作用还是消极作用的争论一直在继续。美国的 Browne 等(1989)以
美国西部的文化遗产为例研究了预定旅游业的发展在城市经济发展潜力空
间扩展,复兴并保持本地文化特色等方面的积极作用[39]。英国的 Edwards
等(1996)以威尔斯和西班牙的工业遗产旅游为例研究了遗产旅游目的地
的形象体制[40]。加拿大的 C. Chang T. 等(1996)认为关于遗产旅游与城市
发展的关系研究分为两部分,"由上而下 —— 关注全球因素与外界因素对
城市发展的影响和由下而上 —— 注重对当地的作用"[41],并结合两种研究
方法分析了蒙特利尔和新加坡的世界遗产与城市发展的关系。加拿大学
者 Ronald(1996)在回顾历史、文化、自然科学家和社区居民对加拿大文化遗

产和自然遗产保护上的贡献的基础上,进一步展望了对遗产旅游的未来发展[42]。英国人 David 等(2003)针对苏格兰幽灵与遗产旅游的关系及对遗产地城市的影响进行了研究[43]。

总之,Greg R.(1996)认为遗产旅游发展会影响遗产地城市的经济、社会、文化和环境等各个方面[44],除了上述积极作用的相关研究,遗产旅游的消极作用也受到很多学者的关注[45]。关于遗产旅游发展的消极环境影响,Hvengeaard(1994)认为主要表现在过度拥挤、垃圾污染、过度开发、汽车活动和无规则的游憩活动等[46],Meiczkowshi(1990)提出遗产旅游会对土壤、植被等产生冲击和影响。关于遗产旅游对社会经济的消极影响,Gordon(2000)认为主要表现在影响遗产地城市的产业结构,影响遗产地本身的真实性和完整性[47],Cevat(2001)提出遗产旅游发展会威胁遗产本身的价值进而影响遗产地城市[48]。

(4)国外研究综述。

从现有文献的研究主题看,世界遗产的保护与规划、世界遗产与社区、世界遗产与政府、世界遗产旅游的影响、世界遗产旅游者研究以及世界遗产旅游营销等方面是研究的热点;从研究对象看,相对于世界自然遗产研究,围绕世界文化遗产的研究文献数量更多,这种情况与世界遗产类型结构基本相符,而且欧洲的学者普遍更关注世界文化遗产中的建筑遗产、城市遗产等细分类型的研究。

世界遗产旅游及相关研究作为旅游研究的一个重要分支,其研究成果是相当丰富的。国外世界遗产旅游研究起步相对较晚,文献主要集中在 1990年以后,但研究主题迅速细化,研究成果数量快速增长,理论基础研究和案例实证研究都具有相当深度,形成多学科综合研究的局面。根据对已有文献的分析,我们预测下一步世界遗产旅游与城市发展的相关研究有可能表现出以下几种趋势:从世界遗产地研究转向世界遗产旅游者研究,再转变到世界遗产旅游者与世界遗产地城市社区、政府等利益相关者的关系研究;从世界遗产保护的"硬"技术研究转向世界遗产保护的"软"技术研究;从世界遗产旅游的哲学与心理层面的研究转向世界遗产旅游市场研究,开始着手研究世界遗产的营销,对世界遗产旅游者进行市场分层;从纪念物、文物、建筑等类型世界遗产的研究转向世界文化与自然遗产的研究,转向世界遗产旅游者体验与世界遗产城市保护的互动研究。

（二）国内相关研究综述

以"世界遗产旅游"、"遗产旅游"、"遗产旅游与城市"等为主题词对知网期刊数据库和学位论文数据库进行搜索（搜索时间为 2015 年 10 月 17 日），共得到文献 1802 篇，详情如表 1-2 所示。

表 1-2　世界遗产旅游与城市发展相关研究成果统计

关键词	遗产旅游	世界遗产	世界遗产旅游	世界遗产 + 城市	遗产旅游 + 城市
全部期刊	1 161	3 166	111	341	126
核心期刊	384	767	37	73	43
CSSCI 期刊	322	406	29	34	29
硕士论文	315	365	45	60	69
博士论文	17	45	1	11	4

我们对搜索到的文献进行进一步的分析，以相关性、论文质量等为标准选出其中的 CSSCI 来源期刊文献 436 篇为代表，从文献的年际分布、期刊和学科分布、案例区域分布、研究力量和研究内容分布等方面对我国的世界遗产旅游与城市发展相关研究的现状进行分析和评价。

（1）文献的时间分布。

从图 1-1 可以看出，中国的世界遗产旅游与城市发展的相关研究始于 1986 年，在 28 年间年均发文量 15 篇，各年发表的论文数量虽然不是连续增加，但总体呈上升趋势。根据图中曲线的变化特征可以将中国世界遗产旅游与城市发展的相关研究分为两个阶段：1986～1998 年为第一阶段，这一时期论文数量很少，只有 29 篇，占总数的 7%；1999～2013 年为第二阶段，这一时期论文数量显著增加，达到 407 篇，占总数的 93%。其中 2013 年论文数量最多，约占论文总数的 11%，超过了第一阶段 13 年发表论文总数所占的百分

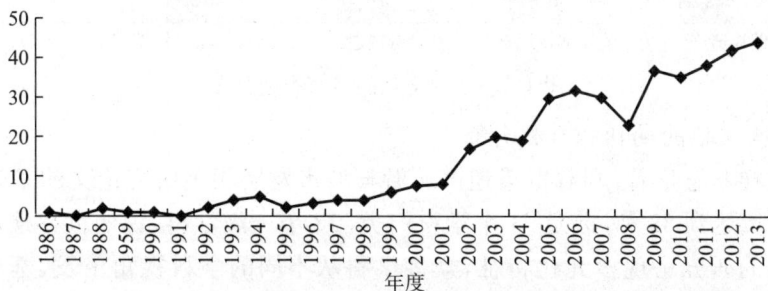

图 1-1　研究文献的数量变化

比。因此,从论文研究的阶段性可以看出,1999年"黄金周"假日制度的实施推动了国内旅游的发展,旅游研究受到更多关注,世界遗产旅游与城市发展的相关论文数量也迅速增加。从论文的年际分布看,从1985年中国成为世界遗产公约的缔约国以来,随着中国世界遗产数量的增加,尤其是在中国2004年承办世界遗产委员会会议之后,学术界对世界遗产旅游与城市发展的关注也不断增多,论文数量显著增加。

(2)文献的遗产类型分布。

按照《保护世界文化和自然遗产公约》,狭义的世界遗产分为三类:世界文化遗产、世界自然遗产和世界文化与自然遗产。2015年之前中国拥有世界遗产共计47处,其中世界文化遗产33处(占遗产总数的70%),世界自然遗产10处(占遗产总数的22%),文化与自然遗产4处(占遗产总数的8%),相对应的论文数量分别为117篇、184篇、92篇和38篇,在样本总数中所占的比例如图1-2分别为27%、42%、21%和10%。世界遗产论文是不分类型对所有世界遗产开展的与旅游发展相关的研究,研究内容主要集中在世界遗产的基本属性、世界遗产的保护和利用、世界遗产旅游管理和世界遗产与旅游发展综述等方面。三类遗产数量与其样本论文数量呈显著的正相关关系。每种类型的世界遗产研究论文又可以分为两部分,一部分以这一类型遗产为研究对象,另一部分以此类型遗产中的单个具体遗产为研究对象。

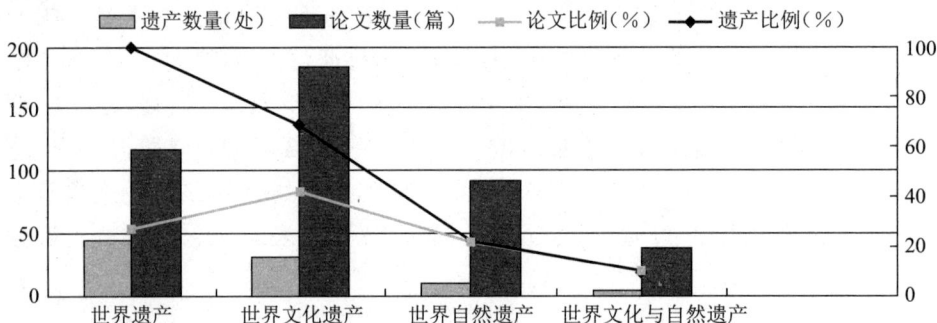

图1-2 研究文献的遗产类型分布

(3)文献的期刊和学科分布。

从样本总量看,刊载世界遗产旅游与城市发展相关研究论文的CSSCI来源刊数量达到88种,涉及11个学科门类,38个一级学科,说明世界遗产与旅游发展的研究呈现多元化特征,众多学科从不同的学科视角出发,基于不同的理论对其进行研究,同时还刺激了学科交叉研究的出现和深入,丰富了研究成果。

从前十位期刊及其论文刊载情况看,这十种期刊刊载的论文数量为 274 篇,占论文总量的 63%,其中位于前三位期刊的论文刊载总量占到前十位期刊论文总数的 60%。

通过对位居前十位期刊的分析可知,除了旅游学刊和旅游科学全刊为旅游研究论文外,其余期刊只是设有刊载旅游研究论文的栏目。按照学科门类统计结果分析,管理学、理学和经济学是世界遗产旅游与城市关系研究的主体;按照一级学科统计结果对学科进一步细化,即研究主体是工商管理、地理学和理论经济学;按照二级学科的统计结果分析,人文地理学类期刊刊载论文 121 篇,旅游管理类期刊刊载论文 112 篇,分别占论文总数的 44% 和 41%,二者比例相当(见表 1-3)。

表 1-3　文献刊载量位居前十位的期刊名称及学科分布

期刊名称	论文篇数,所占比例/%	所属二级学科	所属一级学科	学科门类	复合影响因子	被引频次	载文量
旅游学刊	92.21	旅游管理	工商管理	管理学	2.115	80 462	4 460
人文地理	37.8	人文地理学	地理学	理学	1.675	43 004	3 192
经济地理	36.8	人文地理学	地理学	理学	1.978	75 452	5 534
城市规划	27.6	人文地理学	地理学	理学	2.039	79 349	6187
生态经济	21.5	人口、资源与环境经济学	理论经济学	经济学	0.883	33 918	7764
旅游科学	20.5	旅游管理	工商管理	管理学	1.507	13 690	1 201
中国人口资源与环境	13.3	人口、资源与环境经济学	理论经济学	经济学	2.768	58 524	5 571
城市规划学刊	13.3	人文地理学	地理学	理学	3.034	44 182	2 311
地域研究与开发	8.2	人文地理学	地理学	理学	1.346	31 451	3 729
资源科学	7.2	自然地理学	地理学	理学	2.18	60 824	4 513

注:论文所占百分比为该期刊刊载样本论文数量占样本论文总量的比例。

基金支持文献分布。基金项目是国家科学分配科研经费、支持科学研究的重要形式,代表了各个学科的学术前沿和整体水平。世界遗产旅游与城市关系论文中基金支持论文的定量分析反映了它的研究特征和发展趋势。世界遗产旅游与城市关系基金支持论文数量 134 篇,占论文总数的 31%。从

图 1-3 数据分析得出，国家基金项目支持的论文 79 篇，占基金论文总数的 59%，是基金支持的主要力量，其他基金主要是各省自然科学基金、社会科学基金和教育部人文社会科学基金。

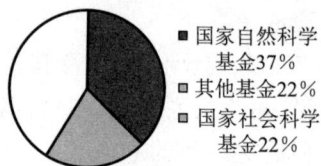

■国家自然科学基金37%
□其他基金22%
▨国家社会科学基金22%

图 1-3　样本论文项目基金分布

（4）研究者及研究团队分布。

研究者。样本论文涉及到的作者总数达到 321 位，其中有 217 位作者只有一篇样本论文，说明世界遗产旅游与城市关系的研究引起了众多研究者的广泛关注，但研究力量相对分散，影响了研究的深度。从表 1-4 可以看出，样本论文数量排名前 15 位的研究者共发表论文 71 篇，占样本论文总数的 16%。他们几乎都拥有博士学位，更有 9 位是博士生导师，所在研究机构有 80% 是"211"重点大学，这些都说明世界遗产旅游与城市关系的研究者具有较高的学术和科研水平。

表 1-4　样本论文数量排名前 15 位的作者信息

排名	作者（姓名，学位/职称）	作者单位	论文数量	论文总数
1	张朝枝，博士	中山大学	8	32
2	谢凝高，博导	北京大学	6	7
3	徐嵩龄，研究员	中国社会科学院	6	44
4	陶伟，博士	中山大学	6	19
5	阮仪三，博导	同济大学	6	56
6	张晓，教授	中国社会科学院	5	18
7	孙克勤，博导	中国地质大学	5	10
8	阙维民，博导	北京大学	5	11
9	邓华陵，研究员	西北师范大学	5	8
10	邓明艳，博士	华中师范大学	4	10
11	保继刚，博导	中山大学	4	95
12	张松，博导	同济大学	4	18
13	徐红罡，博导	中山大学	3	38
14	郭英之，博导	复旦大学	2	27
15	张杰，博导	清华大学	2	20

注：论文数量为该作者所有的 CSSCI 来源文献中世界遗产旅游与城市关系研究论文的数量；论文总数是该作者的所有 CSSCI 来源文献的数量。

　　研究团队。科学研究的集体性、开放性决定了强调互补性融合的研究团队更有利于进行研究创新。研究团队有相对雄厚的研究基础，相对固定的研究领域，科学合理的人员配备，是世界遗产旅游与城市关系研究的中坚力量。研究团队的实力是中国世界遗产旅游与城市关系研究实现可持续发展的核心。通过对表 1-4 作者信息的进一步分析得出，在世界遗产旅游与城市关系研究领域做出突出贡献的研究团队有：一是谢凝高教授带领的世界遗产研究中心团队（北京大学），主要成员包括韩光辉教授、阙维民教授、武弘麟副教授、张天新副教授等。团队成员的样本论文数量为 11 篇，研究主题是通过对世界遗产地进行功能分区协调保护和旅游开发的关系，团队带头人谢教授提出的功能分区理论已成为世界遗产旅游开发的基本原则。二是以保继刚教授为核心的中山大学研究团队，主要成员有徐红罡教授、陶伟教授、张朝枝副教授等，团队主要对世界自然遗产的保护、旅游开发和管理尤其是世界遗产武陵源进行了持续研究，该团队的样本论文数量达到 17 篇，是目前论文数量最多的团队。三是阮仪三教授带领的国家历史文化名城研究中心团队（同济大学），主要成员有罗小未教授、张松教授等。该团队样本论文数量为 10 篇，主要致力于世界文化遗产古城古镇保护的研究。四是以徐嵩龄教授为核心的自然与文化遗产研究中心团队（中国科学院），团队成员有张晓教授、龙嗣明博士等。该团队样本论文数量为 11 篇，主要是围绕世界遗产黄山的系统研究，世界遗产的经营管理和基础理论是该团队论文成果的主要方向。五是吕舟教授任主任的国家遗产保护中心团队（清华大学），团队成员包括张杰教授、杨锐教授、边兰春教授，研究重点是世界遗产地的保护尤其是建筑遗产的保护。

　　研究机构。表 1-5 统计显示，中国各学科学术论文写作的主要力量是各类高校和科研院所，旅游学科也不例外。在进行世界遗产旅游与城市关系研究的 104 家高校和科研院所中，样本论文数量位于前 20 位的研究机构共刊载论文 194 篇，占样本论文总数的 44％，其中位于前 5 位的 6 家研究机构拥有论文 103 篇，占样本论文总数的 24％。除了两家国家级科研院所外，样本论文数量前 20 位的研究机构全是本科院校，以 13 家"211"工程研究型大学为主，其中"985"大学 9 所。这说明虽然研究世界遗产旅游与城市关系的机构众多，但主要的研究力量集中于有旅游相关专业博士点的"211"重点大学。

表1-5　样本论文数量排名前20位的研究机构分布

研究机构（篇数,比例）	研究机构类型	省份	研究机构（篇数,比例）	研究机构类型	省份
北京大学(29,7%)	"985"大学	北京	乐山师范学院(7,2%)	省属本科学院	四川
中山大学(21,5%)	"985"大学	广东	南京师范大学(7,2%)	"211"大学	南京
中国科学院(19,4%)	科研院所	北京	中央民族大学(6,1%)	"985"大学	北京
四川大学(17,4%)	"985"大学	四川	厦门大学(6,1%)	"985"大学	福建
中国地质大学(12,3%)	"211"大学	北京	安徽师范大学(6,1%)	省属本科大学	安徽
南京大学(12,3%)	"985"大学	江苏	暨南大学(5,1%)	"211"大学	广东
同济大学(10,2%)	"985"大学	上海	浙江大学(5,1%)	"985"大学	浙江
西北师范大学(10,2%)	省属本科大学	甘肃	云南大学(5,1%)	"211"大学	云南
吉首大学(8,2%)	省属本科大学	湖南	复旦大学(5,1%)	"985"大学	上海
北京联合大学(8,2%)	市属本科大学	北京	合计	198	

注：①"985"大学一定是"211"大学，故只标示为"985"大学。② 比例为该研究机构论文数量占样本论文总数的百分比。③ 中国科学院19篇论文中地理科学与资源研究所12篇，环境与发展研究中心7篇。

（5）论文研究案例的区域分布。

① 省际分布特征。中国是一个旅游大国，不同省份、不同地区旅游发展差异显著，以某地世界遗产为案例进行世界遗产旅游与城市关系的研究，为构建遗产旅游理论框架提供了坚实的基础，进而才能为旅游实践的发展提出既具有前瞻性又具有现实针对性的理论指导。436篇样本论文中有211篇对具体世界遗产进行了案例研究，比例为48%（如表1-6）。

表1-6　样本论文案例地区省际分布

省份篇数	案例世界遗产名称	数量	省份篇数	案例世界遗产名称	数量
云南33	丽江古城	27	江西10	明清皇家陵寝（十三陵）	2
	哈尼梯田	1		庐山	8
	三江并流	4		三清山	2
	中国南方喀斯特（石林）	1	福建8	福建土楼	4
安徽31	黄山	17		武夷山	4
	皖南古村落（西递宏村）	14	广东7	开平雕楼及民居	7

续表

省份篇数	案例世界遗产名称	数量	省份篇数	案例世界遗产名称	数量
四川 29	都江堰-青城山	8	江苏 6	苏州古典园林	5
	九寨沟	15		明清皇家陵寝(明孝陵)	1
	四川大熊猫栖息地	1	浙江 5	西湖	5
	峨眉山-乐山大佛	5	河南 4	龙门石窟	1
湖南 22	武陵源	22		安阳殷墟	1
山西 19	平遥古城	13		登封"天地之中"历史建筑群	2
	五台山	6	湖北 4	武当山古建筑群	4
山东 13	泰山	8	新疆 3	天山	3
	曲阜孔庙、孔林、孔府	5	吉林 1	高句丽王城、王陵及贵族墓葬	1
北京 12	周口店北京人遗址	2	河北 1	承德避暑山庄及周围寺庙	1
	长城	3	西藏 1	布达拉宫、大昭寺、罗布林卡	1
	明清皇宫(北京故宫)	2	重庆 1	中国南方喀斯特(武隆)	1
	颐和园	2	澳门 1	澳门历史城区	1
	天坛	1	总计		211

注:省份篇数为以该省世界遗产为案例的样本论文数量;数量为以该世界遗产为案例的样本论文数量。

中国有 24 个省(自治区)和直辖市拥有世界遗产,从全部样本论文看,除了重庆和内蒙古,其他 22 个省(自治区)和直辖市都有相应的研究论文。世界遗产数量和以其为案例的论文的数量在省际间呈现非均衡分布,但二者分布的相关性并不显著。世界遗产数量位居前五位的省份依次是北京(6 处)、云南(4 处)、四川(4 处)、安徽(2 处)、山西(2 处)、山东(2 处)、福建(2 处)、江苏(2 处)、河南(2 处),占世界遗产总数的 58%。案例论文数量位居前五位的省份依次是云南、安徽、四川、湖南和山西,数量达到 134 篇,占案例论文总数的 64%,集中性较强。世界遗产数量最多的北京市样本论文数量只排到第 7 位,而只有一项世界遗产武陵源的湖南省样本论文数量达到 22 篇之多。据相关统计资料分析,这些省份在省域面积、人口规模、旅游者人数和旅游收入、经济发展水平等数量指标方面,既没有显著共性,也没有与其他省份表现出显著差异,说明省份排序与这些因素无显著相关关系。论文数量位居前十位的案例遗产分别是丽江古城、武陵源、黄山、九寨沟、皖南古村落、平遥古城、都江堰-青城山、泰山、庐山、开平碉楼及民居,数量达到139篇,占案例论文总数的66%。综合三大指标进一步比较分析发现,省份的两种排序都与遗产本身的特征密切相关。各省份世界遗产资源的数量只是影响该省案例论文数量的因素之一,还有以下影响因素包括本省世界遗产批准时间的早晚,世界遗产的类型和典型性,世界遗产旅游开发的成熟程度等。旅游开发越成熟的世界遗产,其相关研究论文的数量反而越少,而且一般刊载于该世界遗产获批早期。样本论文案例区相对集中,集中在作为中国最典型旅游资源的古建筑和山岳型遗产上。

② 三大经济区分布特征。中国45处世界遗产分布在24个省和直辖市,在东中西部地区的具体分布数量如下:东部地区的北京、天津、辽宁、吉林、1河北、江苏、山东、福建等地分布有16项世界遗产;中部地区的安徽、山西、河南、江西、湖北、湖南等省分布有16项世界遗产;西部地区的陕西、甘肃、宁夏、云南、四川、重庆、西藏、新疆、内蒙古等地有18项世界遗产;此外澳门有1项世界遗产。案例论文在相应地区的分布数量如下:东部地区53篇;中部地区90篇;西部地区67篇;此外澳门1篇。

统计结果显示,中国三大经济区世界遗产的数量呈均衡分布,但案例论文数量分布不均衡,中部地区最多,这与世界遗产所处的发展阶段有关:东部地区世界遗产旅游发展相对成熟,西部地区属于起步阶段,而中部地区的世界遗产适逢快速成长的发展阶段,所以围绕其进行的学术研究成果最多。

(6)文献的主题分布。

围绕世界遗产旅游与城市发展已有不少学者进行了相关研究,内容涉及世界遗产资源、世界遗产保护、世界遗产旅游等多个主题(如图1-4)。

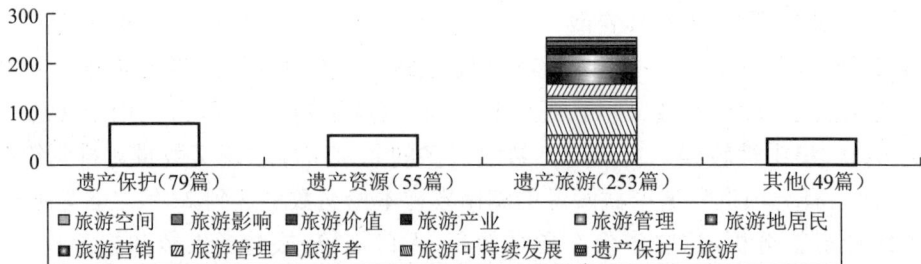

图1-4 样本论文的研究主题分布

注:由于很多论文涉及不止一个方面的内容,在此只计入最主要的一个主题,不再进行累加统计。

① 世界遗产保护研究。关于世界遗产保护的研究,内容主要集中在以下三个方面:一是世界遗产保护现存的主要问题,如谢凝高(2002)和苏一星等(2006)提出的破坏性建设、掠夺性开发,多头管理,资金不足,观念保守,法制建设滞后等,使世界遗产人工化、商业化、城市化;二是世界遗产保护的技术,如孔晗(2013)的古建筑修缮技术、叶要清等(2009)的自然资源的生态修复技术;三是有效保护世界遗产的措施,如树立可持续发展的理念,理顺管理体制,建立监控体系,加大资金投入,加强法制建设,重视理论研究,加强宣传教育等(李如生,2002;宋才发,2005;袁正新,2006;俞孔坚,2006;苏一星等,2006;马梦青,2007;张琼霓,2007;于萍,2008;骆高远,2008;梁明珠,2009;郭晴等,2012)。此外,索道问题是世界遗产保护研究中的一个焦点,中山大学研究团队对武陵源索道观光电梯游客的调查研究引起了学者们围绕索道问题的探讨(5篇)。总之,在世界遗产保护的问题上,要把继承与创新统一起来,把合理利用与继承发展统一起来,把法律手段与科技手段结合起来,要坚持遗产资源开发利用的时代性标准和民族性标准。

② 世界遗产资源研究。世界遗产资源研究的焦点是遗产资源价值研究,此外还有围绕世界遗产资源的概念、特征、分类和保护等方面的研究。关于世界遗产资源价值的研究,有对遗产普遍价值的研究,如关于遗产真实性与完整性价值衡量标尺的阐释,中国的世界遗产价值观研究(张成渝等,2003;薛岚等,2010);有基于不同理论进行的价值研究,如马克思主义的劳动价值理论,经济人类学理论(粟娟,2011;李军,2007);有基于具体案例对世界遗产进行的价值研究,如陈耀华等(2011)对五岳,缪丽萍(2011)对三江并流,刘沛林(2003)对广东开平碉楼民居,谢凝高(2011)对风景名胜区以及徐聪荣等(2008)对庐山进行的价值研究等;还有对遗产价值评价的专项研究,如世界遗产价值评估体系,以价值为基础的历史文化村镇综合评价体系模型等(张柔然,2011;邵甬等,2012)。

在世界遗产资源的概念、特征和分类方面,赵中枢(1996)阐释了文化景观的概念;张忍顺等(2006)总结了中国世界遗产资源的特征;范今朝等(2008)讨论了遗产的概念与构成;闵庆文等(2009)提出了农业文化遗产的概念、特征和保护要求。邓华陵(2007)梳理了世界遗产法定分类的演变,王林(2009)研究了梯田文化景观遗产的要素分类,李加林等(2011)分析了中国海洋文化景观的分类及构成。

③ 世界遗产旅游与城市关系相关研究。关于世界遗产旅游研究的样本

论文共计 253 篇,占样本论文总量的 58％,是世界遗产旅游与城市关系研究论文中数量最多、所占比例最大、细分主题最多的研究内容(如图 1-5)。

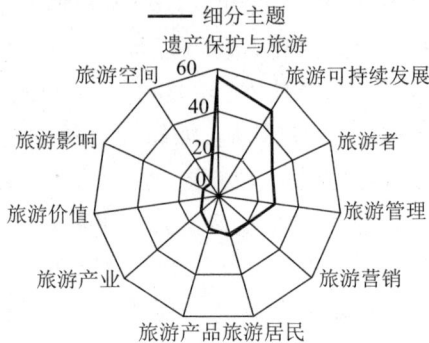

图 1-5　样本论文细分主题分布

遗产保护与旅游。综合图 1-5 的统计结果可以看出,关于世界遗产旅游的研究重点是遗产保护与旅游发展的关系,如何在保护的前提下促进遗产旅游的发展是核心问题,在保护的基础上进行有序开发已经在学者中达成了共识(遗产保护与旅游主题论文 57 篇,占世界遗产旅游研究论文数量的 23％)。遗产保护和旅游业的关系应该是很和谐的,旅游是世界文化遗产保护与发展的多赢平台,保护是为了更好的利用,在利用中给予更好的保护,这是保护与利用的辩证统一(郭旃,2002;孙九霞,2012;彭华,2012)。分区开发、永续利用是统筹世界遗产保护和旅游发展的基本原则,通过核心区整体保护,缓冲区梯度控制和区域的综合考虑处理世界遗产保护与旅游发展的关系(谢凝高,2002;岑倩华等,2007)。陶伟(2002)从规划和管理技术层面指出,世界上很多地方已经具备很多先进的技术方法来解决旅游发展与资源保护的矛盾,而且也取得了一些成功的经验。例如 LAC(Limits of Acceptable Change,可接受的改变)理论、VERP(Visitor Experience and Resource Protection,游客体验和资源保护)理论、ROS(Recreation Opportunity Spectrum,游憩机会光谱)技术等。

旅游可持续发展。遗产旅游可持续发展的研究论文总计 48 篇,占世界遗产旅游论文总量的 19％,可分为两类:一是在分析现有矛盾和问题的基础上提出可持续发展的对策及建议(牛仁亮,2013;陶伟,2000;范文静,2011;霍斯佳,2011;胡星,2010);二是关于可持续发展水平的测度与评价,即旅游环境容量的测度,也有学者将其界定为资源承力、环境承载力、生态安全等,这些方法目标一致只是具体选取的指标有差异(吴承照,1993;罗瑶,2005;刘庆友等,2005;董成森,2009;洪滔等,2009;邱厌庆等,2010)。

遗产旅游者。关于世界遗产旅游者的研究,论文数量为 28 篇,所占比例为 11%,内容主要集中于旅游者动机(4 篇)、旅游者行为(8 篇)、游客感知(7篇)和游客满意度(4 篇)这四个方面,以具体案例区旅游者为对象进行调查得到第一手资料然后选取不同的模型和分析方法进行研究。通过对旅游者的出游决策,旅游者对遗产地形象、吸引力和真实性等感知的影响因素的定量研究,以及旅游行为特征的分类和游客满意度评价模型的构建,为遗产旅游的进一步发展提供理论支持。

旅游管理。中国的世界遗产旅游管理研究论文的数量与遗产旅游者研究论文相等,以世界文化遗产丽江古城(4 篇)以及世界文化和自然遗产黄山(4 篇)为典型案例。张朝枝(2007)在总结管理体制变迁的基础上,主要对现有管理模式下存在的诸如法律不健全、旅游开发建设危机、经费匮乏、管理机构定位不清晰、遗产教育和学术研究滞后等问题进行了深入分析。徐嵩龄(2013)指出应在遗产产权界定的基础上,打破营利性的经营模式,建立合作管理的平台和机制,从而从根本上解决管理的三大主要矛盾:遗产旅游开发和保护的矛盾;遗产经济收益分配中政府企业一方和社区一方的矛盾;游客旅游支付与体验获益之间的矛盾(邓明艳,2006;徐嵩龄,2013)。符全胜等(2004)还初步构建了以遗产保护为基本目标和以社区发展、游客管理和经营开发为贡献目标的遗产管理评价指标体系。此外,还有包括对跨区域捆绑型世界遗产管理机制体系的一些研究。

旅游营销。旅游市场分析是营销活动开展的前提,关于旅游市场研究的论文在分析市场规模和结构的基础上,指出了旅游市场的时空特征及演替(陆林,1989;郭英之,2000;钟静等,2007;王娟等,2007),提出了市场开发的策略并进一步形成营销战略(罗佳明,2002;郭英之,2003)。目的地形象营销是世界遗产地旅游营销的重要手段(8 篇),相关研究内容包括旅游目的地形象感知研究(黄艺农等,2007;刘建峰等,2009;乌铁红,2009;马明,2011),目的地形象设计研究(崔凤军,1999;孔德安,2002)和世界遗产地旅游映像的研究(毛端谦等,2003;贺小梅,2011)。旅游解说的完善可以提高旅游者的感知评价,相关研究是遗产地营销研究的又一重要内容(王昕,2002;罗芬,2005,2008;罗颖,2011)。

社区居民。社区居民对旅游的支持和参与是推动遗产旅游发展的重要动力(苏明明,2012),通过王纯阳等(2012)对利益相关者的界定与分类、居民对旅游影响的感知与态度的关系(史春云,2010;黄玉理等,2008)、当地居民参与旅游的态度以及影响东道主与游客交往意愿的因素(姚娟,2010;李艳花等,2010)等的研究,凸显社区居民在旅游开发中的主体地位,探索提升社区参与有效性的途径。邓明艳(2004)指出要实现遗产旅游与社区居民的互动发展,必须加强世界遗产管理部门、社区参与遗产保护的意识,发挥解说的管理功能,在遗产保护利用中寻求遗产地城乡的发展机会,培养遗产地居民的认同感和主权感,建立相关组织和机构协调监测遗产保护和社区发展。

旅游产品。从旅游产品的角度研究世界遗产旅游的论文主要有以下三类:一是围绕门票价格制定的世界遗产旅游产品价格研究(6篇),如田喜洲(2007)利用经济学原理,构建世界遗产旅游地门票定价模型,并以北京六大世界遗产单位为实例计算出了其理想门票价格;李飞等(2013)从厂商成本理论出发,结合准公共产品的定价原则,使用多因素方差分析和面板数据固定效应回归模型,发现景区门票价格差异主要受景区个体特征所影响,世界遗产景区门票价格与其平均负荷强度不存在U型曲线关系;王衍用(2005)在对世界遗产性质进行分析后提出制定世界遗产门票价格的依据,并从革新现有体制、仿效发达国家运营模式、产业经济提升三个方面提出了对策。潘秋玲(2008)提出中国遗产旅游景区的价格调整策略为:理顺管理体制,实行管理权与经营权分离,建立灵活科学的门票价格体系,加速门票经济向产业经济转变,多种渠道吸纳社会资金,适度调整门票价格,强化社会效益。二是世界遗产旅游产品升级开发研究(王衍用,1995;刘春燕,2003;徐云松,2004;宗晓莲,2005;梁江川,2009;梁学成等,2010)。三是关于世界遗产旅游产品品牌价值保护和延伸的相关研究。

其他细分主题。遗产地旅游产业的研究,从产业视角对世界遗产地旅游产业集群的研究受到学者们广泛关注(冯卫红,2008;王利伟等,2009;陶伟等,2012),而行业研究集中于遗产地的饭店业(朱国兴等,2005;彭青等,2010;王凯,2012)。世界遗产旅游价值研究是世界遗产旅游研究的基础,现有的相关研究以世界文化遗产的旅游价值研究为主(5篇),占世界遗产旅游价值研究论文总量的83%。世界遗产的旅游价值涉及历史价值、象征价值、艺术价值、道德价值以及其他公共价值等多个方面。张维亚等(2012)以南京明孝陵为例借助条件评估法(CVM)对世界文化遗产旅游开发的经济价值进行了研究,比较了支付意愿价格 WTP 和门票价格,分析了影响 WTP 的因素。郭剑英(2007)用旅行费用法评估了乐山大佛的国内旅游价值为旅行费用支出、旅游时间价值和消费者剩余三者之和,并分析了影响其国内旅游价值的因素。张胜等(2003)以世界文化遗产平遥古城为例分析了提升人文旅游资源价值的环境经济政策。遗产旅游影响和空间研究。遗产旅游影响研究可分为经济影响研究(刘春凤,2013)、社会文化影响研究(张朝枝,2009;全华,1994)和环境影响研究(邓贵平,2011;车震宇,2010),此外还包括遗产旅游影响的综合评价与比较(李凡,2002;章小平,2010)。遗产旅游地的空间研究包括时空变迁、空间整合、空间结构研究等(苏章全等,2011;吴其付,2010;厉以猷,2005)。

(7)国内研究综述。

① 总体评价。尽管遗产旅游作为一个内涵生态旅游性质的普及性概念开始被国内学者提起[49],但是世界遗产旅游的研究仍是一个新兴的研究领域,需要国内学者更多的关注,从对世界遗产旅游概念、特征、类型等基础性问题入手逐渐展开深入的研究。在杨效忠等对国内世界遗产旅游研究阶段划分的基础上,根据 2006 年以后世界遗产研究的现状,我国世界遗产旅游研究历史的阶段划分及各阶段的特征见表 1-7。世界遗产旅游与城市发展研究作为当今旅游研究的一个热点问题,引起多个学科背景学者的关注,取得了较为丰富的研究成果(见表 1-8)。

表 1-7　中国世界遗产旅游研究阶段与主题

阶段划分	研究主题	研究方法	研究学科
起步阶段 (1985~1991)	世界遗产旅游资源研究	描述性研究为主	地理学、美学、建筑学、考古学
发展阶段 (1992~1998)	世界遗产旅游资源和旅游市场相关研究为主,案例遗产地随着世界遗产数量的增加而日益丰富	描述性研究和实证性研究并重	历史学、社会学、生物学、民俗学、遥感学
调整阶段 (1999~2010)	遗产地的保护和经营管理研究明显增加	实证研究为主,构建模型等定量分析方法增加	管理学、法学、营销学科逐渐加入
成熟阶段 (2011~2013)	研究主题多元化	实证研究与理论分析相结合,针对性研究有所加强	多学科交叉

② 特征评价。论文数量日益增多,在学科背景上呈现以旅游管理、人文地理为主,多学科交叉研究的趋势;在研究力量上,以博士、博士生导师及其

所在的高水平大学为主要力量;在研究内容上,以世界遗产旅游研究为主,涉及十多个细分的主题;在研究方法上,定性分析占主导地位,但定量分析比重不断上升并且使用的定量方法越来越多元。定性分析使用的具体研究方法包括:文献资料分析法、比较分析法、专家意见法等。定量分析使用的具体方法包括:因子分析、聚类分析、相关分析、回归分析、方差分析、结构方程模型等,其中需要的支持软件有 SPSS、LISREL、MAPGIS、EVIEWS 等。

表 1-8　中国世界遗产旅游与城市关系相关研究代表性成果

研究人员	代表性研究成果
陶伟,岑倩华,2004;张朝枝,保继刚,2004	系统介绍了国外的研究成果
陶伟,2002	对中国的遗产旅游研究进行了较为全面的总结和分析
张朝枝等,2004;徐嵩龄,2005	对遗产旅游的管理进行探讨
谢婷,2006	关注遗产旅游的社会文化影响
李永乐,2008	探讨遗产旅游的解说
王晓晓,张朝枝,2007	对遗产旅游的原真性进行研究
陶伟,2000;吴必虎等,2002;方淳,2004;徐嵩龄,2005	探讨遗产地旅游的可持续发展问题

③ 不足之处。从纵向上分析,关于旅游与城市关系的研究已经取得了一定的进展,研究重点主要集中在旅游城镇化、旅游与城镇化的关系等方面,研究成果不断丰富,研究范围越来越广,研究力量日益壮大,学科交叉逐渐明显,形成了多学科多层次的综合局面。但是关注中国世界遗产旅游与城市发展的研究的较少,无法满足中国世界遗产数量快速增加后实践发展的需要,而且从横向比较可知,与国际领先水平相比,中国的相关研究成果总量较少,范围较小,研究深度不够等不足。现在关于中国世界遗产旅游与城市发展关系的研究成果数量更少,定量分析与评价明显不足,缺乏从较长的时间跨度对中国多个世界遗产地的综合研究,对如何实现不同世界遗产旅游与城市发展关系的类型与发展路径的选择问题是急需解决的问题。

第一,目前从发展的角度对世界遗产旅游与城市关系进行研究的文献数量相对较少,且多是从定性的角度来论述二者之间的关系,对二者关系的界定并未运用科学的数理统计方法或相关统计软件对样本数据进行计算,缺乏科学的数据支持与规范尺度。较多的成果停留在定性分析层面,很少通过定量研究来识别和判断世界遗产旅游与城市发展的关系,已有的研究成果主要聚焦于某一时间点上世界遗产旅游与城市关系的静态表现,通过样本截面数据对关系进行定量分析有一定的片面性,无法反映二者关系的时间变化和发展趋势,而采用时间序列数据对一定时期内二者关系研究明显不足。

第二,研究范围多为单一遗产地世界遗产旅游与城市关系的分析,具有一定的片面性,无法代表整个国家范围内世界遗产旅游与城市关系的整体情况以及关系的区域差异。

基于上述现状,本书的研究基于时间序列数据对多个世界遗产地世界遗产旅游与城市发展关系的相互作用机理、作用方向和作用程度等进行研究,将在一定程度上弥补前期研究的不足。

四、研究思路与方法

(一)研究内容

本研究是围绕世界遗产旅游与城市发展关系的研究,结合旅游学、城市发展学、经济地理学等相关理论与方法,按照"内涵—特征—机理—测度—评价—路径"的研究思路,内容主要包括四个部分:第一部分是对世界遗产旅游概念与相关理论的界定与阐述;第二部分是对中国世界遗产旅游与城市发展现状与相互作用机理的分析;第三部分是对中国世界遗产旅游发展水平与城市发展水平的测度与评价;第四部分是评价中国世界遗产旅游与城市协调发展水平并分类,进一步提出不同协调发展类型的发展模式与实现路径。对具体章节安排如下。

第一章,绪论。主要剖析了世界遗产旅游与城市发展关系的研究背景、研究目的和研究价值;梳理了国内外世界遗产旅游与城市发展的相关研究成果,发现目前国内外研究存在的问题与不足,阐明了下一步研究的趋势与方向,论述了研究的主要内容和思路。

第二章,世界遗产旅游与城市发展的概念与基础理论阐释。在科学界定世界遗产旅游、城市等相关概念的基础上,阐释世界遗产旅游的构成要素、特征与类型,并从旅游可持续发展理论、城市发展理论、公共经济学理论、经济地理学理论、耦合协调理论等方面对世界遗产旅游与城市发展的基础理论进行探索。同时,借鉴美国、意大利、西班牙、法国、德国、日本等国家世界遗产旅游与城市发展的成功经验指导我国的世界遗产旅游与城市发展的实践。

第三章，中国世界遗产旅游与城市发展的现状分析。根据国际世界遗产及世界遗产旅游的发展状况与趋势，阐明中国世界遗产的数量与空间分布，中国世界遗产旅游的发展历程、现状特征与存在的主要问题，结合世界遗产地城市的类型与特征，分析世界遗产旅游与城市发展关系的现状。

第四章，中国世界遗产旅游与城市发展相互作用机理分析。首先从政策、经济、社会、区位、环境、文化等方面寻找影响世界遗产旅游与城市发展的共同因素。其次从世界遗产旅游的发展规模、发展速度和发展效率三个角度分析世界遗产旅游对城市发展的作用。最后从城市经济发展、社会发展、城市环境和科技文化四个角度分析城市对世界遗产旅游发展的作用，指出世界遗产的有效保护是世界遗产旅游与城市相互促进的前提条件。

第五章，中国世界遗产旅游与城市发展水平的测度与评价。根据对世界遗产旅游与城市的科学界定，分别构建世界遗产旅游发展水平评价指标体系和城市发展水平评价指标体系，采用熵值法确定评价指标的权重；再根据指标体系对 2000～2013 年间中国 14 个地级行政单位世界遗产地的旅游发展水平和城市发展水平分别进行测度，对中国地级世界遗产地的旅游发展水平和城市发展水平的时间演变和空间差异分别进行评价。

第六章，中国世界遗产旅游与城市协调发展的类型与发展路径。根据中国世界遗产地旅游发展综合指数和城市发展综合指数的面板数据，进行单位根检验，选取固定效应变系数模型确定了二者相互作用的定量关系。采用耦合度和耦合协调度函数建立世界遗产旅游与城市协调发展关系评价模型，并确定评价标准对二者协调发展状况进行评价，并进一步运用聚类分析划分二者协调关系的类型，对其时空演变特征进行分析，在此基础上采用灰色预测模型对二者关系的发展趋势进行预测。

第七章，世界遗产地曲阜旅游与城市发展综合评价研究。选择曲阜作为县级行政单位世界遗产地的代表城市，对曲阜世界遗产旅游与城市发展的水平及二者的协调发展水平进行测度与评价。

第八章，中国世界遗产旅游与城市协调发展的类型与实现路径。根据世界遗产旅游与城市协调发展水平的评价结果与类型划分，将中国世界遗产旅游与城市协调发展关系的类型划分为良性协调型、初步协调型和低度协调型三种类型，并针对每种不同类型提出相应的发展模式和协调发展实现路径，为中国世界遗产地旅游与城市的协调发展提供科学参考和决策支持。

（二）研究思路

首先梳理国内外世界遗产旅游与城市发展关系的相关研究,指出世界遗产旅游与城市协调发展研究的必要性。根据世界遗产旅游与城市发展相关概念和理论的解析,结合中国世界遗产旅游与城市的发展现状,分析二者相互作用的机理,分别构建世界遗产旅游与城市发展的评价体系,对近十几年中国世界遗产旅游与城市发展的水平进行测度并对其时间演变和空间差异进行分析。在确定世界遗产旅游与城市发展之间的动力机制后,建立世界遗产旅游与城市发展协调度评价模型,对 2000~2013 年间 14 个遗产地世界遗产旅游与城市发展的协调度进行评价与分析,并通过聚类分析总结不同遗产地世界遗产旅游与城市协调发展的类型以及相应的发展路径。具体研究思路与技术路线如图 1-6 所示。

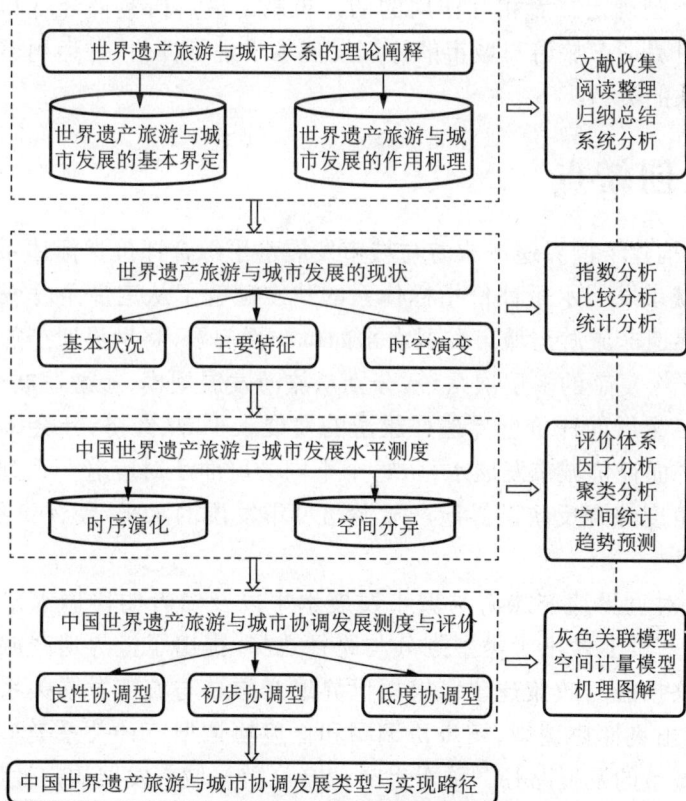

图 1-6　本书技术路线

（三）研究方法

第一，定性分析方法，包括文献研究法、比较分析法、案例研究法、实地调研法等。在掌握研究资料与统计数据的基础上，对案例地进行实地调研获取关于遗产旅游动机、时间、频率、距离等数据，通过静态截面数据和动态时序数据分析世界遗产旅游与城市发展的时间演变和空间差异。

第二，定量研究方法，包括熵值法、综合指标法、格兰杰因果分析、面板数据模型、灰色关联模型、聚类分析法、耦合函数法、协调度法等。选择影响世界遗产旅游和城市发展的主要因素，运用熵值法分别确定个评价指标的权重，运用综合指数法计算 14 个地级行政单元世界遗产旅游与城市发展的综合指数。然后采用灰色关联模型测度二者的关系，对 2000～2013 年中国 14 个世界遗产地的旅游与城市发展水平的面板数据进行因果关系分析，并构建面板数据模型确定二者相互作用的动力机制。最后借鉴耦合度和耦合协调度函数对世界遗产旅游与城市的协调发展水平进行评价，并运用聚类分析划分二者关系的类型。

五、创新点

第一，构建了世界遗产旅游与城市发展水平综合评价指标体系。世界遗产旅游与城市发展水平评价指标体系的建立破解了从定性角度或单指标角度判断世界遗产旅游与城市发展水平的单一性问题，将世界遗产旅游和城市都看成是一个复杂的多层次系统，分别从旅游发展规模、旅游发展速度、旅游产业结构三个层面评价世界遗产旅游的发展水平，从经济、社会、环境、科技文化四个层面评价城市发展水平，每个不同的层面还对应着一系列具体指标从不同的角度综合反映世界遗产旅游与城市发展的水平，使评价更加客观、准确。

第二，对世界遗产旅游与城市发展水平以及二者的协调水平进行了测度，并在此基础上做出了类型划分与路径选择，提出了世界遗产旅游与城市发展的战略措施与政策建议。根据世界遗产旅游与城市发展关系的定量评价结果，提出良性协调型、初步协调型和低度协调型三种关系类型的世界遗产旅游与城市的发展路径。关于世界遗产旅游与城市发展的定性研究较多，定量分析方法的使用相对较少。本书选取 14 个世界遗产地 2000～2013 年14 年间世界遗产旅游与城市发展的相关数据，运用耦合协调模型对世界遗产旅游与城市发展关系的协调水平进行判定,得出良性协调型世界遗产地城市世界遗产旅游与城市共同主导的发展路径,城市发展滞后型初级协调世界遗产地以世界遗产旅游为主导型世界遗产旅游发展滞后型初级协调世界遗产地以城市为主导的两种发展路径,低度协调型世界遗产地城市的政府主导发展路径。并在对三种类型关系深度剖析的基础上对每种发展路径下世界遗产旅游与城市发展的具体策略进行了归纳总结。对世界遗产旅游与城市发展路径类型的划分对不同地区、不同条件的世界遗产地世界遗产旅游与城市的发展具有重大的现实指导意义,为世界遗产地的发展提供了发展路径参考和发展策略选择,也为政府相关决策咨询提供了可行且有针对性的参考与建议。

第 2 章

世界遗产地旅游与城市发展的
概念与相关理论研究

一、世界遗产旅游的相关概念

为了奠定研究的基础,必须首先对"遗产旅游"、"世界遗产"、"世界遗产旅游"等相关概念进行界定。人们对遗产旅游及相关概念的认识与人们的价值观、知识水平和生活环境密切相关,人类认识水平的不断进步推动着遗产旅游及相关概念在时间、空间、类型上的不断深化。

(一)遗产

(1)国际上关于遗产的概念界定。

英文"heritage"(遗产)一词产生于 20 世纪 70 年代左右的欧洲,源于拉丁语,与"inheritance"(继承)密切相关,当时是指"父亲留下来的财产"[50]。遗产概念不是封闭的和静态的,20 世纪 80 年代学者开始了对遗产内涵的深入讨论,到 90 年代遗产的概念进一步扩展。1990 年 Urry 提出遗产是"历史多元化与现时化的具体表现"[51];1996 年 Nuryanti 提出"遗产是有价值、被前人遗留下来的遗存或财富"[52];Tunbridge (1996)认为遗产是指那些社会希望继承的东西,历史记录并不完整,并非所有的遗产都会受到社会的重视,社会只是有选择地保存历史遗产;Hardy(1998)提出遗产与历史相关,是某种前人留给子孙后代加以传承的东西,其中既包括文化传统,也包括人造物品[53]。这时的遗产概念扩展到不仅包括地方文脉、历史人物等的"历史的见证",可以说是包括一些民间艺术、民族建筑风格的"整个社会的共同继承物"。Poria 指出"在过去的大约 20 年间,'遗产'的概念已经扩大——抑或爆炸——到如此程度,致使概念都发生了变化。较老的词典把此词主要定义为父母传给子女的财物,而新近的词典还把该词定义为历史的证据……整体上被认为是当今社会的继承物。"

进入 21 世纪后,在商业化的推动下遗产概念有了进一步的发展。Brian Garrod 和 Alan Fyall(2001)认为遗产是"集中了我们继承的一切"[54];2005 年第七版的《牛津高级英语词典》对遗产的界定是专指"一个国家、地区或社会长期拥有的、且被认为是其自身特征的重要组成部分的历史、传统和特质"[55];2008 年,世界考古学大会专题讨论了遗产的概念并达成一定的共识。之后,联合国教科文组织也将遗产定义为"遗产是我们从过去获得的遗留之物,是我们今天赖以生存并将传递给后代的东西"[56]。可见,遗产概念不是一成不变的,不同时期、不同国家、不同阶层的人群对遗产有不同的理解,使遗产的概念日益丰富。

随着遗产的相关概念越来越完善,出现了"物质遗产"、"文化遗产"、"自然遗产"、"世界遗产"、"人类共同文化遗产"这样一些全新的概念。遗产也越来越多地被用作商业用途,遗产开始进入大众化阶段。换言之,遗产的概念经历了从"特殊的"遗产系统走向"一般的"遗产系统,从作为历史的遗产时代走向了作为纪念的遗产时代的过程。

通过比较不同时期对遗产的定义我们可以看出遗产具有以下三大属性:

① 时间性,遗产是"过去的",是历史的见证。

② 选择性,遗产是当代人根据自己的价值标准进行的有目的判定。

③ 公有性,遗产是全世界人民的共同财富。

(2)我国遗产概念的发展。

我国可考的"遗产"一词最早出现在《后汉书》卷五十七,原句为"(郭)丹出典州郡,入为三公,而家无遗产,子孙困匮",其含义可以理解为"亡者留下的财产"[57]。但之后遗产一词并没有在法学领域外得到广泛的使用,我们今天研究的遗产内涵与我国在漫长的历史中使用更加普遍的另一词语"文物"的含义更加一致。从词源上讲,"文物"一词最初主要指礼乐典章制度,或礼乐宝器,它们被用以明贵贱、制等级。后来其含义扩大,兼指历代相传的文献、古物。至 20 世纪,"文物"才逐渐地被定义为"具有历史、艺术价值的古代遗物"[58]。在《中国大百科全书·文物博物馆卷》中,谢晨生先生对文物的定义是"文物是人类在历史发展过程中遗留下来的遗物、遗迹"。2001 年版《新华词典》中对遗产的解释为"① 法律上指公民死亡时遗留的个人合法财产。包括公民的收入,公民的房屋、储蓄和生活用品,公民的林木、牲畜和家禽,公民的文物、图书资料,法律允许公民所有的生产资料,公民的著作权、专利权中的财产权利,公民的其他合法财产。② 借指历史上遗留下来的精神财富或物质财富"[59]。本文中的遗产概念主要涉及其中的第二层含义。2005 年徐嵩龄先生指出遗产是自然演进与人类文明发展过程中历史积淀的精华,在当代则有其特定的内涵,即以联合国教科文组织等在有关文献中所确定的含义为准[60]。可见,进入 20 世纪以后我国遗产概念的使用逐渐清晰起来。

我国关于遗产的研究首先关注到的就是文化遗产,之后相当长的时间内也都主要集中在文化遗产领域,所以一度以文化遗产的概念代表了遗产。《辞海》将文化遗产定义为"历史上遗留下来的精神财富"[61]。《汉语大词典》中对文化遗产的解释是"人类历史遗留下来的精神财富的总和"[62]。《国务院关于加强文化遗产保护的通知》就文化遗产提出了迄今为止最具权威性的界说:文化遗产包括物质文化遗产和非物质文化遗产。物质文化遗产是具有历史、艺术和科学价值的文物,包括古遗址、古墓葬、古建筑、石窟寺、石刻、壁画、近代现代重要史迹及代表性建筑等不可移动文物,历史上各时代的重要实物、艺术品、文献、手稿、图书资料等可移动文物;以及在建筑式样、分布均匀或与环境景色结合方面具有突出普遍价值的历史文化名城(街区、村镇)[63]。

经过 1000 多年的历史变迁,遗产蕴藏的内涵、表征的理念和范围也在不断地发展,经历了从"文物"到"文化遗产"、"文化与自然遗产"再到"非物质文化遗产"不断扩大和深化的认识发展过程。

(二)世界遗产

世界遗产是人类和自然进化的有力证明,起着连接过去与未来的桥梁作用,他们对人类的重要性既超越了人为的、短暂的政治界限,也超越了所谓文明的地理界线。世界遗产不仅属于遗产所在地的国家和人民,也属于全人类,属于子孙后代,可以为地球上的每一个人所分享。

(1)世界遗产的含义。

世界遗产(World Heritage)是由世界遗产委员会按照《保护世界文化和自然遗产公约》(Convention on the Protection of the World Culture and Natural Heritage)具有不同方面的"突出且普遍的价值"(outstanding and universal value)的规定,经过联合国教科文组织的相关审批程序后,正式列入《世界遗产名录》(《World Heritage List》)的文物、建筑群、遗址或者由物质和生物结构或这类结构群组成的自然面貌、地质和自然地理结构以及明确划为受威胁的动物和植物生境区、天然名胜或明确划分的自然区域[64]。世界遗产是由地球进化或人类活动而产生的具有丰富的自然价值与人文内涵,并能承古递今的无价之宝,它超越时空和地域,是全人类所共同拥有并共同负责保护的宝贵遗产[65]。

　　世界遗产这一专有名词的提出使我们的视野超越了“文物”、“古迹”、“风景名胜区”、“自然保护区”等传统的概念,更加深刻全面地认识到这些不可复制的自然和文化资源是大自然赋予全人类的瑰丽神奇,是人类历史和文明的见证,是全世界人民共同的财富和人类可持续发展的宝贵资源。这一概念标志着人类对自然和文化财富的认识达到了一个新的境界。

　　(2)世界遗产的类型。

　　《保护世界文化和自然遗产公约》把世界遗产分为世界文化遗产(包括文化景观和非物质文化遗产)、世界自然遗产、世界文化与自然遗产以及无形世界遗产四大类。

　　① 世界文化遗产(World Cultural Heritage)。世界文化遗产是指《保护世界文化和自然遗产公约》中规定的文物、建筑群和遗址。其中文物是指从历史、艺术或科学角度看,具有突出、普遍价值的建筑物、雕刻和绘画,具有考古意义的成分或结构,铭文、洞穴、住区及各类文物的综合体;建筑群是指从历史、艺术或科学角度看,因其建筑的形式、统一性及其在景观中的地位,具有突出、普遍价值的单独或相互联系的建筑群;遗址是指从历史、美学、人种学或人类学角度看,具有突出、普遍价值的人造工程或人与自然的共同杰作以及考古遗址地带[66]。

　　除了定义要求外,世界文化遗产还必须符合联合国教科文组织制定的《执行世界遗产公约的操作准则》中对世界文化遗产遴选的 6 条标准中的 1 项或几项,具体标准如下:(a)代表一种独特的艺术成就,一种创造性的天才杰作;(b)能在一定时期内或世界某一文化区域内,对建筑艺术、纪念物艺术、城镇规划或景观设计方面的发展产生过重大影响;(c)能为一种已消逝的文明或文化传统提供一种独特的至少是特殊的见证;(d)可作为一种建筑或建筑群或景观的杰出范例,展示出人类历史上一个(或几个)重要阶段;(e)可作为传统的人类居住地或使用地的杰出范例,代表一种(或几种)文化,尤其在不可逆转之变化的影响下变得易于损坏;(f)与具有特殊普遍意义的事件或现行传统或思想或信仰或文学艺术作品有直接或实质的联系。

其中,第 f 项标准成为列入《名录》理由的条件是在某些特殊情况下或该项标准与其他标准一起作用;世界文化遗产也可以是人类的灾难、战争、罪恶等一些能对人们起到警示作用的遗迹;世界文化遗产必须符合真实性的要求并有足够的法律或传统的保护和管理机制[67]。

文化景观遗产是 1992 年以后才被列入《世界遗产名录》中的,是在联合国教科文组织第 16 届世界遗产大会上提出的,是人类在长期的生产和生活中与自然共同创造的杰作,体现和强调了人与自然的和谐与平衡关系,它的确定标志着人类遗产意识的又一进步,通常作为一个亚类统计在世界文化遗产类别下。

除了定义要求外,为了区别世界文化与自然双重遗产,世界文化景观遗产还必须符合联合国教科文组织制定的《执行世界遗产公约的操作准则》第36 条对其评选的原则规定:

在世界遗产大会上提出的,是世界文化遗产中自然与人类共同作品的那部分遗产,具体包括以下 3 种:(a)由人类出于美学方面的考虑有意设计和建筑的园林景观和公园景观,多为宗教性或其他纪念性建筑物(群)。(b)有机进化的景观。它产生于最初始的一种社会、经济、行政以及宗教需要,并通过与周围自然环境的相联系或相适应而发展到目前的形式。它又包括两种类别:一是残遗物(或化石)景观,代表一种过去某段时间已经完结的进化过程,不管是突发的或是渐进的。它们之所以具有突出、普遍价值,还在于显著特点依然体现在实物上。二是持续性景观,它在当今与传统生活方式相联系的社会中,保持一种积极的社会作用,而且其自身演变过程仍在进行之中,同时又展示了历史上其演变发展的物证。(c)关联性文化景观。这类景观列入《世界遗产名录》,以与自然因素、强烈的宗教、艺术或文化相联系为特征,而不是以文化物证为特征。

② 世界自然遗产(World Natural Heritage)。按照《保护世界文化和自然遗产公约》的规定,世界自然遗产主要指三类状况,即自然面貌、动植物生境区和天然名胜区。从美学或科学角度看,具有突出、普遍价值的由地质和生物结构或这类结构群组成的自然面貌;从科学或保护角度看,具有突出,普遍价值的地质和自然地理结构以及明确划定的濒危动植物物种生态区;从科学、保护或自然美角度看,只有突出、普遍价值的天然名胜或明确划定的自然

地带。

除了定义要求外,世界自然遗产还必须符合联合国教科文组织制定的《执行世界遗产公约的操作准则》中对世界自然遗产遴选的 6 条标准中的 1 项或几项,具体标准如下:(a)构成代表地球演化史中重要阶段的突出例证;(b)构成代表进行中的重要地质过程、生物演化过程以及人类与自然环境相互关系的突出例证;(c)独特、稀有或绝妙的自然现象、地貌或具有罕见自然美的地带;(d)尚存的珍稀或濒危植物种的栖息地。

需要说明的是,除了符合上述的标准之外,每项自然遗产地还必须符合《实施世界遗产公约的操作指南》规定的整体环境(Conditions of Integrity)条件:必须包含自然生态关系必备要素的全部内容或者绝大部分内容;必须有相当充分的地域面积,能够自我维持生态平衡;必须具有维护物种延续的生态系统;濒危物种遗址应具有维持濒危物种生存所需的生境条件,特别要保护迁徙性的物种种群;遗产所在地必须有令人满意的长期立法调节,以做到保护的制度化。

③ 世界文化与自然双重遗产(World Mixed Properties)。按照《保护世界文化和自然遗产公约》的规定,世界文化与自然遗产是将在历史、艺术或科学及审美、人种学、人类学等方面有着世界意义的纪念文物、建筑物、遗迹等内涵的文化遗产,和在审美、科学、保存形态上特别具有世界价值的地形或生物,包括景观在内的地域等内容的自然遗产融合起来构成的第三类遗产,它同时含有文化与自然两方面因素[68]。《世界遗产公约》对文化与自然双重遗产没有专门严格的规定,它同时适用世界文化遗产和世界自然遗产的评判标准。

(三)遗产旅游

(1)国外对遗产旅游的定义。

有的学者从旅游者动机的角度定义遗产旅游,1991 年 Yale 提出遗产旅游是指"关注我们所继承的一切能够反映这种继承的物质与现象,从历史建筑到艺术工艺、优美的风景等的一种旅游活动"[69]。这个定义从旅游者动机的角度区别了遗产旅游与其他类型的旅游,是普遍认可的对遗产旅游的界定。

很多学者对遗产旅游的起源进行过解释和分析(Hewison, R. , 1987; Rojek, C. , 1993; Shaw G. , 1991; Urry J. , 1990),他们基本都认为旅游者的文化与遗产的经历与体验需求是他们进行遗产旅游的主要动机,遗产旅游"能从历史建筑物、艺术品、美丽的风景中得到任何意义"[70]，是一种经过升华的"怀旧思乡"（nostalgia）之情，"对现状的不满和对未来的失望使很多人开始'怀旧'，将过去的美好等同于将来的美好"[71]，和"怀旧与保守，强调秩序与传统，希望唤起过去的权威"，不管它们是"有意义的"还是"真实的"，或者只是一个肤浅的娱乐包装的"伪事件"，或者只是一个旅游者产生与构建他们自己的意义的旅游体验[72]。也有人认为遗产旅游只是文化商品化的一种表现[73]。

Poria 等（2001）认为定义遗产旅游现象应该基于旅游者动机和感知而不是特定遗产地的属性，他提出的基于旅游者动机的遗产旅游定义基于两个基本概念：旅游者的动机，即遗产属性是旅游者决策的关键因素；旅游者的感知，即旅游者认为自己是遗产的一部分。他的定义对于理解遗产旅游和遗产管理更有帮助。在此基础上，他提出了遗产旅游者的三种类型：认识到旅游地的遗产属性但认为这与自己无关的旅游者；认为自己是遗产地的一部分，尽管它未被归类为遗产地的旅游者；未意识到旅游地遗产身份而前来旅游的旅游者[74]。

从旅游者方面，Micheal 认为遗产旅游不应该被看做一种任意性的行为，而应该把它看做一种社会心理的需要。Richards 认为遗产旅游可以被定义为一种过程，或者作为一种产品，为了在旅游动机和遗产旅游之间建立一种联系，人们必须了解动机的形式。Moscardo 认为遗产旅游是由旅游者与资源之间的交互作用而产生的一种经历。遗产旅游作为一种旅游者对特殊地点的感觉而产生的现象。从旅游资源方面，Brian 认为遗产是集中了我们继承的一切，遗产旅游能从历史建筑物、艺术品、美丽的风景中得到任何意义。Fyall把遗产旅游定义为一种利用社会文化资源吸引参观者的经济活动[75]。

博伊德（2007）在《遗产旅游》一书中曾经设想提出遗产旅游的新定义，但最后还是决定只根据现有的定义和模式来探讨遗产旅游的含义，从而揭示遗产和旅游之间的相互关系。他认为遗产旅游与其他旅游形式之间在很大程度上存在着交叉重叠现象。或许争论的焦点应该从狭隘的解释转向如何建立更为全面的思维框架。遗产的重要性和价值并非在于人们如何作出相关的定义，而是在于宣传遗产保护价值的同时如何利用遗产为旅游者创造具有实际意义的体验[53]。

世界旅游组织将遗产旅游定义为"深度接触其他国家或地区自然景观、人类遗产、艺术、哲学以及习俗等方面的旅游"。

（2）中国对遗产旅游的定义。

我国对遗产旅游的研究起步较晚,始于 20 世纪 90 年代,对遗产旅游较早且相对权威论述是保继刚于 1993 年提出的"遗产旅游是以遗产为吸引物,到国家、城市和社区遗产地内进行的旅游活动"。之后随着遗产旅游相关研究的深入,很多学者从一个或几个侧面围绕遗产旅游的概念、本质、特征等进行了论述(见表 2-1)。刘庆余提出遗产旅游是以遗产资源(目前主要是世界级遗产)为旅游吸引物,到遗产所在地去欣赏遗产景观,体验遗产文化氛围的一种特定形式的旅游活动,使旅游者获得一种文化上的体验[77]。王艳平认为遗产旅游的初始定义是指居民离开常住地前往遗产地所进行的一次有意义的旅游活动。同时他还提出遗产旅游的发展性定义,即旅游者对遗产地的旅游行为以及其所引发的遗产地利益关系者为发展经济、增加属地自豪感和保护遗产所做出的一系列努力[78]。但还未出现得到广泛认同的遗产旅游的权威定义,这也是下一步遗产旅游研究需解决的基础问题之一。虽然如此,但学者们的探讨还是为推动对遗产旅游的认识和遗产旅游实践的发展做出了重要贡献。

表 2-1　国内学者关于遗产旅游的代表定义

代表人物	遗产旅游涵义	资料来源
保继刚	遗产旅游是以遗产为吸引物,到国家、城市和社区遗产地内进行的旅游活动。	《旅游地理学》,1993 年
陶伟	遗产旅游作为一种世界现象,是人类求取与外部世界和谐的最有效形式之一。	《中国"世界遗产"的可持续发展研究》,2001 年
张朝枝	遗产旅游就是人们到人类选择保存的文化与自然遗存进行的旅游活动,而"人类选择保存"通常由国家代表人类选择保存,为了便于操作,可以将遗产旅游界定为"到国家遗产地内进行的旅游活动"。	《旅游与遗产保护:基于案例的理论研究》,2008 年
彭顺生	遗产旅游主要是指以文物、古迹等人类精神文明和物质文明的依存作为主体旅游吸引物的旅游形式。	《世界遗产旅游概论》,2008 年
王艳平	遗产旅游的初始定义是指居民离开常住地前往遗产地所进行的一次有意义的旅游活动。同时他还提出遗产旅游的发展性定义,即旅游者对遗产地的旅游行为以及其所引发的遗产地利益关系者为发展经济、增加属地自豪感和保护遗产所做出的一系列努力。	《遗产旅游管理》,2008 年
邹统钎	引用皮埃尔的定义,认为遗产旅游是指关注我们所继承的一切能够反映这种继承的物质与现象,从历史建筑到艺术工艺、优美的风景等的一种旅游活动。	《遗产旅游发展与管理》,2010 年

（四）世界遗产旅游

界定世界遗产旅游，首先必须明白世界遗产旅游的涵义与世界遗产本身是密不可分的，先有了世界遗产的概念，才有了世界遗产旅游的定义。彭顺生认为，"世界遗产旅游是以列入《世界遗产名录》的具有历史、科学、艺术或文化价值的人类的杰作——文化遗产和具有地质、地貌学、生态、生物多样性和自然美价值的自然地域空间综合体——自然遗产为主体旅游吸引物的旅游形式"[79]。李燕琴（2012年）提出世界遗产旅游特指以被列入《名录》的文化遗产、自然遗产、文化与自然双重遗产等作为旅游吸引物的旅游形式[80]。刘新静（2010年）认为世界遗产旅游是指旅游者因为受世界遗产所在地区的文化氛围或自然资源的吸引，以了解、体验和学习当地特有的人文文化生活，或以感受当地罕见的自然美景为主要内容的旅游活动[81]。

世界遗产旅游是遗产旅游的一种，是遗产旅游中围绕世界遗产开展的旅游活动，对世界遗产旅游的界定，首先要明确两点：一是真正意义上的世界遗产旅游出现在20世纪70年代末，1978年第一批12项世界遗产诞生后世界遗产旅游才作为一个专有名词被定义，之后随着世界遗产数量的增加，世界遗产旅游也在世界各地逐渐兴起并日益受到重视。二是世界遗产旅游的旅游吸引物是登载《世界遗产名录》的1031项世界遗产以及世界遗产所在地（截至2015年），随着世界遗产数量的增加，世界遗产旅游的吸引物也越来越丰富。这些吸引物都有一个共同的特点，就是具有突出的历史、文化、科学、艺术或美学等多方面的普遍价值，是大自然和人类留下的最宝贵的财富，代表着最具价值的文化景观和自然景观。

参照遗产旅游者的分类标准，世界遗产旅游的定义也可以分为狭义的世界遗产旅游和广义的世界遗产旅游两种。狭义的世界遗产旅游是指以参观游览世界遗产旅游吸引物为主要动机而进行的旅游活动；广义的世界遗产旅游也成为世界遗产地旅游，是指到世界遗产所在的世界遗产地进行的一切旅游活动都称为世界遗产旅游。广义的世界遗产旅游不以旅游者的动机而以旅游者的行为为判别标准，更具有可操作性。本书对世界遗产旅游地旅游与城市发展研究用到的相关数据均是在广义世界遗产旅游界定的基础上得到的。

世界遗产旅游的重要意义已经得到了学术界、各地政府和投资商的普遍认同。世界遗产是"游客的磁石"，世界遗产的称号对旅游者人数来说是实质性的保证[82]。众多学者都提出世界遗产的地位提高了遗产地在旅游者心目中的名望（Hall，1992；UNESCO，1995；Shacklcy，1998；Thorsell、Sigaty，2001）[83]。毫无疑问，一系列调查和数据已经充分说明世界遗产旅游对旅游者的吸引力。"Thorsell 和 Sigaty（2001）所作的关于 118 个国家自然遗产的调查报告表明，这些世界遗产每年的游客量大约为 63 000 000 人次。其中对 15 个遗产景点的调查显示每年的游客量超过 1 000 000 人，美国的大雾山国家公园的游客量最多，为 9 265 667 人次。分布于美国、加拿大、澳大利亚和新西兰的 32 个遗产景点的游客量占所有游客量的 84% 以上。非洲的 30 个景点年平均游客量为 22 705 人次，与之形成鲜明对照的是，美国和加拿大的 16 个世界遗产景点的每年游客量达到 2 600 000 人次"[84]。

二、城市的相关概念

（一）城市

（1）城市定义的代表性描述及分析。

城市是一个复杂的有着多方面属性的社会系统，现有的研究文献还难以提供一个让多数人都能认可的比较完整的定义。早在 1961 年，刘易斯·芒福德（Lewis Mumdord）在其著作《城市发展史——起源、演变和前景》（*The City in History: Its Origins, Its Transformation, and Its Prospects*）中就指出城市是什么这一问题很难用一种定义来概括[85]。

《不列颠百科全书》把城市界定为一个相对永久性的和高度组织起来的人口集中的地方。具体分析，在国外有很多学者提出了他们对于城市涵义的解读，这些有代表性的带有定义性质的描述，虽然没能达成学界关于城市定义的共识，但是它们分别从一个侧面或几个侧面揭示了城市的本质特征，对我们理解城市的内涵，研究城市的发展大有裨益（如表 2-2）。

表 2-2　关于城市内涵的代表定义

序号	城市的内涵	代表人物	国家
1	城市是人口、生产工具、资本、享乐和需求的集中，而在农村里所看到的却是完全相反的情况；孤立和分散	马克思、恩格斯 Marx、Engels	德国
2	城市是一个经济景观，是一种空间经济体系格局的最高表现	奥古斯特·勒施 August Losch	德国

续表

序号	城市的内涵	代表人物	国家
3	城市是指那些生活物质有赖于城市以外的农业劳动产品的人们的较大居住地	松巴特 Sumbat	德国
4	城市不只是建筑物的群体,它更是各种密切相关经济相互影响的各种功能的集合体——它不单是权力的集中,更是文化的归集	刘易斯·芒福德 Lewis Murnford	美国
5	城市是有力的社会化环境,是一种心理状态,是各种礼俗和传统构成的整体,是这些礼俗中所包含的并随传统而流传的那些统一思想和情感所构成的整体	罗伯特·埃兹拉·帕克 Robert·E·Park	美国
6	城市是自身就会生长出持续的经济增长的村落	坚·吉柯布斯 Jan·Gicobs	美国
7	城市就是经济活动和家庭相当集中的一个巨大地理区域,其中的私人和公共部门从主要规模经济获取利益。城市为企业提供工作空间、交通运输和通信,为公众提供居住空间、娱乐场所、公用事业、后勤支持、安全保护和其他服务	沃纳·赫希 Werner·Hershey	美国
8	城市是有着较高的人口密度,开展一整套密切相关的活动的地区	阿瑟·奥沙利文 Arthur·OSullivan	美国
9	城市是一个坐落在有限空间地区内的各种经济活动——住房、劳动力、土地、运输等等——相互交织在一起的网状结构	K.J.巴顿 K.J.Buton	英国
10	城市是兼有密集性、非农业的土地利用、异质性(流动性)等三个性质的地域	山田浩之	日本

资料来源:根据个人整理得到。

随着我国关于城市研究的深入,很多学者也提出了自己对城市涵义的见解并得到了一定的认可,为我国城市发展研究奠定了基础。钱学森认为,城市是一个以人为主体,以空间利用和自然环境利用为特点,以集聚经济效益、社会效益为目的,集约人口、经济、科学、技术和文化的空间地域大系统。何念如提出城市是在人类历史上形成的,在特定的地域范围内,以非农业人口为主体、产业高度聚集,并具有复杂分工和相互依赖关系的人类社会组织形态[86]。许学强、周一星认为城市是一种特殊的地理环境,是相对于乡村而言的一种永久性大型聚落人口学意义的城市。人口学重点强调城市人口的量的规定性,包括人口密度和人口数量两方面内容[87]。饶会林认为城市是生产力发展到一定阶段的产物,是经济密集的社会有机体,是区域发展的中心[88]。

刘国光主编的《中外城市知识辞典》(1991 年)中城市是指以非农活动为主体,人口、经济、政治、文化高度集聚的社会物质系统。

多年来各国学者从不同的学科角度来解释城市的内涵,包括地理学、经济学、社会学、人口学、统计学、系统学等,如表 2-3 所示。从地理学的角度看,城市是一个特殊的有一定范围的空间区域,是以非农业活动为主的聚落,是一定区域范围内政治、经济与文化中心[89]。从经济学的角度看,城市是一个与乡村相互对立的经济单位,是坐落在有限的空间地区内的各种经济要素(住房、劳动力、土地、运输等等)相互交织形成的网状结构[90]。从社会学的角度看,城市以人口的聚集为特征,是一个具有相当高的人口密度和相当大的面积的地域共同体。从人口学的角度看,城市是相对永久性的、高度组织起来的人口集中的地方。从统计学的角度看,城市是与大规模人口及独特的组织制度和生活方式相联系的聚合体,通常以居住区的范围和居民的人数作为确立城市的主要方法。从系统学的角度看,城市是以非农活动为主体,政治、经济、文化、人口高度聚集的社会物质系统[91]。

表 2-3　不同学科对城市内涵的解读

学　科	城市的内涵
地理学	城市看作人类对自然环境最重要的改造,并把它看作人类与自然环境联系的总后果的一个组成部分,认为城市是具有一定规模的工业、交通运输业、商业聚集的以非农业人口为主的居民点。
经济学	城市是一个与乡村相互对立的经济单位,是坐落在有限的空间地区内的各种经济要素(住房、劳动力、土地、运输等等)相互交织形成的网状结构。
社会学	城市则被认为是占据某一特定地区的人口群体,它拥有一套技术设施和机构、行政管理体系以及有别于其他集团结构的组织形式。
人口学	所谓城市,如同巨大一体的定居村落,家家紧连着定居。然而,居民间的相识关系很差,这与城市以外的邻居之间的关系大不一样。
统计学	城市是与大规模人口及独特的组织制度和生活方式相联系的聚合体,通常以居住区的范围和居民的人数作为确立城市的主要方法。
系统学	城市是一个以人为主体,以空间利用和自然环境利用为特点,以集聚经济效益、社会效益为目的,集约人口、经济、科学、技术和文化的空间地域大系统。

资料来源:参考山田浩之. 城市经济学[M]. 大连:东北财经大学出版社,1991.2.

综上所述,城市是以非农业人口为主体、人口集中、工商业相对发达的地域空间,是一定地域政治、经济或文化中心,对周围区域具有集聚、辐射等效应,是现代文明的标志。

（二）世界遗产地城市

世界遗产地是《世界遗产公约》规定的世界遗产资源所在的特定区域，它是为了保护世界遗产资源而由《世界遗产名录》划定的世界遗产所在地及其保护范围。而世界遗产地城市即世界遗产地所在的行政单元，由于世界遗产分布的特点和保护的需要，世界遗产地城市的行政级别不尽相同，包括特别行政区、直辖市、地级市、县等各级行政单位。世界遗产地城市的行政级别不同，世界遗产旅游与世界遗产地城市的关系也不尽相同。

三、世界遗产旅游与城市的特征

（一）世界遗产与旅游的关系

世界遗产作为重要的旅游吸引物，它的出现直接催生了一种新的旅游类型——世界遗产旅游，而旅游的发展又有助于世界遗产功能和价值的全面发挥，有利于世界遗产的保护和可持续利用。

（1）世界遗产是重要的旅游资源

世界遗产是旅游资源，但又不同于一般意义上的旅游资源，它是最高品位的旅游资源。世界遗产是自然和人类社会发展的优秀产物，是人类认识世界、认识自我的重要手段，它能让旅游者在欣赏和品味的同时感受到自然造化的神奇和人类历史的变迁，体会到自然的巨大能量和人类的创造潜力。世界遗产能够使旅游产品的类型更加丰富，旅游业的发展空间得到拓展，进而使遗产地城市的旅游形象得到提升。2010年前登录世界遗产名录的中国世界遗产中，除了山西平遥古城和五台山2处世界遗产的所在地外，全部世界遗产所在地都是中国优秀旅游城市。我国的世界遗产主要包括国家级文物保护单位、历史文化名城、国家级自然保护区、国家级森林公园、国家级风景名胜区、国家级地质公园等类别，这些同时构成我国旅游资源的主体，而且都是高品位的旅游资源。

（2）世界遗产的旅游品牌效应

成为世界遗产是在全球范围内对一个国家遗产价值的一种肯定，是一种国际荣誉的授予，所以世界遗产具有相当强的旅游号召力，许多登录《世界遗产名录》之前默默无闻甚至在地图上都很难找到它的位置的地方被授予世界遗产的称号后迅速成为众人向往的新兴旅游区。世界遗产吸引了大量来自世界各地的遗产旅游者,提高了世界遗产地的知名度,创造了遗产地城市新的经济增长点,促进了当地经济的可持续发展。例如据中华人民共和国驻西班牙大使馆公布的数据显示,拥有 44 项世界遗产的西班牙,2013 年入境旅游人数达到 6 066 万人,入境旅游人数和旅游外汇收入世界排名第二,使旅游业成为国民经济的重要支柱之一,为国民经济贡献了 11% 的国内生产总值和 16% 的就业机会。

　　以我国的世界遗产旅游发展为例,承德避暑山庄和外八庙 1994 年申报世界遗产成功后,第二年的旅游人数就增长了 10%;山西平遥 1997 年列入《世界遗产名录》后,1998 年门票收入就从申报前的 18 万元一跃而达到 500多万元,当年的旅游总收入更是高达 4 800 万元[92]。根据世界文化景观遗产红河哈尼梯田所在地之一——云南省元阳县旅游局的统计数据显示,2014年 1~5 月哈尼梯田景区接待的旅游者人数达到 51.7 万人次,实现旅游收入6.3 亿元,分别比前一年同期增长了 37.09% 和 10.18%。元阳县饭店客房出租率达到 75.48%,同比增长 46%。世界遗产旅游体现了人类寻求自身认知并与外部自然界高度和谐的美好愿望,已经成为人们重温历史、回归自然、自我提升和促进社会进步的重要途径。

　　(3)世界遗产地是旅游目的地的国际名片

　　1987 年中国第一批 6 处世界遗产获得认定,其世界遗产所在地北京、西安等城市也成为中国第一批主要的国际旅游目的地。以世界遗产分布最集中、数量最多的北京市为例,1990 年北京入境旅游者人数占全国入境旅游者人数的 57.27%,在整个 20 世纪 90 年代北京每年接待的入境旅游人数都持续增加,几乎占到全国接待入境旅游者总人数的三分之一。截至 2015 年中国已有 48 处世界遗产分布在全国近 30 个省份,随着世界遗产数量的增加,世界遗产地在全国的分布也日益广泛,一批较早加入《世界遗产名录》的世界遗产地渐渐成长起来,例如世界遗产九寨沟风景名胜区的所在地四川阿坝藏族自治州、武陵源风景名胜区所在地湖南张家界市、丽江古城的所在地云南丽江等。据调查显示,2014 年最受青睐的国内旅游目的地前十名中有 7 个是世界遗产地。世界遗产地的身份在不断地带动着中国新一批的旅游目的地的成长,造就了一个又一个由默默无闻到蜚声中外的旅游目的地。2000 年以后成为世界遗产的遗产地中就有很多这样的例子,如安徽黟县、福建龙岩等原本并不知名的地方随着安徽古村落西递宏村、福建土楼等世界遗产的出现而为大家所熟悉并吸引了大批旅游者的到来。

（4）旅游是世界遗产价值发挥的重要途径

世界遗产为全世界人民所共有,保护世界遗产的宗旨是当代人在保证子孙后代对世界遗产权利的前提下保护并利用世界遗产。世界遗产的保护是世界遗产管理的第一要务,但保护固然重要,如果只是一味保护而不做任何形式的利用,那么就无法更好地诠释和丰富世界遗产的价值,剥夺了当代人对世界遗产的权利。世界遗产具有科学价值、历史价值、文化价值、艺术价值、美学价值、教育价值、社会价值和经济价值等多重价值,世界遗产价值的发挥离不开对世界遗产的合理利用,而现阶段旅游是发挥遗产价值,有效开放、利用和分享世界遗产的最佳方式之一。世界遗产旅游的发展能让更多的人了解世界遗产,关注世界遗产,更好地实现世界遗产的价值与功能,进而促进世界遗产地的经济发展和综合实力的提升,在一定意义上为世界遗产的保护提供更强有力的支撑。2000年国家旅游局在国际旅游市场推出"中国神州世纪游",并把"中国的世界遗产:二十一世纪世界级的旅游景点"这一品牌作为主打产品,推出了多条世界遗产相关旅游线路和遗产旅游相关节庆活动,在吸引了大批入境旅游者的同时,提高了中国作为旅游目的地和中国世界遗产的国际知名度。

（二）世界遗产旅游者

以世界遗产为目的的旅游者在通常意义上被认定为世界遗产旅游者,但这一认识存在很大的局限性,因为实际到世界遗产旅游目的地的旅游者,其进行的旅游活动和旅游轨迹是可以被观察到的,但其内在的旅游动机却具有隐蔽性。也就是说这些旅游者中有一部分是以特定的世界遗产目的为动机,但还有另外一部分旅游者,他们也会表现出主动或者被动地进行世界遗产旅游活动,这些旅游者的首要目的或动机却不是进行世界遗产旅游,对这两部分旅游者我们无法清晰地进行界定。因此,在定义世界遗产旅游者时将按旅游动机界定的前者称为狭义的世界遗产旅游者,而将按旅游行为界定的后者定义为广义的世界遗产旅游者或者潜在的世界遗产旅游者,即有到世界遗产旅游目的地旅游的行为表现的旅游者都属于遗产旅游者。同时,旅游者的不同遗产动机及其先天性格等方面存在的差异都导致了不同的世界遗产旅游行为的发生,而除了世界遗产旅游者自身的因素外,从更广的范围讲,世界遗产资源的吸引力以及交通、经济和社会环境因素也构成了世界遗产旅游者决策的主要影响因素。

（1）世界遗产旅游者的动机

需要和动机是心理学的基础性概念,但同时需要和动机也是属于营销学的范畴领域。根据马斯洛提出的需求层次理论,旅游是人类在解决了温饱问题和自身安全问题等低层次的生理需要后产生的,是一种建立在一定的物质基础条件之上的社会性精神需要。进一步分析旅游需要的层次与程度,在不同类型的旅游者群体中存在着一定的区别。以休闲购物旅游者、商务旅游者和遗产旅游者为例,前两类旅游者的旅游活动主要是为了满足自身在身体上以及精神上的放松需要、社会交往需要或休闲娱乐需要等,而世界遗产旅游者的旅游行为则往往更强调满足旅游主体的学习需要、能力提升需要以及自我实现需要等高层次需要(见图 2-1)。

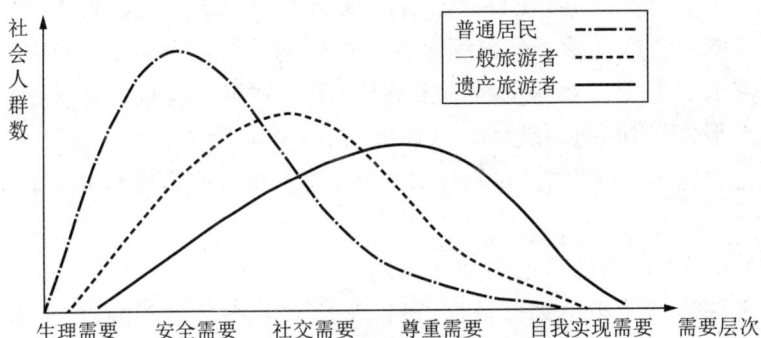

图 2-1　遗产旅游者的旅游动机

动机是旅游者行为的直接原因。旅游者进行世界遗产旅游活动的动机多种多样,涉及学习、观光、休闲、商务、娱乐、购物及美食等。不管这些显性动机是对异质文化的向往,还是对神奇自然的崇拜,亦或是对宗教的虔诚朝觐,在这种显性动机之下往往隐藏着世界遗产动机,其本质都是为了达到学习和体验的目的。世界遗产旅游的遗产动机既有被认识到的显性动机,又有潜在的隐性动机,世界遗产旅游的感受建立在一定的世界遗产意识基础上,如果旅游者没有明确的世界遗产动机,或者对自身内在的遗产需求没有感知,那么就不会产生相应的世界遗产旅游行为,也就没有了特定的世界遗产旅游感受。

世界遗产旅游者的遗产旅游动机可以根据其对遗产认识的水平及程度分为特殊遗产旅游者、一般遗产旅游者和潜在遗产旅游者三类。这三类旅游者虽然动机不同,但是他们都有参与遗产旅游的共同行为表现。其中,特殊遗产旅游者是以确定且鲜明的遗产动机来安排旅游活动的;而一般遗产旅游者和潜在遗产旅游者的遗产动机并不强烈,他们出行前往遗产目的地旅游的主要动机往往是诸如休闲度假、商务会议、探亲访友等其他动机,但是在旅游过程中他们会有意无意的到访遗产旅游景区景点,涉猎遗产旅游活动。后两类遗产旅游者虽然参加遗产旅游活动的积极性不高,主动性不足,但常常会被这种活动所吸引,从而成为遗产旅游的参与者,遗产旅游产品的潜在购买者。

根据营销学的理论,当现实中存在具体的商品可以满足人们的需要时,需要就转化成了动机,而当人们有支付能力来购买具体商品时,动机就转化成了需求。因此,遗产旅游需求是旅游者在一定的购买能力以及遗产意识基础上所表现出来的对于遗产以及遗产需要的诉求。由于旅游者在遗产需要及遗产动机上存在差异,使得旅游者表现出不同的遗产旅游行为,继而要求有不同形态的遗产旅游产品来满足其个性化的遗产旅游需求。此外,除了遗产旅游需求除了受需要和动机的影响外,还受到旅游者自身条件的影响(包括收入水平、闲暇时间、社会阶层、职业身份、年龄阶段、生活习惯、教育背景等),社会文化因素的影响(包括社会风尚、遗产旅游产品价格等)和其他因素的影响。

（2）世界遗产旅游者的类型

关于旅游者的类型划分依据,可以是旅游者的活动范围,旅游者的停留时间,旅游者的人口统计学特征等,而本研究倾向于从旅游者遗产动机和遗产个性的角度进行分类,即以世界遗产旅游者需求的影响因素为依据。

按照旅游者的动机,世界遗产旅游者可以分为特殊遗产旅游者、一般遗产旅游者和潜在遗产旅游者三类。借鉴张国洪(2001)对文化旅游者的类型划分标准,根据世界遗产旅游行为可以分为世界遗产好奇旅游者和世界遗产休闲旅游者两个层次,世界遗产休闲旅游者又分为非想象型、精力充沛型、知识技能型等多种类型。借鉴 Mckercher 和 Cros(2006)对文化旅游者的类型划分标准,根据遗产旅游活动在旅游者目的地选择中的重要性及其体验深度对世界遗产旅游者进行分类,共有以下五种类型,而且类型之间具有非排他性。第一类是目的明确型世界遗产旅游者,他们选择目的地的首要因素就是进行遗产旅游,并且获得深刻的遗产体验;第二类是观光型世界遗产旅游者,他们旅游者选择目的地的首要因素就是进行遗产旅游,但是获得的遗产体验较前者肤浅;第三类是意外发现型世界遗产旅游者,旅游者选择目的地的首要因素不是进行遗产旅游,但是参与遗产旅游活动后获得了深刻的遗产体验;第四类是随意型世界遗产旅游者,旅游者选择目的地的次要因素是进行遗产旅游,并且获得的遗产体验肤浅;第五类是偶然型世界遗产旅游者,旅游者选择目的地不是为了进行遗产旅游,只是参与了一些活动,获得的遗产体验肤浅。

除了动机以外,旅游者的个性也会影响其旅游选择和旅游行为。根据普劳格的个性心理模型,世界遗产旅游者按个性不同可以分为五种类型:保守型、近保守型、中间型、近开放型和开放型。世界遗产旅游者的性格倾向、教育背景、接受能力等方面存在的差异,使其表现出不同的世界遗产选择,这就是旅游者的遗产个性。世界遗产旅游者越接近于开放型,其遗产好奇心越强,就越富有探索和冒险精神,因此他们往往更乐于接受新事物,走在时尚潮流的前沿,成为率先体验新鲜遗产资源的那一部分人。这些人往往更愿意前往充满异域风情的地方,深度融入世界遗产地的社会和生活。

大量世界遗产旅游者的人口学特征分析表明,教育水平、收入和年龄与世界遗产旅游动机成正比。随着居民收入水平的增加和科技文化的进步,必然有越来越多的人选择世界遗产旅游。

(三)世界遗产旅游的特征

(1)世界遗产旅游的核心是体验

旅游的根本目的在于寻求愉悦的体验[93],世界遗产旅游的核心是通过在世界遗产及其所在地的旅游活动,如观赏美景、参与游戏、感受文化等,使体力、智力和情绪达到某一个特定的水平,从而在意识中产生美好的感觉。旅游中获得的体验对于每一个世界遗产旅游者来说不可能是完全一致的,对于世界遗产的个性化理解、参与世界遗产旅游形式的不同等使每个世界遗产旅游者都获得了专属于自己的独特的体验,虽然这种体验是短暂的、转瞬即逝的、无法复制的,但是体验的价值会一直存在于世界遗产旅游者的记忆深处并历久弥新。

(2)世界遗产旅游的社会性

世界遗产资源作为一种先天性的资源,并不是旅游活动的必然产物,相反世界遗产旅游只是遗产使用价值发挥的一种形式。世界遗产资源为全人类所共有,为当代人和后代人所共有,旅游功能只是世界遗产的众多功能之一,世界遗产旅游不能代替更不能妨碍其他社会功能的实现。

(3)世界遗产旅游的保护性

遗产旅游是以特定的资源冠名的一种旅游类型,当提出遗产概念时,保护成为具有压倒性的呼声,即使将遗产作为一种旅游资源。基于这样的分析,遗产旅游就是居民将异地具有历史或自然演化价值的存在作为吸引物并在社会各利益关系一致认可的保护第一氛围下所进行的一种特色旅游[94]。

(四)世界遗产旅游的类型

按照世界遗产旅游吸引物的类型,世界遗产旅游可以分为世界文化遗产旅游、世界自然遗产旅游和世界文化与自然遗产旅游。世界文化遗产旅游是以《世界遗产名录》中所列的建筑物、文物古迹和历史遗址等世界文化遗产项目及其所在地作为旅游吸引物的旅游活动。按照世界文化遗产的使用性质,世界文化遗产旅游可以分为8个亚类。世界自然遗产旅游是以《世界遗产名录》中所列的具有自然和美学价值的世界自然遗产及其地域空间综合体为旅游吸引物的旅游形式,包括"特殊地貌"游、"动植物生境区"游和"天然名胜区"游等五个亚类。世界双重遗产游是指以《世界遗产名录》中所列的世界文化与自然遗产为旅游吸引物,以其所在地为旅游活动范围的旅游活动,具体分类见表2-4。

表2-4 世界遗产旅游类型(以世界遗产类型为分类标准)

世界遗产旅游类型	文化遗产使用性质	典型代表
世界文化遗产旅游	历史文化名城游	曲阜"三孔"
	城堡要塞游	北京"长城"
	宫殿与园林游	北京"故宫"、"苏州园林"
	宗教建筑游	敦煌"莫高窟"、登封"天地之中"古建筑群、拉萨"布达拉宫"
世界文化遗产旅游	陵墓墓地游	明清皇家陵寝
	特殊建筑、工矿交通遗产设施与巨型雕塑游	四川都江堰市"青城山与都江堰"、福建土楼
	遗址岩画游	山西大同"云冈石窟"
	乡村田园与环境游	安徽"皖南古村落"
世界自然遗产旅游	特殊地貌游	中国南方喀斯特、中国丹霞
	山景游	江西上饶"三清山"
	天然名胜区游	湖南张家界"武陵源"
	水景游	云南"三江并流"
	动植物生境区游	四川大熊猫栖息地、四川"九寨沟"

世界遗产旅游类型	文化遗产使用性质	典型代表
世界双重遗产游	双重遗产游	山东泰安"泰山"

资料来源:彭顺生. 世界遗产旅游概论[M]. 北京:中国旅游出版社,2008.40.

(五) 城市的特征

城市学家 Lewis Mumford 认为,城市是人的城市,城市的发展过程反映了人类社会和人类自身由低级向高级、由简单到复杂的化身,人类凭借城市这一阶梯逐步改造、提高和丰富自己,最终实现人的全面发展[95]。而人的根本属性即社会性,这就决定了城市的集聚本质。城市集中了各种各样的生产要素与生活要素,具体表现为人口集聚、经济集聚、科学文化集聚和社会活动集聚四个方面。

(1) 人口集聚

随着科技的进步,世界人口的增长速度逐渐提高,人口规模越来越大,而且越来越向城市集中。1949 年,我国人口总数为 54 167 万人,城镇人口数为 5 765 万人,城镇人口占人口总数的比例为 10.64%,2013 年我国人口总数增加到 136 072 万人,城镇人口数为 73 111 万人,城镇人口占人口总数的比例提高到 53.73%。我国城市人口密度从 1990 年的 279 人/平方千米增加到 2013 年的 2 362 人/平方千米。城市人口密度高,人口规模大,有平面圈层状立体多层的空间结构和片状的空间形态。人口的集聚在城市形成了复杂的社会关系。城市里居住着不同背景、不同职业的人,他们组成各种相互联系的社会群体。城市的社会组织层次严密而复杂,主体是各种非农群体,以从事非

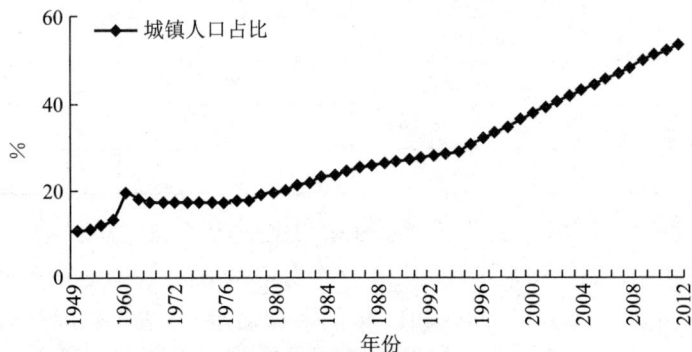

图 2-2　城镇人口比重(1949～2013 年)

农活动为主且分工复杂,社会化程度高。城市主导一个地区的社会发展,为城区及其周围地区提供用以满足人的发展需要的各种生活用品或服务,社会财富丰富多样。

（2）经济集聚

城市是各类经济活动的中枢,也是各种经济运动的起点和终点。城市主要的经济活动是工人或商人在工厂或商店从事制造业或服务业等,经济结构复杂,行业众多,发展水平高。城市是社会生产力最发达和最活跃的地区,生产、交换、流通、分配与消费等各种经济活动都是以城市为中心进行的。承担生产和流通功能的企业作为经济活动的核心,集聚在城市以寻求规模经济与溢出效应。2014年《财富》对世界500强排行的资料显示,世界500强公司总部无一例外地位于世界各国的各大城市。按照城市拥有世界500强公司总部的数量排序,全球排在前十位的依次是:北京（Beijing）、东京（Tokyo）、巴黎（Paris）、纽约（New York）、伦敦（London）、首尔（Seoul）、大阪（Osaka）、上海（Shanghai）、莫斯科（Moscow）、休斯顿（Houston）。这10座城市的世界500强公司总部数量占到总数的38.8%（见表2-5）。

表2-5　世界500强公司总部所在城市

排名	总部城市	个数	国家
1	北京（Beijing）	52	中国
2	东京（Tokyo）	43	日本
3	巴黎（Paris）	18	法国
4	纽约（New York）	18	美国
4	伦敦（London）	18	英国
6	首尔（Seoul）	15	韩国
7	大阪（Osaka）	8	日本
7	上海（Shanghai）	8	中国
9	莫斯科（Moscow）	7	俄罗斯
9	休斯顿（Houston）	7	美国

可见,世界各国城市由于人才、信息和生活等各种资源优势一直是企业的聚集区域。中国的500强企业也有这个分布规律。根据《中国500强企业发展报告》2002～2007、2008～2011年的数据显示,过去十年间进过中国500强的企业总部全都分布在城市,其中数量排名前15位的城市见表2-6。正因

为如此，2014 年我国 36 个直辖市和省会城市的 GDP 总量达到 238 167. 45 亿元，占到全国 GDP 总量的 41. 87%。

表 2-6　2002～2011 最吸引中国 500 强企业的大城市（含直辖市）

排名	城市	10 年间曾进过 500 强的企业数量
1	北京市	183
2	上海市	94
3	深圳市	52
4	杭州市	41
5	天津市	40
6	南京市	37
7	广州市	32
8	宁波市	20
9	重庆市	18
10	济南市	18

（3）社会聚集

社会交往需求是人类的基本需求之一，人类的正常发展离不开社会交往活动。城市居民之间需要进行信息、情感、思想和经验等的交流以建立相互之间的友谊与信任，才能消除现代工作压力、生活方式、居住环境和竞争等因素导致的心理压抑，摆脱其带来的孤独感。城市居民的高社交需求和城市资源的集聚使城市具备了更强的社交功能，成为各种交往活动形成的社会关系的总和，同时城市的各种党派团体、民间机构等众多，聚集了大量的交流机会，当然也包括各种对外联系和国际交往活动[96]。

（4）科学和文化聚集

城市是各类人才的聚集地。2014 年，全国 36 个直辖市和省会城市拥有执业（助理）医师数 83. 07 万人，同年全国执业（助理）医师总数为 279. 48 万人，占比达到 29. 72%。2014 年普通高等学校在校学生数为 2 468. 1 万人，几乎全部分布在我国 333 个地级行政单位城市，其中 4 个直辖市和 32 个省会城市拥有普通高等学校在校学生数为 1 559. 36 万人，占总人数的 63. 18%。

城市还是文化设施聚集地，是文化事业集聚区。城市聚集了大量专业性的文化活动场所，拥有现代化的文化氛围，文化结构丰富且多元。城市拥有各种类型的文化设施如博物馆、图书馆、艺术馆、美术馆、展览馆、音乐厅、教堂等,医疗、教育、卫生、娱乐、体育、电影、广播、电视、印刷、出版、信息服务等文化事业也大部分集中在城市。纽约文教事业在美国居重要地位,是美国电视广播出版中心,这里的《每日新闻》是美国销量最大的日报,出版非英文报纸 200 多种,有哥伦比亚大学、纽约大学、纽约市大学及许多大型文化娱乐场所、博物馆和图书馆。日本东京集中了全国约 1/3 的大学和近 1/2 的大学生,出版社占全国的 80%,还有规模相当大的图书馆。英国伦敦集中了全国多个最重要学术单位,如皇家学会、国家物理实验室、格林尼治天文台、皇家艺术学院、不列颠博物馆等,伦敦大学是英国大学中规模最大的。法国巴黎集中了全国 1/4 的公务员、1/3 的医生、1/2 的建筑师和工程师、60% 的艺术家和文学家、72% 的研究工作者及 55% 的专门人员。

城市还是科学技术进步的发源地。生产集中、规模庞大及专业化、协作化的现代工业既为科技进步提供了条件,也推动着科学技术向城市集中。城市集中了大量工程技术人员和科研人员、企业、科研机构、研究部门和高等院校等。

四、相关理论

(一)旅游可持续发展理论

旅游的发展与可持续发展有一种必然的契合关系。一方面,旅游业的发展高度依赖于自然资源及人类历史遗产;另一方面,旅游的发展在促进社会经济和文化的发展的同时也造成了环境的破坏、资源的损耗和多样性的消失。比如说,发展旅游必须的修路、旅游设施的建设会造成动植物原始栖息地的改变;过度旅游导致的对文化遗产美学价值、历史价值的破坏;游客乱丢垃圾等不文明行为对自然环境的污染等。因此,旅游业的发展必须坚持可持续发展,而发展世界遗产旅游等新型的旅游方式是实现旅游可持续发展的有效途径之一。

(1)旅游可持续发展概念的提出

在 1992 年联合国世界环境和发展大会之后,各国开始注重经济发展的可持续性,旅游业界也开始探索旅游业的可持续发展道路。为了推动世界范围内旅游业的健康、持续发展,世界观光理事会、世界旅游组织和地球理事会等机构共同制定了《关于世界旅游业的 21 世纪议程》,代表世界旅游业向全球提出了保护环境的承诺和长期的奋斗目标。1995 年,"可持续旅游世界发展会议"在西班牙兰沙罗特召开。会议发布了两个重要文件——《可持续旅游宪章》和《可持续旅游发展行动计划》，并提出了有关旅游业发展的几项重要原则：① 旅游发展必须建立在当地生态环境承受能力上，符合当地经济发展状况和社会道德规范。② 可持续旅游发展的实质，就是要求旅游与自然文化和人类生存环境融为一体。③ 可持续旅游的目标就是在满足当代旅游需求的同时，又不破坏后代人满足其旅游需求的能力。

（2）旅游可持续发展的含义

旅游可持续发展可以从两方面理解：一是从旅游观光自身角度定义的可持续旅游；二是包含了旅游业自身和旅游开发活动两层含义的旅游业的可持续发展。

① 可持续旅游的定义。根据 1995 年的《可持续旅游宪章》（Charter for Sustainable Tourism），可持续旅游的本质，就是要求旅游与自然、文化和人类生存环境融为一体，自然、文化和人类生存环境之间的平衡关系是旅游多样性的重要保证，旅游发展必须保护这种脆弱的平衡关系。它强调生态、社会、文化和经济四个方面的可持续性。可持续旅游包括三大原则：第一，在为旅游者提供高质量旅游环境的同时促进当地的经济社会发展；第二，维持旅游供给地区生态环境协调性、文化完整性和旅游业经济目标可实现性；第三，保持和增强经济、社会和环境未来的发展机遇。

旅游业可持续发展正对应于我国目前经济增长方式的转变，旅游经济应从以追求游客数量和增长速度为主要特征的增长方式向追求适度增长、提高质量、人与环境协调发展为主要特征的增长方式的转变。旅游业的可持续发展涵盖与旅游业发展相关的社会、经济、文化和环境及旅游业内的各个环节。通常意义下，旅游业可持续发展的内涵主要包括以下方面：第一，旅游资源的可持续利用，即必须在旅游生态环境容量容许的范围内进行旅游资源的开发建设。第二，旅游经济产业的高效率运转。这包括两个层面，一是要使旅游市场的总供给量与总需求量相适应，实现旅游投入的最大效益；二是要提高旅游资源配置效率，使旅游业在规范有序的市场环境中运行。这是旅游业可持续发展的重要保证。第三，旅游地社会、文化、伦理、道德的继承与发展，旅游地品牌形象的确立和维护。

② 可持续旅游的指标体系。根据匈牙利学者 Tamara Rtz 的研究，可持续旅游的指标体系包括以下几方面：环境容量（如某一年或某个时间段可接纳的游客数）；社会容量（如某一年或某个季节的游客数和当地居民数量的比

率);魅力(包括自然和文化资源目录和它们的比率等);开发程序(如当地针对旅游业的开发规划);区域保护(涉及保护的种类、保护区域面积占当地面积的比率等);当地的参与(如当地的旅游经济活动占全体旅游经济的比重);当地的管理(包括当地对旅游开发和保护的各种方式、制度,如听证会、社区会议、住民投票等);雇用(如旅游业雇员数、当地雇员与外来雇员的比率等);旅游对地方经济的贡献(如旅游产业贡献的税收占当地总税收的比率);经济多样性(如税收中各种经济成分、各经济部门的比重);能源消耗(如可再生能源占全部能源消耗的比率);废弃物管理(如拥有下水道设施的居民比率、垃圾处理比率等);教育和训练(如接受过职业教育的从业人员比率、对应于教育水平的薪水体系等);当地的满足度(如城市对旅游产业带来的影响的全面的理解能力)。

③ 旅游业的可持续发展的目标体系。旅游业的可持续发展要包括自然、人文与生态的可持续发展。丰富多样的文化遗产和自然资源既是旅游业赖以生存和发展的物质基础,也是旅游产品具有吸引力和特色的重要保证。因此,旅游业的发展必须考虑生态环境的承载能力,努力谋求旅游业与自然、文化资源、生活环境的协调发展。一是要避免对自然资源、遗产资源、生物多样性和生态环境造成负面影响;二是应合理保护地域特色,避免对当地文化遗产、风俗习惯和生活方式造成负面影响。

旅游业的可持续发展包括经济发展的可持续性。旅游业经济可持续发展有两层含义:一是发展旅游经济;二是经济发展可持续。因此,除了要不断增加旅游业的总产值以及在国民经济增长中的贡献份额外,还要注意转变旅游经济增长方式、调整旅游产业结构、提高资源利用效率、通过科技进步与应用等不断提高旅游经济效率,通过旅游业的产业升级逐步建立有利于资源节约、环境友好的良性旅游经济运行体系。

旅游业的可持续发展还包括社会发展的可持续性。所谓社会发展的可持续性,指旅游业发展既能保障目前社会多种利益、多种因素、多种结构的全面协调发展,又能为未来社会各种利益、各种因素、各种结构的全面协调发展提供基本条件。这是一种促进社会自由、平等、公正、法制的社会全面进步过程。因此,旅游业发展必须坚持"以人为本",促进人的全面发展。

④ 旅游业可持续发展的战略观系统观。旅游业可持续发展的核心是强调人与自然、人与环境以及人与社会之间的和谐相处。在旅游业发展中,要尽快转变传统的片面追求经济利益的发展观念,注重旅游业的综合效益和协

调发展,关注旅游地的社会、文化发展与伦理、道德的继承。

可持续发展理念要引入新的资源观,强调自然资源与环境的价值,并将自然资源和环境视为旅游发展的资本,将其价值计入旅游发展的成本中,通过旅游收入反哺自然,从而实现自然资源和环境的永续使用。旅游资源的开发必须保持在资源与环境的承载量之内,超过了一定的承载量,就会破坏旅游业持续发展的基础和条件,最终会影响未来旅游业的进一步发展。

旅游业可持续发展要求旅游开发必须坚持市场导向,牢固树立市场观念,以旅游市场需求作为旅游开发的导向。旅游规划者要确定旅游市场的主体和重点,明确旅游开发建设的目标群体,减少甚至避免资源的闲置,从而提高旅游投入的经济效益。要实施旅游业可持续发展的战略,一方面旅游产业应当科学制定产业结构、产业布局、产业技术、产业组织的相关规划与政策,以指导旅游产业的协调发展;另一方面要遵循产业发展的规律性,扩大产业规模,形成集聚效应,并在此基础上利用旅游产业的扩散和关联效应,带动旅游产业的全面发展。

旅游业的发展应在协调好经济效益、社会效益和生态效益的关系,坚持可持续发展的效益观。要注重项目可行性研究,在旅游资源开发、旅游项目投入建设前认真进行投资效益分析,不断提高旅游资源开发及旅游项目投资的经济回报率,保证旅游业可持续发展的物质基础。在社会效益方面,旅游资源开发和旅游产品设计要考虑当地经济、政治、文化、风俗习惯、心理等多方面的因素,开展健康文明的旅游活动,保护当地民俗文化多样性、完整性,促进社会主义文化大发展、大繁荣。在旅游生态环境效益方面,应当合理利用旅游资源,不超过自然环境承载能力,开发不忘保护,保护促进开发,形成"保护——开发——保护"的良性互动,营造和谐的生态环境效益。

⑤ 实现旅游业可持续发展的主体责任。实施旅游业的可持续发展是一项系统工程,需要政府、社会组织、企业和旅游者的共同努力,它需要政策、资金和管理的有力保障,并各司其职。政府部门是推进旅游业可持续发展的主导力量。首先,各地的旅游主管部门应自觉贯彻可持续发展的原则,制定本区域旅游业规划并加强立法和执法,通过行政、法律等手段维护旅游资源可持续利用。其次,在旅游产品开发过程中,各级政府要特别注意防止旅游项目对资源和环境造成的破坏。在旅游项目的建设中,严格审批旅游规划,在科学规划的基础上稳步推进旅游项目开发。社会组织是维护旅游业可持续发展重要力量。一方面要通过社会组织加强对旅游环境的评价研究,监控

旅游业发展对环境与文化传承的现实与潜在影响;另一方面通过社会组织开展各种公共教育活动,提高民众对实施旅游业可持续发展的认识和支持。旅游企业是旅游业可持续发展的直接参与者、执行者和受益者。在旅游开发经营中,旅游企业应做到自然资源的可持续利用,努力减少废气、废水、废物的排放,实现旅游开发和环境保护的相互促进发展。此外,旅游企业还应倡导与环境和谐相处的旅游活动,并通过开发绿色旅游产品提高旅游业的经营效益。作为旅游者,应当在旅游活动中积极支持和参与当地的资源与环境保护活动,尽可能地尊重和保护当地的风俗习惯与文化遗产,减少自身活动对旅游目的地自然与人文生态环境的破坏。

(二)公共经济学理论

公共经济学中主要涉及属于公共物品领域范畴的理论。公共物品的群体所有权概念主要是对应私人物品的个人归属性质,是指"在一定范围内所有人均可受益,无人被排斥在外的物品与服务"。公共物品的典型特征是非竞争性和非排他性。非竞争性的意思是"增加一个人分享并不会减少或妨碍其他人分享,所追加消费的边际成本为零";非排他性的意思是"不让某人分享该物品或服务是不可行的或不合要求的"。根据竞争性和排他性的有无状况,可以将公共物品分为私人产品、俱乐部产品、公共资源性产品以及纯公共产品四种(见图2-3)[97]。

		排他性	
		有	无
竞争性	有	私人产品	公共资源性产品
	无	俱乐部产品	纯公共产品

图2-3 公共物品分类

纯公共产品同时具有非排他性和非竞争性,如外交、国防、警察等,与之相对的私人物品则是既有排他性又有竞争性的,而具备非排他性或者是非竞争性的产品属于准公共物品范畴,即公共资源产品和俱乐部产品。俱乐部产品是指高速公路、停车场、旅游景区等不具有竞争性但可以通过限定准入门槛而产生排他效益的公共产品。城市广场、公共图书馆理论上属于纯公共物品,人人都可以使用,但随着资源同时使用人数的增多,个人所获得的体验和感受质量可能会变差,因此而产生了一定竞争性,即成为公共资源产品。由于公共物品所具有的非排他性和非竞争性,致使个人利益主体希望通过不付出或者尽量少付出的方式获得同样的资源使用权,即"顺风车"行为的产生,这也是市场失灵的表现形式之一。市场失灵是指"市场的自发作用不能导致具有经济效率的资源配置结果",通常认为,市场失灵的出现是由于外部性、信息不对称以及交易成本的存在而导致,而这些则需要政府的调控来进行有效调节。因此,"现代经济必然是一种混合经济",一方面它需要市场经济发挥主体作用,进行有效的资源配置;另一方面它也需要政府和立法机关制定的框架及法律来约束、纠正可能发生的市场失灵。

外部性也称外溢,是指行为主体的行为活动施加于他人(社会)的、未予补偿的和未经许可的利益或损害;如果施加的是利益时即为正外部性,反之施加的是损害则为负外部性。遗产旅游的外部性既包括正外部性如促进遗产地文化设施建设、文化活动开展以及基础设施建设等,又存在负外部性,比如由于游客超过资源承载能力而给遗产造成的损坏、环境压力、游客与城市居民间的资源抢夺等矛盾问题。

正是由于遗产旅游资源的准公共物品属性,政府必须参与到旅游活动来纠正和弥补遗产旅游市场调节力失灵的情况发生。旅游主管部门出台的政策法规、行业规范首先有很大一部分属于正向的外部刺激鼓励政策,但往往更多的则是从纠正市场失灵情况、保护公共资源公平分配角度出发的。

(三)耦合协调理论

耦合理论自 20 世纪末以来逐渐成为研究热点,特别是对于交叉领域的研究起到了重要的推动作用。耦合理论为人们搭建了不同地域、研究领域以及跨学科之间相互关联和影响的桥梁。

(1)耦合

"耦合"一词源自物理学领域。《辞海》中对于耦合的定义是两个或两个以上的系统或运动方式之间通过各种相互作用而彼此影响的现象。耦合基于各子系统间的良性互动,通过互相依赖、协调、促进建立起动态关联关系。根据系统论的观点,人们应采取相应措施对具有耦合关系系统进行引导和强化,促进他们的良性互动,激发他们的内在潜力,进而实现优势互补和共同发展。如果研究对象之间为与的关系,则可以把若干个系统通过各自的耦合元素产生相互作用彼此影响的现象定义为耦合现象。比如,在两个单摆之间连接一根线或一个弹簧,它们的摆动就会相互影响和牵扯;原子内部电子的自旋角动量和轨道角动量的耦合构成了电子的总角动量;两个或两个以上的电路组成一个电路网络时,其中一个电路的电流或电压发生变化时,就会影响到其他电路的电流或电压,这种现象叫电路的耦合。在化学反应领域也存在耦合反应。将两个化学反应耦合后,其中一个化学势大于零的反应,可以带动另一个原本化学势小于零不能进行的反应的进行。生物系统中许多反应就是靠这一原理实现了由不可能到可能的转变。在生物、生态环境、农业、地理学等领域,都有大量用耦合的思路来分析、解决问题的例子。

(2)系统耦合

两个或两个以上性质相近的系统在一定条件下互相亲和,结合为一个新的、高一级的结构——功能体,这就是系统耦合,任何系统都处于动态的相对平衡状态中,其非平衡态是绝对的,平衡态是相对的、暂时的。系统因为自由能的积累进入非平衡态。当条件、参数合适时,系统势能延伸,不同系统的结构功能结合,产生新的、高一级的系统。它结合了两个或多个系统,发生系统耦合,由此产生新的耦合系统。

(3)耦合度

如果系统之间或系统内部各要素之间相互配合、彼此促进,称为良性耦合;反之,如果各要素配合不当、互相牵制,为恶性耦合。系统或系统内部各要素相互作用相互影响的程度就是耦合度。

(4)耦合协调度

两个或多个系统或系统内部要素之间良性的关联称为协调,是系统或系统要素之间配合默契、和谐统一、良性循环的关系,是多个系统或系统要素保持健康发展的保证。系统或系统内部要素之间在发展过程中彼此和谐一致的程度称为协调度,体现了系统由无序向有序的发展趋势。因此,耦合度与协调度有所不同。耦合度仅表征双方相互作用程度的强弱,不分利弊,协调度则用于表征相互作用中良性耦合程度,体现了协调的优劣程度。

在国外,有关农、林、牧、副、渔等产业资源与环境的管理和利用的耦合模型与本书的研究方向较为接近。Kaufmann 提出的气候变化与粮食生产的耦合模型,表现了气候、经济政策、技术、人口等变量对谷物生产的影响。Grasso 建立的反映海岸红树林生态系统中森林和渔业资源使用的生态经济模型则耦合了动态优化模型和模拟模型。Harbin Li 等将经济和生态目标耦合起来建立景观评价模型,来管理森林资源的可持续利用。研究不同管理方法对木材生产和野生生物活动的影响及其动态变化。Bach 建立的优化控制理论模型来评价经济激励措施对降低伐木搬运业影响的政策选择。该模型耦合了木材开采的生物和经济含义。Belt 等研究渔业未来年内总净值的变化,通过建立评价巴格塔利亚海岸生态与经济相互关系的耦合模型,提出了旅游产值在未来将超过渔业的价值。Zander 等为研究自然环境保护和农业生产之间的关系建立了农业生态管理决策模型,其核心是一个多目标线性规划模型,能够模拟政治和经济因素对农田土地利用方式决策的影响以及生产技术对区域经济和生态目标的平衡。该模型用于研究适应农业可持续发展的土地利用方式。

在国内,邹力宏在讨论民族音乐与旅游景观耦合的审美效应中利用了耦合概念。佟玉权研究了脆弱生态环境耦合下的贫困地区可持续发展。其他学者运用耦合理论研究了旅游与经济、文化、社会、环境、等方面的关系。李本振等探讨了如何促进第三方评价机制与旅游循环经济发展的良性耦合。任继周将系统耦合的概念引入到农业领域研究中,并对耦合的概念进行了定义。随着不同领域对系统耦合领域研究的逐渐深入,非线性、复杂性成为科研领域重要的研究思想和方法,系统耦合理论研究也随之深入,从之前的定性研究逐步演化为定量研究,并建立起量化标准,这就是耦合度的引入。国内通过耦合协调理论开展旅游研究主要涵盖经济发展、文化传承、环境保护、生态平衡、文化产品开发、旅游产业发展等方面,涉及政府主管部门、行业协会、游客、旅游产品提供方、旅行社等多个旅游业研究对象。总体来讲在研究方法、层次、数量上还处于较低层次,特别是把遗产地旅游与城市发展耦合起来的研究还比较缺乏,较为宏观、深入的研究文献还未见到,重要理论创新缺乏。

五、世界遗产旅游与城市发展的国际经验借鉴

(一)美国

美国是世界公认的最早以国家力量介入世界遗产保护与开发的国家,并形成了独特的"美国理念"。"西方国家的国家公园体制是一种独特的文化和自然遗产管理体制,它们起源于美国西部开发时工业文明对当地文明、生态的影响及保护运动"[98]。截至 2013 年,美国共有 21 项世界遗产,其中世界自然遗产 11 项,世界文化遗产 8 项,世界自然和文化双遗产 1 项,世界濒危自然遗产 1 项。

（1）国家公园机制

1996年，美国出台了《国家历史遗产保护法》。目前已形成了以国家公园为主的独特的自然文化遗产体系，并形成了有效的国家公园管理模式。虽然近几年国家公园也存在游客量逐步增加、资源利用压力逐步增大的问题，但从实际情况看，美国的国家公园较好地处理了世界遗产旅游与城市发展之间的关系，比较完好地保护了公园的原生态环境和资源，满足了旅游者的游览、科研及旅途生活需求，为遗产地保护和城市发展起到了较好的作用。其内在机制归纳起来有以下几点。

第一，公益性、留传性的遗产性质定位。美国早在1916年通过的《国家公园管理局组织法》中就明确规定："保存公园的风景、自然、历史遗迹和野生生命，并将它们以一种能不受损害地传给后代。"1992年，美国国家公园管理局在其发布的《美国国家公园21世纪议程》中再次明确："国家的历史遗迹、文化特征和自然环境有助于人们形成共同国家意识的能力——这应是国家公园管理局的核心目标。"显然，美国认为无论何种世界遗产资源，不仅要从先辈那里继承下来，而且也要完好无损地交给后代。保护自然文化遗产资源的根本目的在于为当代及后代的旅游和发展服务。所以，要保持其真实性、完整性，做到可持续发展是责无旁贷的。公益性、留传性的遗产资源定位就使其利益相关者像呵护宝藏一样珍惜遗产资源。在这一长远目标下，竭泽而渔的资源利用模式和杀鸡取卵的利益攫取模式是不被接受的。所以，恰恰是这种立足遗产保护、旅游与发展的思想定位，确保了各级政府管理制度和管理模式的一致性。

第二，交通工具主导的门票定价。美国黄石国家公园的门票并非简单地根据游客的年龄、职业性质进行划分。其定价独特之处在于根据交通工具进行差异化设定。例如，乘坐私家车旅游的门票价格为25美元，驾驶摩托车或雪地摩托车的门票价格则为20美元，而徒步、骑自行车或滑雪的16岁以下儿童及老人的门票价格仅为12美元。对在园地停车的私家车收取50美元的停车费，而对62岁以上的美国公民或永久居民的停车费仅为10美元。显然，美国国家公园的门票定价体现了对青少年和年老者的优惠和照顾。但更为重要的是，实施以交通工具为主导的差异化门票定价，体现了对低碳环保型旅游行为的引导、鼓励与支持。

第三，自助式的旅游垃圾回收。很多遗产地通过增加垃圾箱或清洁人员数量来保持景区环境，而每天垃圾的分类与清理会消耗大量的人力物力，美国盖特韦和俄亥俄运河国家公园却采取了撤去公园部分区域垃圾箱的措施。该国家公园向游客发放垃圾袋,并对把垃圾袋向指定地点送交的游客给予鼓励,从而降低了园地的直接环境污染,减少了垃圾清理和运输的费用。同时,这种自助垃圾回收行为,也让游客亲自参与到环保行动中,游客成为国家公园绿色环境保护的一分子,而非单纯是整洁环境的享受者和旁观者。游客的自助垃圾回收体验使其深刻体会到环境保护的辛苦,自觉珍惜环境。

第四,简易的旅游生活服务设施。美国国家公园在旅游活动形式和服务设施建设上都很大程度上体现了自然性和生态性。在布法罗河国家公园,设有马匹营地及简单的露营地,配有饮用水、小木屋、壁炉供游客休息。营地的休闲设施以简易实用为主,最豪华的仅为带淋浴的木屋。耗能较大的汽车旅馆、加油站、杂货店、洗衣房、旅客诊所则主要设在营地附近的小镇上,体现遗产旅游与城市发展的高度融合。此外,美国国家公园辟有骑马、骑骡的游览专线,支持骑马、骑骡等畜力交通和旅游活动。旅游者可以租用也可以自备骡马畜力,同时也要求乘骑者自备饲料。可见,国家公园旅游服务设施建设与布局做到了对自然的高度尊重及与城市发展的有机融合。生态游览区有效地考虑了世界遗产旅游和城市发展的结合。

第五,户外教室的科普功能导向。美国国家公园不仅承担着保护的功能,更重要的是其被看作"最大的、没有围墙的户外教室"和"国家自然或历史的博物馆",承载着为青少年提供生态、历史教育的功能和使命。公园设置有专门的教育部门,负责制作印有公园简介的小册子,并与科学家和教育专家、培训机构合作,开发针对不同年龄段儿童、学生的教育或旅游项目。比如针对不同年龄段推出的初级守护者、野生动物知识与探险、寄宿学习及现场研讨会等科普和学习活动。由此看来,国家公园较好地实现了校园教育与社会实践的有机结合,充分发挥了遗产资源的教育发展价值。美国将国家公园视为学生的第二课堂,世界遗产被当做学校教育资源或生动教材,明确而又清晰的教育导向而非单纯的娱乐消费导向,国家公园在管理者和公众心中具有崇高的社会地位,使得遗产的保存、传承和教育发展紧密结合。在经济活动中,人们将世界遗产视为商品在市场中逐利的自然法则是普遍存在的。美国国家公园恰恰是找到了遗产作为教育载体的利基点,这也就找到了其在市场中生存的平衡点。在教育利益的大蛋糕下,遗产的保护和开发得以良性运转,遗产地旅游消费仅成为一个组成部分。

第六,全民参与公园保护。美国国家公园拥有庞大的环境保护机构和人力资源。例如黄石国家公园的正式员工主要负责提供关于公园的信息和保护环境。为了保持公园的正常运营,每年在旅游旺季还要招募许多临时雇员和志愿者。同时,与非营利的合作伙伴、合作协会、基金会以及赞助商们开展合作,共同对遗产资源进行保护,完善旅游设施以及为旅游环境问题提供科研支持。如宇宙家园关爱公司(Univer Home & Personal Care)与黄石国家公园长期合作,提供资金用于举办关于公园热点问题的科学研讨会。遗产地环境保护与开发是一个非常复杂的系统工程,需要强有力的财力、物力、人力作为后盾。美国国家公园较好地吸收了公益性组织及个人募捐提供的资金支持。而在遗产地环境保护人力资源上,单靠遗产地的工作人员力量是远远不够的,美国国家公园很好地借助了来自各行各业的志愿者的帮助,这样既保证了遗产地保护与旅游开发,又与城市发展结合巧妙地解决了人力成本的费用问题。当然,这与美国高度发达的志愿服务体系密不可分。所以,遗产地环境保护与旅游发展仅仅依靠单方面力量和投入是远远不够的,对社会资源的充分调动是有效的途径。

(2)主要经验

1995年,美国政府召开白宫旅游会议,制定了21世纪旅游发展战略。美国对世界遗产旅游与城市发展的保护和开发措施较为完善、系统具有社会性和综合性,值得我们去借鉴。

第一,保护意识浓厚。一个国家遗产保护工作的成效关键取决于其能否提高全社会的保护意识。美国世界遗产保护委员会声称他们的责任是要把本民族的重要历史展示给参观者,最重要的是展示给他们的后代,目的是让他们了解本民族历史,增强民族认同感、自豪感,增强人们参与保护国家文化和自然遗产的意识。美国内政部认为这些历史文化遗产是国家意义的历史遗迹的象征,历史文化价值独特,它们是美利坚合众国历史的直接见证,美国政府和美国人民有义务把它们保护好,使其能够代代相传。在美国,遗产地的各级管理部门都没有将自己视为遗产地的所有者,而是把自身当做维护者和保存者。他们的责任就是使这些历史的、自然的、文化的遗产得到很好的、完整的保护,使美国的子孙后代都能够欣赏它们,领会它们的内涵,品味它们体现的民族精神。这种意识使管理者在出台任何一项管理措施和建设方案时,都会从全体国民的立场上去考虑,而不仅仅是为了一己私利。这样,在开发和利用这些遗产的同时就能够兼顾保护的责任,避免出现过度开发从而导致遗产地遭到严重破坏的局面。就像罗斯福总统于1903年首度访问大峡谷时说的一句意味深长的话"任何人的干预只会破坏大峡谷,这里既然是上帝的杰作,那么也等上帝来改变它吧"。

第二,政府作用强大。在美国,各级政府在任何一个遗产地的管理、保护、规划及城市发展中都发挥了巨大作用。上至联邦政府,下至地方政府,都积极参与了美国国家遗产的保护和发展开发。主要的参与机构有美国国家历史保护信托委员会、美国国家公园管理局、内政部、国家历史保护办公室以及各州设立的世界遗产保护委员会。此外,还有各种基金会,如美国世界遗产保护基金会等。政府的积极参与对遗产地的保护和城市发展的融合给予巨大推动,包括提供政策、资金、宣传发动以及法律上的援助。如前文所述对遗产的认定和城市发展的规划、拓展以及相关法律的制定都需要政府和议会的参与,而当地政府则对遗产地的保护和城市发展的融合有直接作用,基金会作为一种非营利性的文化遗产保护机构,协助遗产保护和旅游开发的教育和宣传工作。

第三,法律保障完善。美国的遗产地保护和城市旅游发展是建立在完善的法律体系之上的。早在 1966 年,美国就出台了《国家历史保护法》来对国家自然和文化遗产进行保护。每个国家公园都有自己的立法,在进行"遗产长廊"的规划时制定了详细的法律规范来对长廊进行保护,如《伊利诺伊和密歇根运河国家遗产廊道法》等。此外,还有专门针对某一类遗产所制定的法律。每个遗产地的管理部门在采取任何一项保护和开发措施时都要在法律框架内操作。这些法律的制订和颁布实施,使管理者有法可依,监督者有章可循,这样就化解了遗产地管理者与当地有关部门和民众的各种矛盾。

第四,遵循自然界内在规律。美国世界遗产管理者的工作都以遵循自然规律为基本原则。例如黄石国家公园对火情的管理方式是"放任自流",这已经成为管理自然资源、维系区域生态平衡的最成功案例。国家公园许多动植物遇到的天灾就是森林大火,一些公园(包括黄石国家公园)都一度曾采取过人工干预的方式,后来黄石国家公园改变了做法,对于自燃火灾,只要不危及到人的安全,一般都让其自生自灭。大火确实烧毁了大量的植物和成片的森林,杀死了很多动物,但也为更多的动植物提供了营养,幸存的动植物以更顽强的方式向大自然展示其生命力。有些物种还必须以火来保证它们的生存和繁衍,如扭叶松是黄石及其周围森林中的主要树种,它已经适应了周期性的野火,成熟的扭叶松包裹着坚硬的树脂,需要 113 ℃的高温才能熔化,只有森林大火才能使松果裂开,种子向周围传播,并在公园的每个角落里繁衍。

（二）西班牙

西班牙共有 44 项世界遗产，居世界第 3 位。其中世界自然遗产 3 项，世界文化遗产 39 项，世界自然和文化遗产 2 项。西班牙有 6 处宗教建筑遗产，分别为布尔戈斯大教堂、德里埃斯科里亚尔修道院和遗址、阿维拉古城及城外教堂、波夫莱特修道院、圣米延尤索和素索修道院、博伊谷地的罗马式教堂建筑，在宗教建筑遗产旅游与城市发展上形成了自己的特色。

（1）西班牙的遗产旅游保护与发展措施

第一，门票预售系统与遗产地环境容量控制的结合。西班牙创立了先进的公共门票预售平台，来平衡遗产地城市发展和遗产保护要求。门票预售系统由遗产地或景区来管理，政府、银行、互联网共同参与。该门票系统类似于中国的火车票网上预售系统，游客只有买到票才能成行。经过控制的游客量就不会给一些比较脆弱的遗产地景点造成太大压力。对于少数对环境极为敏感的遗产地，游客数量更是被严格控制。如 1985 年被列为世界文化遗产的西班牙北部阿尔塔米拉洞窟，每天仅允许接待游客 30 人次。严格、科学的游客量控制促进了西班牙对世界遗产保护与旅游发展的综合把握。

第二，节庆、团体活动与遗产地空间氛围的互动。在西班牙，很多拥有世界遗产的城市注重通过国际和传统节庆日活动来提升世界遗产地的知名度以及对当地居民、外来游客的吸引力。拥有世界遗产的城市积极承办国际音乐节、戏剧节等活动和赛事。同时也非常注重发挥西班牙民族传统节日的作用，如塞维利亚四月集市，纳瓦拉省兰斯狂欢节，卡托伊拉海盗节，瓦伦西亚火焰节，潘普洛纳奔牛节，布尼奥尔镇番茄节等。通过民众熟悉、趣味十足的民间节庆活动，提升了遗产地文化氛围和游览指数。此外，部分遗产地还承办多样化的团体活动。如 1997 年被列为世界文化遗产的尤索修道院，经常承接社区居民、社团举行宗教仪式、会议、演讲活动等。由此来看，节庆活动、宗教活动与遗产地旅游发展的融合互动，增加了遗产地的人气，推动了遗产地城市发展，也促进了遗产地的现代化、生活化。

第三，遗产历史文化记忆与企业价值链的融合。自 20 世纪 80 年代以来，西班牙许多废弃的工厂和工业园区成了城市的"闲置资产"，面对废弃的工业空间，西班牙选择了将遗产历史记忆与城市发展相互融合，将工业遗产转化为记忆旅游和科普教育的"科学、技术与工业趣味的场所"。很多企业将工业遗迹、工厂博物馆、遗产历史纳入公司的发展计划，以此反映企业的过去和现在的价值,彰显自身的历史渊源和价值特征。同时,还直观地向市民和游客展示技术、工艺及产品发展的历史。忠实于生产记忆和历史记忆的世界遗产地成为西班牙遗产旅游与城市发展融合的重要保证。

（2）从西班牙的经验中得到的启示

我国当前经济社会快速发展,正处于经济结构调整和深化改革的攻坚期,如何协调遗产保护与经济发展、社会进步的关系是我们面临的重大课题,西班牙的成功经验,可以给我们如下启示。

第一,分级管理制度。我国的遗产管理目前普遍是属地管理,遗产地的行政级别、经济发展水平往往决定了遗产管理水平,很多时候出现遗产重要性与管理水平的不匹配,如某些世界级的文化遗产可能并没有达到世界级甚至国内一流的管理,在总体规划、保护、开发等方面还有很大的潜力。因此我们可以借鉴按照文化遗产的价值来实行分级管理,遗产的等级越高,管理方的行政级别、业务能力、经费保障水平也应相应较高。在管理制度上也应有所体现,高级别遗产更适于集权式管理;低级别遗产则适应于较为灵活的管理方式,特别是广泛吸取社会资源参与管理经营。传统的属地政府管理体制已经越来越不适应于时代发展的要求了。

第二,加强遗产保护教育,提高公民遗产保护观念。要进一步提升遗产管理部门的人员的业务能力,在学校和社会教育中普及遗产保护教育,鼓励遗产保护、修复等专业和院校的设立和发展。

第三,加大在遗产保护方面的经费投入和技术创新,扩大对外遗产保护合作。西班牙每年在历史文化遗产保护方面投入的资金高达数十亿欧元,而我国在 GDP 总量远高于西班牙的情况下,每年在文物保护上的投入仅为西班牙的 10% 左右。西班牙就建设遗产保护学校、考古发掘、技术研究等遗产保护问题与拉丁美洲和非洲国家开展了广泛合作,值得我国借鉴参考,特别是在遗产保护与修复等方面加大国际合作力度,相互取长补短。

第四,要重视通过弘扬本国优秀传统文化来提升遗产的文化内涵,让物质遗产和文化遗产交相辉映。西班牙有上千个各类节日,绝大多数富于表现力,其中一些节日在世界有着较高知名度。如四月集市、火焰节、奔牛节、番茄节、圣周等。每年因为节日就吸引数以万计的外国游客。西班牙把这些节日作为弘扬本国历史文化的窗口,将其与丰富的世界遗产资源充分结合,展现了其独特的文化魅力。我国作为四大文明古国之一,在优秀传统文化方面比西班牙毫不逊色,但在继承和弘扬方面仍有很多工作要做。部分传统节日的受众程度反而不如外国节日和国际节日,这值得引起我们的重视和思考[99]。

(三)意大利

意大利是全球世界遗产第一大国,共有世界遗产49项。意大利历来对世界遗产的保护非常重视,成为全球最有代表性的国家。在意大利49项世界遗产中,有自然遗产4项,文化遗产45项。其中圣玛丽亚感恩教堂、罗马历史中心及教廷建筑、提沃利城伊斯特别墅等建筑遗产等十余项属于建筑遗产。意大利对建筑遗产地旅游环境的保护主要体现在以下方面。

(1)景观树种综合效用的选择导向

意大利选择绿化的主要树种为松树,因为松树四季常青,并且在松树的养护上投入了很多精力。修剪的树冠生长在10多米高的树干上,减少了对地面空间的占用,方便人和车辆通行。虽然松树的缺点是生长速度慢、成材周期长,但它具有不飘絮、不落叶的优点,便于保持市容整洁,减少了环卫工人的负担,而且松树生长期长达百年以上。可见,意大利在选择景观树种时并非单纯考虑美观的效果,而是综合考虑树种的二次污染、保洁压力、生长周期等因素,注重投资景观树种的长远效益。

(2)建筑遗产实用性利用的功能导向

意大利大量的建筑遗产被誉为"巨型的露天历史博物馆"。建筑遗产的保护根据性质不同主要分为原真性保存和实用性利用相结合两种保护方式。部分遗产选择原汁原味的保存和展示方式,很少进行重建,即使修复也是在很小的范围内进行。比如罗马大竞技场仅在很小的区域修复了部分看台及舞台地面。还有部分建筑遗产目前仍被实际使用,如作为政府单位的办公大楼,使用单位负责日常的保护和维修。意大利财政部大楼是一座17世纪的建筑,建筑遗产内的部分装饰和用品目前仍在使用。可见,意大利极其重视建筑遗产实用性功能的发挥,这就使其遗产建筑成为最直接、最真实的历史展示空间或现代实用性空间,避免了每年花费大量的投资修建不伦不类的"仿古式"、"纪念式"摆设建筑的尴尬局面。

(3)传统建筑技艺与现代生态技术的融合

位于意大利阿尔贝罗贝洛的特鲁利聚落古城,1996年被列为世界文化遗产,以聚落形式传承了史前时代的建造技术,并在现代社会得以完好的保存。当地法律规定"沿阿尔贝罗贝洛古城保护区内的历史建筑因受到法律的严格控制,不得改建、加建"。这一规定使得古城内原始的特鲁利建筑原样保留下来,并被开发为特色小餐馆和工艺品店。而且,该区域遗产建筑的旅游开发与城市发展紧密结合,做到了历史和现代、古老技艺与环保科技的融合。建筑在改造中除了延续原始的建造技艺与材料,还充分利用了太阳能、雨水收集、污水回收再利用等现代生态环保科技。

(四)德国

德国将工业遗产区进行园林化建设,把工作与休闲这两个截然对立的概念联系起来,成为旅游活动的重要场所。"工业企业的厂区环境、标志性的工业建筑、生产线与生产场景、生产工具、生产原料和产品、企业管理、企业文化、企业的发展历史与文物等等成为被开发和利用的旅游资源。"旅游者在园林化的工业厂区环境中,感受工业美学的魅力,了解工业技术,甚至购买工业产品。德国工业遗产旅游环境建设方式有以下特点:

(1)生态博物馆氛围的营造

德国注重依托原有的厂址来建设露天博物馆。馆内厂房和办公楼沿用传统建筑风格,并设计有家庭和儿童可以参与开展各种活动的游览环节。德国的大众汽车城设有供青少年学习驾驶技术和交通知识的练习场和体验场地,并可在体验后领取小司机"驾照"。汽车城内的撞车实验则告诉人们撞车时可能发生的各种情况并展示安全带、气囊的重要作用。人们在娱乐游戏中学习有关汽车的科技知识,并提高安全驾驶的意识。此外,展厅还有专用电脑,汽车发烧友可以通过电脑设计概念车,还提供免费打印"作品"的服务。当设计者兴高采烈地拿着自己设计的概念车图片离开的时候,他们的偏好、智慧和创意已经被留在大众公司的电脑中,为大众公司未来的设计提供重要参考。

(2)公共游憩空间的开拓

德国的世界遗产旅游区注重设计公共游憩空间,在国家公园内举办大型文艺和户外活动,如花卉展、园艺展等。此外,一些工业遗产区借助原有的建筑,积极开发了潜水、攀岩、演出剧场以及实践教学体验活动。部分仓库、旧厂房、旧车站则被改造成博物馆、展览馆、音乐厅和剧场。通过对工业遗产区的功能改造和环境美化,实现了遗产地公共空间的拓展和延伸,提升了遗产地的公共利用效率和公共服务能力,促进了遗产地的城市发展。

（3）公民教育功能的发挥

德国遗产区处处体现出尊重劳动和推崇技术的元素，工业遗产旅游区成为公民教育的重要阵地。比如弗尔克林根钢铁厂建造了工资发放室和矿工劳动体验场景，刻画并诠释了每一名劳动者、每一项工作所具有的价值和存在的合理性、必要性。德国的博物馆和工业旅游地甚至整个国民教育体系都体现出对技术的推崇以及对实践能力和创新能力的重视。他们认为技术本身是值得研究的对象，无论是远古的使用石器的技巧，还是现代的建造核电站的庞大工程，这些技术本身都具有文化和智力价值。所以，通过工业遗产旅游区实践教育和学校理论教育的结合，德国把握住了高新技术产业发展的根基和脉络，在遗产地旅游与城市发展中敏锐地捕捉到了世界遗产所蕴含的技术和劳动的思想。

（五）日本

（1）横向管理

日本用"文化财"来称呼文化遗产，由文部省下属的文化厅负责管理。1871年（明治四年），日本社会受到了西方文化的强烈冲击，为了对文化遗产进行保护，日本政府出台了《古器旧物保存法》。历经100多年的不断完善，日本已经形成了较为完整的文化遗产保护体系。日本在遗产保护方面的做法是实行分类保护制度，日本现行的文化遗产保护制度中对需要重点保护的文化遗产的分类如下：第一，有形文化财。有形文化财指在历史、艺术等方面具有较高价值，包括土地、建筑物、雕刻、绘画、书法、书籍、古代典籍、工艺品等有形的文化载体，包括具有较高文物价值和学术价值的考古资料等。第二，无形文化财。无形文化财指在历史、艺术等方面具有较高价值的诗词、音乐、戏曲、手工艺及其他无形的文化载体等。第三，民俗文化财。民俗文化财是对于日本文化的传承和发展不可或缺的风俗习惯、民俗技能及与其相关的有形文化载体。民俗文化财又分为无形和有形两类。无形文化财包括传统节日、信仰等，有形文化财包括用于衣、食、住、行的各类器物和文物等。第四，史迹名胜天然纪念物。名胜古迹、古建筑、甚至古坟等人文景观和山川河流等自然景观统称为史迹名胜天然纪念物。第五，传统建筑物保存地区。一些具有较高价值的村镇、集市、农场等传统建筑物经长时间流传已经与周围环境形成了独特的历史风格，这些建筑物及其周边环境被称为传统建筑物保存地区。第六，埋藏文化财。埋藏文化财指埋藏于地下的文化财，包括遗迹、遗物等,是有形文化财的重要部分,只不过是保存方式不同而已。第七,文化财保存技术。文化财保存技术指文化财保存所不可或缺的传统技术和工艺的保护措施,包括为文化财保存所必需的材料及修理修复技术等。

（2）纵向管理

除了对文化财进行横向分类外,为对重要文化财实行有重点的保护,日本政府还依据重要程度对文化财进行了纵向的分层,大体包括三个层次。第一层次是最重要的,包括国宝级文物,最重要的史迹名胜天然纪念物和传统建筑物保存地区;第二层次包括重要有形文化财和无形文化财,重要有形和无形民俗文化财,重要史迹名胜天然纪念物,重要传统建筑物保存地区,重要文化财保存技术;第三层次包括一、二层次以外的普通有形和无形文化财,民俗文化财,普通史迹天然纪念物,普通传统建筑物保存地区,普通文化财保存技术和埋藏文化财。

（3）资金保障

依据上述分类与分层,日本对文化财保护的国家财政拨款的主要用途也分为四大项:促进国宝、重要文化财的保护事业,其中包括建筑物、美术工艺品等文物的保护、修理,国宝、重要文化财的收购,地方文化财保护设施等硬件、软件设备的整治;历史遗迹的整治和利用,包括资助历史遗迹的公有化,资助历史遗迹的整治和利用,资助地下文物的调查和发掘;传统技能的传承,其中包括资助无形文化财、民俗无形文化财的传承,资助“日本艺术文化振兴会”;国立博物馆的整治和运转费。

（六）法国

法国被誉为世界第一旅游目的地国。1790年,法国设立了遗产保护机构;1984年,创建首个文化遗产日。法国目前共有世界遗产38项,位居世界第四。法国认为一个国家的历史不仅写在纸上,而且记录在文物古迹上。法国通过“遗产”这个概念将“历史”社会化和国家化,建立“官方记忆”来强化国家形象。1913年法国颁布的《历史纪念物法》,将文物建筑放在历史遗产的最高地位,提出“唯一的、国家的记忆”。目前,法国形成了由国家来保护具有“国家利益”的精品遗产以及地方政府保护具有地方价值的当地遗产的分工合作的模式,实现了遗产保护从国家到地方的有序衔接。

法国对城市建筑遗产旅游与城市发展结合的特色之处有以下方面:

（1）建筑遗产与城市发展的融合

法国在城市规划中做到了对历史遗迹的切实尊重。建筑遗产及历史街区，要通过保护其外立面、更新室内装潢后继续使用来改善当地居民的工作和生活环境。对工业废弃地重新规划利用，通过住宅、商场、写字楼等功能转换原有的废弃地。法国不仅把巴黎街区的老教堂保留下来，而且还对教堂周边进行绿化，配置具有象征意义的石头、拱券、门廊等艺术品。这些举措实现了城市中遗产建筑的"复活"利用，充满了现代生活色彩，城市中的建筑遗产不再是襁褓中的"被搁置"的珍宝，而是转化为再次助力城市发展的空间和场地。建筑遗产成为现代城市的重要组成部分和艺术装扮，城市生活与建筑遗产的有机融合，塑造了城市文化内涵和特色，促进城市的未来发展。而且避免了随着城市化的发展，老城景观的改变，城市建设千篇一律的同质化趋势。

（2）视角美学和空间距离双重整体环境保护标准

法国认为历史的灵魂不是由杰作构成的。对建筑艺术而言，孤立的杰作会有僵化死亡的危险。1911年，巴黎提出了"纪念性视廊"的概念，要求建筑遗产保护并非仅保护那些标志性的孤立的遗产，而且还要统筹与该建筑遗产息息相关的城市环境和城市景观。1943年出台的《文物建筑周边环境法》明确了对遗产建筑周边地带环境的保护要求，规定"一旦建筑遗产被确定，其周边形成500米半径的保护范围，范围内建设活动要受到严格的控制"。此外，还要保护与遗产建筑有关的自然元素，如原有的林木、篱笆，街道上的传统特征，还包括路面材料、照明设施等。建筑遗产可视范围内的整体环境保护遵循视觉美学和空间距离的双重标准，这为建筑遗产的片区化保护与发展提供了重要的制度保障。

第3章
世界遗产旅游与城市发展的现状分析

一、世界遗产总体情况

为了奠定研究基础,有必要对世界遗产尤其是我国世界遗产的状况进行全面的了解,包括世界遗产的数量、分布,世界遗产相关的组织与文件等。

(一)世界遗产的价值构成

按照《保护世界文化与自然遗产公约》的规定,世界遗产的价值是指"世界遗产在科学、历史、艺术、审美、人种学、保护等方面突出的普遍性价值[100]。"国内关于世界遗产价值构成的主要观点有谢凝高先生提出的世界遗产价值包括文化价值(历史价值、美学价值、社会学或人类学价值、精神价值和符号价值等)和经济价值[101]。陈耀华等依据系统论的观点,认为世界遗产价值体系由"本底价值、直接应用价值和间接衍生价值"构成[102](见图3-1)。此外也有学者把世界遗产价值分为有形价值和无形价值,也可以说是显性价值和隐性价值,进一步可分别分为科考价值、旅游价值和文化价值、环境价值[103]。根据边际效用价值论和价值在使用中的地位,可以将世界遗产的价值分为使用价值和非使用价值两大类[104]。在此基础上,本研究将世界遗产价值分为以下几种。

(1)科学价值

世界遗产是科学信息的载体,是地球演化史中重要阶段的突出例证或者已逝文明的特殊见证,各个学科的专业人员进行科学研究的实验室。首先世界自然遗产是生态环境的圣地和生物多样性的典范,例如中国丹霞记载了中国南方地区地壳自白垩纪至今的历史演化,是亚热带常绿阔叶林生物群落结构及演变生态过程最突出而完整的代表,这里是约 400 种珍稀濒危生物的栖息地。这使中国丹霞对地理学、生物学、环境学等都具有重要的科研价值。其次,世界文化遗产同样具有重要的科学价值。比如都江堰是 2000 多年前修建并至今仍在使用的无坝引水型水利工程,通过分水鱼嘴和宝瓶口的运用集防洪、灌溉和航运三大功能为一体,规划完善,设计合理,代表了我国古代水利技术的先进水平,也是我国水利发展史的重要载体。再如敦煌莫高窟壁画内容中关于牛车、马车、独轮车等的形象资料保存了中国古代交通工具的图像数据,为交通工具的革新和发展提供了重要参考;关于玻璃器皿的器型、颜色与纹饰等信息反映了我国古代玻璃工艺的水平。因此,世界遗产本身蕴含考古学、艺术学、建筑学、历史学和民俗学等方面的重要信息,可以直接处理物质遗存或通过研究其物质文化背景提取相关学科需要的内容,帮助当代人认识过去自然界的变迁和人类生产生活的能力并推动现在科学事业的发展。

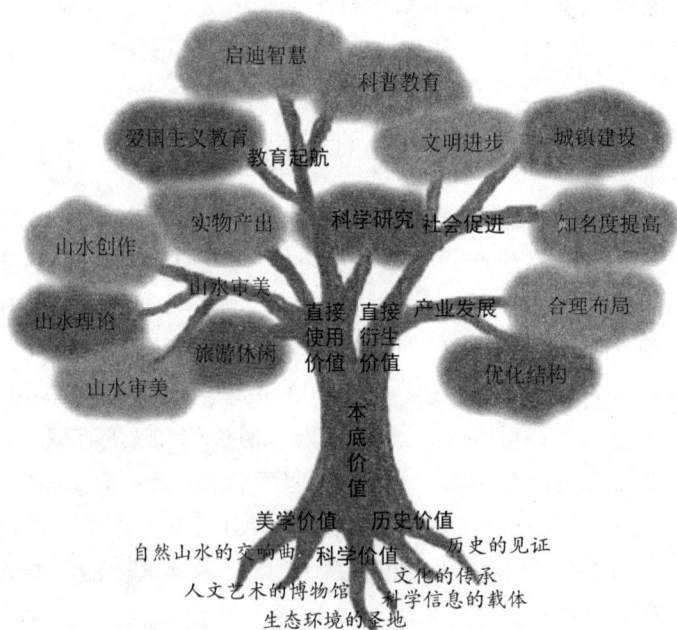

图 3-1　世界遗产的"价值体系树"

资料来源:陈耀华,刘强. 中国自然文化遗产的价值体系及保护利用 [J]. 地理研究,2012,31(6):1111-1120.

（2）历史价值

世界遗产的历史价值主要体现在世界文化遗产上，世界文化遗产是人类文明发展史的真实记录，对人类文明的诞生、延续、继承和发扬意义重大。例如秦始皇陵兵马俑的出土为公元前 2 世纪秦朝时期的政治、经济、军事、科学、文化和艺术等各个方面的研究提供了珍贵的实物资料。秦俑的体貌特征、服饰发型以及出土的工具武器等，从多个角度反映了秦时期的生活、文化和历史兴衰。

（3）文化价值

世界遗产凝聚着中华民族自强不息的精神追求和历久弥新的文化财富，具有巨大的文化价值。例如孔子以及以孔子为核心的儒家文化，是中国整个思想政治和社会文化体系的基石，是中国传统文化的代表。世界遗产"曲阜孔庙、孔林、孔府"是中国几千年来纪念孔子和推崇儒学的表征，是中国传统文化的缩影。再如符合世界遗产评价标准数量最多的泰山也是中国几千年封建传统文化发展的见证，泰山上的建筑、石刻等都是封建皇家封禅祭祀文化的最典型和最突出的例证，是包括山岳崇拜、大一统思想、五行学说等传统思想的有形载体。武当山古建筑群、"天地之中"历史建筑群等道观、古庙等传统建筑与自然山岳融为一体，是儒家思想、道家思想、佛家思想等传统文化发展的产物。世界遗产山西平遥古城历经数千年的建设发展，留下了多个朝代的文化印记，融合了儒家文化、吏治文化、宗教文化、建筑文化、寺庙文化和民俗文化等众多文化元素于其中。

（4）艺术价值

世界遗产的造型、材质、颜色和纹饰等不仅直接给人们带来了美的愉悦感受，而且还呈现了世界遗产形成或建造时期的书法绘画艺术、音乐舞蹈艺术和建筑石刻艺术等，反映了当时的社会背景、价值偏好和审美兴趣等，是艺术史料的重要内容。世界遗产中的敦煌莫高窟、河南洛阳龙门石窟和山西大同云冈石窟是我国古代多种艺术形式的集中展示。其中石窟形制和洞窟外的木结构窟檐是古建筑艺术的典型代表，彩塑题材丰富多样、手艺精湛，堪称彩塑博物馆，壁画更是风格各异、雄伟瑰丽，是中国古代美术史的辉煌篇章。这些都展示了我国古代在洞窟建筑艺术、彩塑艺术和壁画艺术三方面的高深造诣。

（5）美学价值

世界遗产是自然美和人文美的集中体现，人们身临其境的游憩过程就是对世界遗产美学价值的感悟过程,它可以丰富人们的审美实践,提高人们的美学修养,从而使人达到从悦形、逸情到畅神的审美享受。同样是中国丹霞,它是一个被森林覆盖的由红色的山体、陡峭的悬崖、飞流的瀑布和清澈的河溪共同构成的壮美的景观,给人"丹山""碧水""绿树""白云"组合而成的美的享受。每一处世界遗产,都从不同角度诠释着某种突出的普遍价值,这些价值常使我们的内心感悟到平日生活无法触及的一种"超然之美"[105]。

（6）教育价值

世界遗产记录了人类文明发展的轨迹,也是人类探索自然奥妙的知识源泉,为众多学科的研究工作提供了资料,因此也是意义重大的教学科研实践基地和科普教育基地。作为全世界人民接受文明、认识自然的大课堂,世界遗产不仅能够丰富人民群众的生活内容,提高人民群众的知识水平,而且可以给人以美的享受,激发人们不断探索其中蕴藏的奥秘,提高人民群众的审美能力。同时,世界遗产也是爱国主义教育的重要课堂,是祖国锦绣河山的代表,是中华民族辉煌历史的见证。

（7）社会价值

世界遗产的社会价值是指世界遗产在传统文化的传承、文化身份的认同和人文精神的延续等方面所起的作用,它是所在国家、所在民族与所在地域的精神象征。我国的世界遗产是对中华民族辉煌历史的记忆,是中华民族的民族道德和民族精神的标志。从周口店北京人遗址到河南殷墟,高句丽王城、王陵及贵族墓葬到大足石刻,再到天坛、颐和园等一系列的世界遗产,都是中华民族漫长的发展历史和灿烂的思想文化最直观、最生动的历史见证。世界遗产是科研教育、启智游览等社会文化活动的重要场所,是人与大自然、人与历史之间精神联系和对话的理想胜地。

（8）经济价值

世界遗产的经济价值越来越为世界各国尤其是发展中国家所重视。它的经济价值分为使用价值和非使用价值两部分。其中使用价值(Use Value,UV)包括世界遗产满足人们的游览、居住等使用需要而带来的直接经济收益;世界遗产带动遗产地旅游业、服务业等行业发展,增加就业机会,还可促进经济发展从而取得间接经济收益,世界遗产赋予所在地的声誉、知名度等无形资产带来的潜在经济收益。非使用价值(Non-use Value,NUV)是与人们对世界遗产的使用无关的价值,包括选择价值、遗产价值和存在价值。选择价值是未来的直接或间接使用价值,是人们基于对世界遗产潜在价值的认知,为了将来能利用世界遗产,避免不可逆的损失而预先支付的费用。遗产价值是指将世界遗产留给子孙后代的价值,或者说人们为了子孙后代能受益于世界遗产存在的知识而自愿支付的保护费用。存在价值是资源本身永续存在而具有的一种经济价值,是人们为了确保世界遗产继续存在包括知识存在,而自愿支付的费用,它是事物本来就存在的一种经济价值,与人类利用与否无关。

(二)世界遗产组织与《世界遗产公约》

(1)世界遗产组织

世界遗产组织是国际性的合作组织、法律组织,是对人类拥有的具有突出价值的文化遗产与自然遗产进行保护的法律组织,该组织为国际性合作提供持久的法律、管理和资金帮助[106],它的管理职能由世界遗产委员会和世界遗产中心共同承担。世界遗产相关的管理机构主要有世界遗产委员会及其秘书机构和咨询机构,具体见表 3-1。

表 3-1　世界遗产相关组织

世界遗产组织	主要任务	成立时间
世界保护联盟	促进和鼓励人类对自然资源的保护与永续利用等问题	1948
国际古迹遗址理事会	负责文化遗产方面的工作	1965
国际文物保护与修复研究中心	主要负责文化遗产方面的技术培训、研究、宣传和为专家服务的工作	1959
联合国教科文组织世界遗产委员会	负责制定《世界遗产名录》和《濒危世界遗产名录》	1976
世界遗产中心	负责《世界遗产公约》的日常工作	1976

① 世界遗产委员会。世界遗产委员会(World Heritage Committee)成立于1976 年,作为联合国教科文组织的下设机构之一,它是根据《世界遗产公约》的实施需要在各国政府的支持和配合下成立的国际性的政府间的合作机构,是具有革新精神的法律组织。世界遗产委员会由每两年召开一次的《世界遗产公约》缔约国大会选举产生,由缔约国中代表着世界不同地区和文化的 21个国家组成,是关键政策和决议的主体,它负责对所有提名的遗产的审查和世界遗产基金下的资金援助项目[107]。世界遗产委员会设主席团,由 21 个委员国中的 7 个国家构成,每年举行两次会议,主要目的是筹备世界遗产委员会的工作。作为《世界遗产公约》的管理机构,世界遗产委员会的主要任

务是负责制定《世界遗产名录》和《濒危世界遗产名录》这两个重要的国际性文件,具体来说包括以下三项重要内容。

第一,根据缔约国的申报,审议确定列入《世界遗产名录》的项目,经缔约国代表会议通过后予以公布。

第二,管理"世界遗产基金",审定各缔约国提出的财政和技术援助的申请项目,对符合条件的国家给予援助。

第三,对已列入《世界遗产名录》的世界遗产项目的保护和管理情况进行监测,以促进其保护与管理水平的改善与提高。对于监测不达标的世界遗产项目经过与有关缔约国协商,做出将其列入《濒危世界遗产名录》的决定[108]。

② 世界遗产中心。世界遗产委员会每年通常在12月份才举行一次会议,所以设立了一个由31位成员组成的隶属于教科文组织的委员会秘书处——世界遗产中心,负责《世界遗产公约》的日常工作[109]。世界遗产中心由世界遗产委员会缔约国中选举的主席、负责整理与编辑的报告起草人和五个副主席组成。

③ 世界遗产委员会咨询机构。联合国教科文组织、世界遗产委员会为提高其在保护、评审、监测、技术援助等方面的工作水平,特约请国际上有权威的三家专业机构作为世界遗产委员会的咨询机构,它们分别是国际古迹遗址理事会(International Council on Monuments and Sites,简称 ICOMOS)、国际自然及自然资源保护联盟(International Union for Conservation of Nature and Natural Resources,简称 IUCN)和国际文化财产保护与修复研究中心(International Centre for the Study of the Preservation and Restoration of Cultural Property,简称 ICCROM)[110]。凡是涉及世界遗产的考察、监测、评审、财政、技术培训与技术援助等方面的工作,全部由这几个机构派出相应的专家给予专业的指导和帮助。国际古迹遗址理事会负责的主要工作是与世界文化遗产相关的;国际自然及自然资源保护联盟作为联合国教科文组织的下设机构之一,成立于1948年,负责的主要工作是向世界遗产委员会提出有关世界自然遗产的选择和保护方面的建议;国际文物保护与修复研究中心成立于1965年,也属于联合国教科文组织,负责的主要工作是世界文化遗产相关的宣传、研究、技术培训和为各类专家提供服务。

(2)《世界遗产公约》

①《世界遗产公约》制定的背景。随着社会的发展,人们越来越意识到

千百年来祖先们创造的文化和天然造化的自然等遗产对人类的重大意义,同时也意识到近现代的工业化过程以及自然灾害等对遗产造成的破坏。如果不对这些遗产加以保护,它们将面临毁灭的命运,成为人类无法挽回的沉重损失。为此,每个国家都应该高度重视,并联合起来保护人类共同的遗产。

早在 1954 年,联合国教科文组织就通过了《武装冲突情况下保护文化财产公约》,该《公约》认为“对任何民族文化财产的损害即是对全人类文化遗产的损害”,人类需要承担“共同的责任”。1959 年,埃及规划修建阿斯旺大坝,但是建造大坝需要淹没阿布辛贝勒神庙等几十座古神庙以及大面积法老时期的古遗址,需要对这些遗产进行迁移,但仅靠埃及一个国家无力承担这一巨大的工程,联合国教科文组织和罗马国际文化财产保护与研究中心等国际组织和 51 个国家共同参与了这次行动,成功抢救搬迁了神庙以及其他一些重要遗迹。这应该看作是全世界人民以保护共同的珍贵遗迹为目标的第一次合作。从此以后,联合国教科文组织承担起多项国际文化遗产保护项目,包括对意大利水城威尼斯、斯里兰卡的“文化三角”、巴基斯坦的莫亨朱达罗考古遗址、印度尼西亚的婆罗浮屠寺庙和柬埔寨吴哥遗迹等文化遗产的保护[111]。

这些国际合作行为把保护原本属于某个特定国家的世界遗产变成了一项全人类的共同事业。当时许多国家的公众和舆论都认为,各个国家和民族的文化遗产都应该受到充分和平等的尊重,应该被视为人类共同的遗产,并需要以国际集体责任的名义来进行全面的保护。“世界遗产”的理念逐渐在全世界范围内形成并得到认可。为了使全世界各个国家真正达成保护世界遗产的共识,需要形成一个世界范围内的管理和合作机制,以及一些大家都能够接受的原则性规定[112]。

直到 1965 年的华盛顿会议期间,联合国教科文组织提出成立“世界遗产信托基金”的建议,这时的基金主要关注的是世界文化遗产的保护。三年后的 1968 年,世界自然保护联盟(IUCN)提出加入“世界遗产信托基金”,这使得世界遗产信托基金的保护范围扩大到世界自然遗产,开始把世界自然遗产和世界文化遗产结合在一起进行保护。还有一个重要的促进因素就是 1972 年在斯德哥尔摩举行的联合国人类环境会议,这次会议就有关“保护人类环境”的议题进行了讨论。在这样的大背景下,同年第 17 届联合国教科文组织大会召开并通过了《世界遗产公约》。《世界遗产公约》的诞生标志着人们对自然和文化遗产价值的真正认识和对它们所处的危急境地的深刻担忧,必将对两种遗产的保护发挥不可估量的作用[113]。

②《世界遗产公约》的基本内容。

《世界遗产公约》即《保护世界文化和自然遗产公约》(Convention Concerning the Protection of the World Cultural and Natural Heritage)的简称,于1972年11月在联合国教科文组织第17届大会上通过,生效日期是1972年12月17日。截至2015年,共有191个国家或地区签署《世界遗产公约》,是拥有缔约国最多的国际公约之一。《世界遗产公约》是第一个保护具有突出的普遍价值的文化和自然遗产并被全世界认可的国际法律文件,为全世界国家集体保护世界遗产提供了现代的科学方法,并使保护世界遗产成为永久性的有效制度[114],具有国际性、法律性和科学性。

《世界遗产公约》主要包含以下四部分内容[115]:(a)确定了文化遗产和自然遗产的定义和被列入《世界遗产名录》的条件;(b)指出缔约国在确定潜在遗产项方面所负的责任,以及他们在保护这些遗产项时所起的作用;(c)阐述世界遗产委员会的功能;(d)解释如何使用和管理世界遗产基金。

为配合《世界遗产公约》的实施,还制定了与之相配套的《实施世界遗产公约的操作指南》,并随着世界遗产保护事业的不断进步进行不断的修改和完善。操作指南的制定和出台保证了世界遗产保护工作的权威性,提高了保护工作的可操作性,意味着整个人类一起保护自然财富和文化成就的崭新时代的到来。

关于《世界遗产公约》有两点需要说明的是:首先,一些对全人类来说都是罕见且无法代替的文化或自然遗产的破坏或消失对全世界各国人民都是无法挽回的损失,而单个国家由于经济和科学技术等方面的限制无法有效保护,整个国际社会有责任在遗产所在国采取必要措施的同时,通过提供集体性援助参与保护;其次,世界遗产公约的保护对象是具有"突出的普遍价值"(Outstanding Universal Value)的遗产,是全人类共同财富的一部分而非全部。

③《世界遗产公约》诞生的意义。世界遗产是独一无二的,是无可替代的。《世界遗产公约》标志着人类理性的胜利,符合文明发展的必然要求,使世界遗产被最先定义并作为一项全球性的事务得到广泛关注,促进了世界遗产概念和世界遗产保护意识的维护、增进和传播。《世界遗产公约》确立了一个世界文明国家都必须共同遵守的国际标准,让各国人民站在全人类的高度重新认识本国的遗产,形成生动而具体,相互激励和促进的遗产保护机制。《世界遗产公约》是联合国教科文组织在全球范围内制定和实施的一项具有

深远影响的国际准则性文件,它的宗旨在于促进世界各国人民之间的合作与相互支持,为保护人类共同的遗产做出积极的贡献[116]。

(三)世界遗产相关文件

(1)世界遗产相关的国际文件

多年来国际社会及国际组织对世界遗产保护高度关注,出台了包括《世界遗产公约》在内的一系列世界遗产保护方面的国际文件(如表3-2和表3-3所示),规范了世界各国世界遗产保护的行为,为世界遗产保护提供了规则、方法、科学技术等多方面的指导,促进了全人类世界遗产事业的发展。

表 3-2　世界文化遗产保护方面的国际文件

文件名称	年　份	主要内容	发文单位
雅典宪章	1933	关于城市规划理论和方法的纲领性文件	国际现代建筑协会
武装冲突情况下保护文化财产公约	1954	武装冲突情况下文化财产的保护	联合国教科文组织
关于保护景观和遗址风貌与特性的建议	1962	保护景观和遗址的风貌与特性	联合国教科文组织
威尼斯宪章	1964	保护文物建筑及历史地段的国际原则	历史古迹建筑师及技师国际会议
欧洲宪章	1975	保护建筑遗产	欧洲建筑遗产大会
布鲁日决议	1975	历史性古城镇保护	中国古迹遗址保护协会
内罗毕建议	1976	关于历史地区的保护及其当代作用的建议	联合国教科文组织
马丘比丘宪章	1977	对《雅典宪章》的修订	国际建筑协会
关于保护可移动文化财产的建议	1978	可移动文化财产的保护	联合国教科文组织
佛罗伦萨宪章	1981	历史园林保护	国际古迹遗址理事会
华盛顿宪章	1987	历史城镇与城区的保护	国际古迹遗址理事会
洛桑宪章	1990	考古遗产保护与管理	国际古迹遗址理事会
考古遗产保护与管理宪章	1990	考古遗址的保护和管理	国际古迹遗址理事会
奈良宣言	1994	对"真实性"的新阐释	世界遗产委员会
国际文化旅游宪章	1999	重要遗产地旅游管理原则和指南	国际古迹遗址理事会

文件名称	年 份	主要内容	发文单位
巴拉宪章	1999	澳大利亚文化重要性地方保护宪章	国际古迹遗址理事会
世界遗产地的旅游管理	2002	一份世界遗产地管理者的实用手册	联合国世界遗产中心
关于文化遗产地的阐释和展示宪章	2008	文化遗产地的阐释和保护	国际古迹遗址理事会

表 3-3　世界自然遗产保护方面的国际文件

文件名称	年 份	主要内容	发文单位
国际鸟类保护公约	1950	鸟类的保护	各缔约国
国际植物保护公约	1952/1999	保护植物，防止有害生物的传入和扩散	联合国粮食及农业组织
拉姆萨尔湿地公约	1971/1982	保护作为众多水禽繁殖栖息地的湿地	湿地及水禽保护国际会议
野生动物迁徙保护公约	1979	保护陆地、海洋和空中的迁徙物种的活动空间范围	联合国人类环境会议
生物多样性公约	1992	保护地球生物资源	联合国环境规划署
可持续旅游发展行动计划	1995	旅游的可持续发展	可持续旅游发展世界会议

（2）中国关于世界遗产的法律、法规和文件

中国关于世界文化遗产和世界自然遗产保护工作的相关文件出台时间主要集中在 20 世纪末 21 世纪初这段时间，世界遗产虽然在我国出现的较晚，直接以其命名的法律法规和文件也有限，但是"世界遗产"的概念与我国传统的"文物"概念、"历史文化名城"概念、"自然保护区"概念、"风景名胜区"概念、"地质公园"概念等存在着这样那样的交集。

表 3-4　中国关于世界遗产的法律、法规和文件

文件名称	年 份	保护对象	发文单位
保存古物推广办法	1906	古物	清朝民政部
名胜古迹古物保存条例	1928	名胜古迹、古物	国民政府内务部
古物保存法	1930	古物	国民政府
古物保存法细则	1931	古物	国民政府
暂定古物的范围及种类大纲	1935	古物	国民政府

文件名称	年　份	保护对象	发文单位
关于在基本建设工程中保护历史及革命文物的指示	1953	历史及革命文物	中央人民政府政务院
关于在农业生产建设中保护文物的通知	1956	文物	国务院
文物保护管理暂行条例	1961	文物	国务院
关于加强文物保护工作的通知	1974	文物	国务院
中华人民共和国文物保护法	1982/2013	文物	全国人民代表大会常务委员会
风景名胜区管理暂行条例	1985	风景名胜区	国务院
风景名胜区管理暂行条例实施办法	1988	风景名胜区	国务院
中华人民共和国自然保护区条例	1994	自然保护区	国务院
中国文物古迹保护准则	2002	文物古迹	国际古迹遗址理事会中国国家委员会
旅游景区质量等级的划分与评定	1999/2003	旅游景区	中华人民共和国国家质量监督检验检疫总局
关于加强文化遗产保护的通知	2005	中国文化遗产	国务院
风景名胜区条例	2006	风景名胜区	国务院
世界文化遗产保护管理办法	2006	世界文化遗产	文化部
中国世界文化遗产监测巡视管理办法	2006	中国世界文化遗产	国家文物局
中国世界文化遗产专家咨询管理办法	2006	中国世界文化遗产	国家文物局
历史文化名城名镇名村保护条例	2008	历史文化名城名镇名村	国务院
关于进一步加强世界遗产保护管理工作的通知	2010	世界遗产	住房和城乡建设部

资料来源：单霁翔. 我国文化遗产保护的发展历程. 城市与区域规划研究 [J]，2008，(5)：24-33. 有改动.

　　我国现行的与遗产有关的各类管理法规，是建立在这些不同的传统概念基础上，反映了我国从文物保护理念到世界文化遗产保护理念的变化，也在客观上促进了世界遗产的保护工作。表 3-4 是中国政府发布的世界遗产相关法律法规和文件，表 3-5 是国际组织在中国发布的世界遗产相关文件。

表3-5　国际组织在中国发表世界遗产相关文件

文件名称	年　份	主要内容	发文单位
香山宣言	1998	东亚地区国家公园和保护区的保护	东亚地区国家公园和保护区会议
桂林宣言	1998	关于环境和资源保护与旅游业可持续发展	亚太地区议员环境与发展大会
北京宪章	1999	广义建筑学与人居环境学	国际建筑师协会
上海宪章	2002	博物馆、非物质遗产与全球化	国际博物馆协会
西安宣言	2002	文化遗产周边环境的保护	国际古迹遗址理事会
乐山宣言	1987	生态环境的保护	生态环境发展趋势及对策研讨会
苏州宣言	1998	历史城市的保护	中国——欧洲历史城市市长会议
庐山宣言	2013	世界遗产文化景观的保护	"东亚世界遗产文化景观"论坛
中国重要农业文化遗产管理办法（试行）	2014	中国重要农业文化遗产的管理	农业部办公厅
苏州宣言	2004	世界遗产青少年教育	世界遗产委员会

二、世界遗产的数量与分布

（一）世界遗产在全球的数量与分布

（1）世界遗产的数量

1976年世界遗产委员会成立后，负责组织对各个《保护世界文化和自然遗产公约》成员国申请加入《世界遗产名录》的遗产项目进行审核，于1978年公布了第一批世界遗产12项，其中世界文化遗产8项，世界自然遗产4项。此后随着《保护世界文化和自然遗产公约》缔约国的增多，每年都有新的遗产加入《世界遗产名录》，世界遗产的数量越来越多，类型也越来越丰富，又出现了世界文化与自然遗产，世界文化景观遗产，世界非物质文化遗产等。截至2015年，世界遗产的数量达到了1 031项，其中世界文化遗产802项（含世界文化景观遗产），世界自然遗产197项，世界文化与自然双重遗产32项，分别占世界遗产总数的77.79%、19.11%和3.10%（见图3-2）。

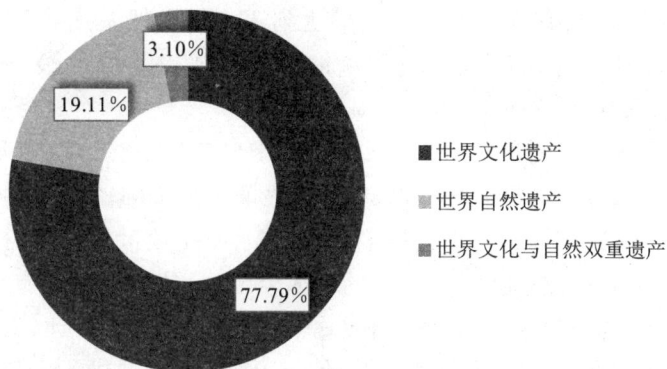

图 3-2　世界遗产的类型构成

如图 3-3 所示,经历了 38 年的发展,世界遗产的总量持续增加,数量增加最多的年份是 2000 年,增加了 61 项,数量增加最少的年份是 1989 年,仅增加了 7 项,世界遗产数量平均每年增长 27 项。在三类世界遗产中,世界文化遗产数量最多,平均所占比例达到世界遗产总数的 77%,其次是世界自然遗产和世界文化与自然遗产,平均分别占世界遗产总数的 20% 和 2%。就世界文化遗产来看,全世界平均每年新增 21 项,增加数量最多的是 2000 年,全世界共增加了 50 项,增加数量最少的是 1989 年,仅仅增加了 4 项。就世界自然遗产来看,全世界平均每年新增 5 项,数量最多的是 1991 年,全世界共增加了 11 项,而在 2002 年和 2015 年两年,竟然都没有出现新的世界自然遗产。就世界文化与自然遗产看,它在 1979 年首次列入《世界

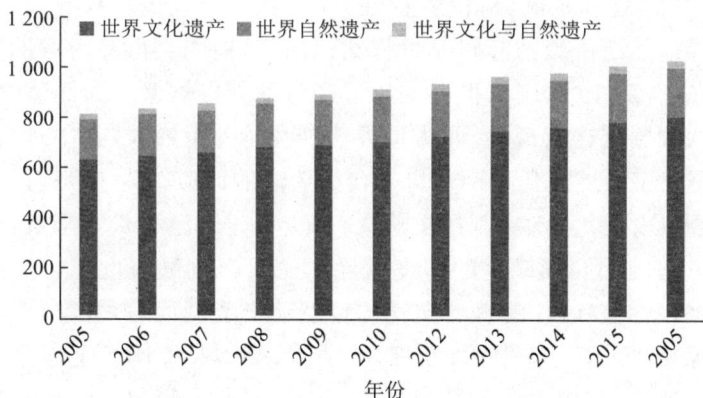

图 3-3　世界遗产时间分布(2005~2015)

85

遗产名录》,当时共有 3 项,到 2015 年达到 32 项,虽然其所占比例最低,增长最慢,但却是世界遗产三大类型里最珍贵稀缺也是价值最丰富的一类。

(2)世界遗产的分布

第一,世界遗产的洲际分布。截止到 2015 年 7 月 8 日第 39 届世界遗产委员会大会在德国波恩闭幕,世界遗产的数量达到 1 031 项,其中有 31 项世界遗产为两个或两个以上国家共同拥有。这 1 031 项世界遗产分布在欧洲、亚洲、非洲、北美洲、南美洲、大洋洲的 163 个国家,各大洲所拥有世界遗产数量及其所占比例如表 3-6 所示。可见,世界遗产主要分布在欧洲和亚洲,这两个大洲拥有的世界遗产数量占总量的 68.09%,其次是非洲和美洲。

表 3-6　世界遗产六大洲数量分布表

大洲	欧洲	亚洲	非洲	北美洲	南美洲	大洋洲
世界遗产数量	430	272	129	104	68	29
所占比例(%)	41.71	26.38	12.51	10.09	6.60	2.81

资料来源:世界遗产中心(2015 年)。

第二,世界遗产的国家分布。世界遗产国家中拥有世界遗产数量位于前 10 位的依次是意大利、中国、西班牙、法国、德国、墨西哥、印度、英国、俄罗斯和美国,数量达到 367 项,占世界遗产总数的 35.60%。前 10 位国家中,遗产总数和世界文化遗产数量最多的是意大利,世界自然遗产数量最多的国家是美国,世界文化与自然双重遗产数量最多的国家是中国。就世界文化遗产和世界自然遗产这两类世界遗产比较,除了美国以外的所有国家都是世界文化遗产占主体,数量是世界自然遗产的几倍甚至十几倍。只有位居第 10 位的美国世界自然遗产数量超过了世界文化遗产,但两类世界遗产的数量很接近,只差两项。就 10 个国家世界文化遗产与世界自然遗产的比值来看,除俄罗斯外的欧洲国家比值最高,两类世界遗产数量差距最大,其中意大利、法国和德国 3 个国家世界文化遗产与世界自然遗产的比值约为 12:1,西班牙达到 13:1,主要是因为欧洲国家都历史悠久,历史和建筑遗存资源丰富;两个亚洲国家第 2 位的中国和第 7 位的印度世界文化遗产数量与世界自然遗产数量的比值相当,约为 7:3。就世界文化与自然遗产类型而言,并非位居前 10 位的所有国家都拥有,只有中国、西班牙、法国、英国和美国 5 个国家拥有世界文化与自然遗产,其中中国的数量最多,达到 4 项,占世界文化与自然遗产总量的 50%。

表 3-7　世界遗产数量排名前十位国家遗产类型分布

国家	意大利	中国	西班牙	法国	德国	墨西哥	印度	英国	俄罗斯	美国
世界遗产	51	48	44	41	40	33	32	29	26	23
文化遗产	47	34	39	37	37	28	25	24	16	10
自然遗产	4	10	3	3	3	5	7	4	10	12
双重遗产	0	4	2	1	0	0	0	1	0	1

资料来源：世界遗产中心（2015 年）。

（二）中国世界遗产的数量与分布

中国自 1985 年加入《保护世界文化和自然遗产公约》后，经过 30 年的发展，世界遗产从无到有，世界遗产事业从小到大，取得了世界遗产申报、保护、管理和利用等工作的巨大进步。1987 年中国第一批世界遗产申报成功，共有 5 项世界文化遗产和 1 项世界文化与自然遗产登录《世界遗产名录》，之后世界遗产数量逐年增加，截至 2015 年，中国世界遗产达到 48 项，年均增加 1.65 项，如表 3-8 所示。中国用 30 年的时间使世界遗产数量位次攀升到世界第二，仅次于意大利，已成为名副其实的世界遗产大国。

表 3-8　中国世界遗产名录

序号	世界遗产名称	类型	登录年份	序号	世界遗产名称	类型	登录年份
1	长城	C	1987	25	皖南古村落 — 西递、宏村	C	2000
2	明清皇宫	C	1987	26	龙门石窟	C	2000
3	莫高窟	C	1987	27	明清皇家陵寝	C	2000
4	秦始皇陵	C	1987	28	云冈石窟	C	2001
5	周口店北京人遗址	C	1987	29	云南三江并流保护区	N	2003
6	泰山	CN	1987	30	高句丽王城、王陵及贵族墓葬	C	2004
7	黄山	CN	1990	31	澳门历史城区	C	2005
8	九寨沟风景名胜区	N	1992	32	四川大熊猫栖息地	N	2006
9	黄龙风景名胜区	N	1992	33	殷墟	C	2006
10	武陵源风景名胜区	N	1992	34	中国南方喀斯特	N	2007
11	承德避暑山庄和外八庙	C	1994	35	开平碉楼与村落	C	2007
12	曲阜孔庙、孔林、孔府	C	1994	36	福建土楼	C	2008

序号	世界遗产名称	类型	登录年份	序号	世界遗产名称	类型	登录年份
13	武当山古建筑群	C	1994	37	三清山国家级风景名胜区	N	2008
14	拉萨布达拉宫历史建筑群	C	1994	38	五台山	C	2009
15	庐山国家级风景名胜区	C	1996	39	"天地之中"历史建筑群	C	2010
16	峨眉山风景名胜区	CN	1996	40	中国丹霞	N	2010
17	丽江古城	C	1997	41	杭州西湖文化景观	C	2011
18	平遥古城	C	1997	42	元上都遗址	C	2012
19	苏州古典园林	C	1997	43	澄江化石地	N	2012
20	颐和园	C	1998	44	新疆天山	N	2013
21	天坛	C	1998	45	红河哈尼梯田	C	2013
22	大足石刻	C	1999	46	中国大运河	C	2014
23	武夷山	CN	1999	47	丝绸之路	C	2014
24	青城山与都江堰	C	2000	48	土司遗产	C	2015

数据来源：世界遗产中心。

（1）中国世界遗产的特征

第一，中国是拥有世界遗产类型最齐全的国家之一。中国拥有世界文化遗产、世界文化景观、世界自然遗产和世界文化与自然遗产全部世界遗产类型，其中，世界文化和自然双重遗产数量是全世界最多的国家之一，而且这一类型遗产的出现也是源于我国泰山申报世界遗产。中国的世界遗产不仅类型齐全，而且涉及的内容也相当广泛，包括古遗址与古墓葬、皇家建筑与陵寝、古城镇与古村落、洞窟与石刻等。

第二，中国世界遗产泰山是满足《执行世界遗产公约的操作准则》中世界遗产遴选标准数量最多的遗产项目。泰山根据文化遗产遴选标准C（Ⅰ）（Ⅱ）（Ⅲ）（Ⅳ）（Ⅴ）（Ⅵ）和世界自然遗产遴选标准N（Ⅲ）于1987年被列入《世界遗产名录》。按照《执行世界遗产公约的操作准则》，一项遗产只要满足世界遗产遴选标准的其中一条就有资格被评选为世界遗产，而泰山不仅完全满足世界文化遗产的6条遴选标准，还满足世界自然遗产遴选的1条标准。

第三，北京是拥有世界遗产数量最多的城市。北京拥有7项世界遗产，既有独立遗产项目，如颐和园、天坛、周口店北京人遗址，也有联合遗产项目的,如长城、明清皇宫(北京故宫)、明清皇家陵寝(明十三陵)、中国大运河(起点北京市)。北京的所有遗产项目都是世界文化遗产,虽然数量众多,但遗产类型单一。

(2)中国世界遗产的数量

中国自加入世界遗产组织后大致可以分为以下 3 个阶段(如图 3-4):第一阶段,1985~1990 年的起步阶段。在 1985 年第九届世界遗产大会上,中国加入《世界遗产公约》,成为第 89 个缔约国,开启了中国的世界遗产之路。起步阶段的 6 年间,只有 1987 年和 1990 年两个年份分别有 5 项世界文化遗产和 2 项世界文化与自然遗产登录。第二阶段,1991~2000 年的快速发展阶段。进入 20 世纪 90 年代后,全世界掀起了申报世界遗产的热潮,中国的世界遗产申报工作也进行得如火如荼,10 年间新增世界遗产 20 项,年均增加 2 项,其中年增长最多的是 1994 年和 2000 年,分别增加了 4 项世界遗产。第三阶段,2001~2015 年的稳定发展阶段。15 年间中国世界遗产增加 21 项,每年新增世界遗产 1 到 2 项。经过快速发展的十年,国内认识到加强对现有世界遗产保护与申报世界遗产同样重要,世界遗产委员会也对同一国家世界遗产的申报数量进行了限制,中国申报世界遗产的脚步有所放缓,进入更加理性的稳定发展阶段。

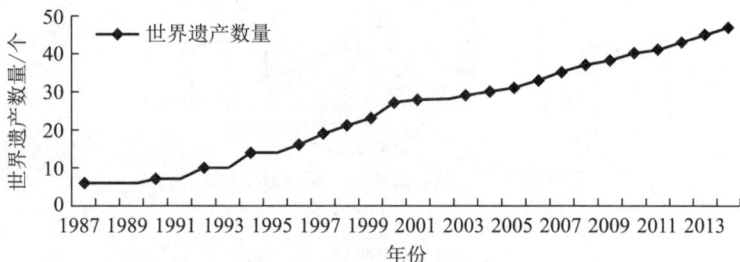

图 3-4　中国世界遗产数量增长图

资料来源:世界遗产中心。

为进一步分析我国世界遗产数量的时间分布特征,采用年度集中指数来反映各年度间分布的集中和离散程度,计算公式如下:

$$y = \sqrt{\sum_{i=1}^{n} (X_i - 1/n)^2 / n}$$

其中,X_i 为各年度数量占整个时间段总量的比重,n 为整个时间段所包含的年度总数。y 值越大,说明其时间分布越集中。y 值越接近于 0,说明其时间分布越分散。

中国世界遗产的年度集中指数 $y = 0.56$,说明中国世界遗产的时间分布比较均匀,登录时间较为分散。

(3)中国世界遗产的分布

① 类型分布。中国世界遗产类型齐全但分布不均衡。图 3-5 显示,在中国 48 项世界遗产中,文化遗产 34 项,占世界遗产总数的 70.83%,自然遗产 10 项,占世界遗产总数的 20.83%,文化与自然遗产 4 项,占世界遗产总数的 8.33%。可见,中国世界遗产类型分布呈现出两大特点:第一是在中国三类世界遗产之间比较,文化遗产比例最高,文化遗产是中国各类世界遗产的主体,这既符合全世界世界遗产类型分布的规律,也与我国 5000 年文明古国的历史相符;第二是与其他缔约国各类世界遗产拥有量相比,中国世界文化与自然遗产更丰富,我国已拥有泰山、黄山、峨眉山(含乐山大佛)、武夷山 4 项世界文化与自然遗产,在《世界遗产公约》所有缔约国中拥有世界文化与自然遗产数量最多。

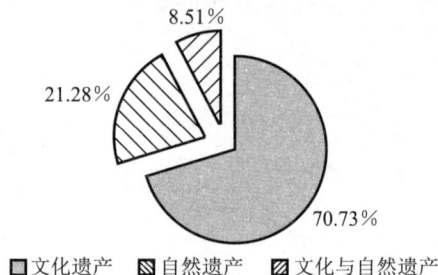

图 3-5　中国世界遗产的类型分布图

数据来源:世界遗产中心。

② 价值特征分布。提名的遗产必须具有"突出的普世价值"并至少满足以下十项基准之一:

(Ⅰ)代表一种独特的艺术成就,一种创造性的天才杰作。

(Ⅱ)能在一定时期内或世界某一文化区域内,对建筑艺术、纪念物艺术、规划或景观设计方面的发展产生过重大影响。

(Ⅲ)能为一种已消逝的文明或文化传统提供一种独特的或至少是特殊的见证。

(Ⅳ)可作为一种建筑或建筑群或景观的杰出范例,展示人类历史上一个(或几个)重要阶段。

(Ⅴ)可作为传统的人类居住地或使用地的杰出范例,代表一种(或几种)文化,尤其在不可逆转之变化的影响下变得易于损坏。

(Ⅵ)与具有特殊普遍意义的事件或现行传统或思想或信仰或文学艺术作品有直接和实质的联系(委员会认为,只有在某些特殊情况下或该项标准与其他标准一起作用时,此款才能成为列入《名录》的理由)。

(Ⅶ)构成代表地球现代化史中重要阶段的突出例证。

(Ⅷ)构成代表进行中的重要地质过程、生物演化过程以及人类与自然环境相互关系的突出例证。

(Ⅸ)独特、稀少或绝妙的自然现象、地貌或具有罕见自然美的地带。

(Ⅹ)尚存的珍稀或濒危动植物种的栖息地。

其中,(Ⅰ)~(Ⅵ)为文化遗产(包括文化景观)的评定标准,(Ⅶ)~(Ⅹ)为自然遗产的评定标准。

中国世界遗产入选标准统计如图 3-6 所示,世界遗产数量最多的标准是第 2 条到第 4 条,最少的是第 8 条。

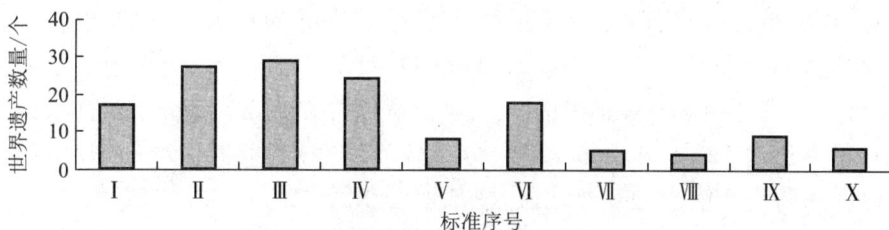

图 3-6　中国世界遗产入选标准分布图

③ 南北方地区分布。根据传统的秦岭—淮河南北方分界线和《基于GIS 的中国南北分界带分布图》,考虑省域行政单位的完整性,对我国南北方地区进行了划分。中国北方地区包括 16 个省级行政单位,分别是北京、天津、内蒙古、新疆、河北、甘肃、宁夏、山西、陕西、青海、山东、河南、安徽、辽宁、吉林和黑龙江,总面积 590 万平方千米,占国土面积的 61.46%,共分布着 37 处世界遗产,其总面积为 1.76 万平方千米。中国南方地区包括 18 个省级行政单位,江苏、浙江、上海、湖北、湖南、四川、重庆、贵州、云南、广西、江西、福建、广东、海南、西藏、台湾、香港特区和澳门特区,总面积 370 万平方千米,占国土面积的 38.54%,共分布着 37 处世界遗产,其总面积为 18.84 万平方千米。中国北方地区的世界遗产占北方国土面积的 0.30%,南方地区的世界遗

产占南方国土面积的 5.09%，南北方地区比较可以看出，南北方世界遗产虽然数量相同，但分布并不均衡，南方地区的世界遗产分布密度更高、覆盖面积更广（见表 3-9）。

表 3-9　中国世界遗产的南北方地区分布

区　域	省份数量	面积(万 km²)	遗产数量	遗产面积 （万 km²）	遗产面积所占比例 /%
全国	34	960	74	20.19	2.10
北方	16	590	37	1.35	0.23
南方	18	370	37	18.84	5.09

④ 东中西地区分布。以各个省份的地理位置和经济发展水平为依据，中国可以分为东、中、西三大地带，东部地区包括北京市、天津市、上海市、辽宁省、河北省、山东省、江苏省、浙江省、福建省、广东省、海南省和澳门特别行政区 12 个省级行政单位（不包括香港、台湾），中部地区包括黑龙江省、吉林省、山西省、河南省、湖北省、江西省、安徽省和湖南省 8 个省级行政单位，西部地区包括陕西省、甘肃省、青海省、宁夏回族自治区、新疆维吾尔自治区、四川省、重庆市、云南省、贵州省、西藏自治区、广西壮族自治区、内蒙古自治区 12 个省级行政单位。三大地区总面积 947.71 万平方千米，世界遗产总面积 20.75 万平方千米，占总面积的 2.19%。从世界遗产的数量看，东、中、西部各有世界遗产 12 项、8 项和 12 项，分布较为均衡；从世界遗产的密度看，三大地区从高到低依次为东部地区、中部地区和西部地区，全国密度为 0.08 个/万平方千米，东部和中部密度高于均值，西部密度达不到平均水平；从遗产面积占比看，三大地区从高到低依次为西部地区、东部地区和中部地区，全国遗产面积占比为 2.19%，只有西部地区占比超过了全国水平（见表 3-10）。

表 3-10　中国世界遗产的东中西地区分布

区　域	省份 数量	面积 （万 km²）	遗产 数量	密度 （个/万 km²）	遗产面积 （万 km²）	遗产面积 所占比例/%
全国	32	947.71	74	0.08	20.19	2.13
东	12	114.67	31	0.27	0.9	0.78
中	8	141.59	20	0.14	0.75	0.53
西	12	691.45	23	0.03	17.67	2.56

⑤ 重要地理分界线分布。胡焕庸中国人口分布地理分界线即黑河—

腾冲线也是一条重要的地理界线,世界遗产是人类与自然共同创造的,它的分布与人口的分布密不可分。胡焕庸线东南侧地区面积是整个国土面积的42.9%,人口是人口总数的94.4%,世界遗产数量占到全国总数的87.50%。胡焕庸线西北侧地区面积是整个国土面积的57.1%,人口仅仅是总数的5.6%,世界遗产数量占全国总数的12.50%。中国世界遗产分布也呈现出沿胡焕庸线东南侧地区密集,西北侧地区稀疏的特征。具体分析其原因,主要是胡焕庸线东南侧地区地理环境无论是气候、降水量还是土地资源更有利于人类生产和生活,更适宜人类居住,自古以来就是人口密集的地区,长期以来形成和保留下来大量的文化资源,同时这一地区地理结构也比较复杂,自然遗产资源也相当丰富。而胡焕庸线西北侧气候条件恶劣,人口稀少,地理现象较为单一,世界遗产的数量屈指可数(见图3-7)。

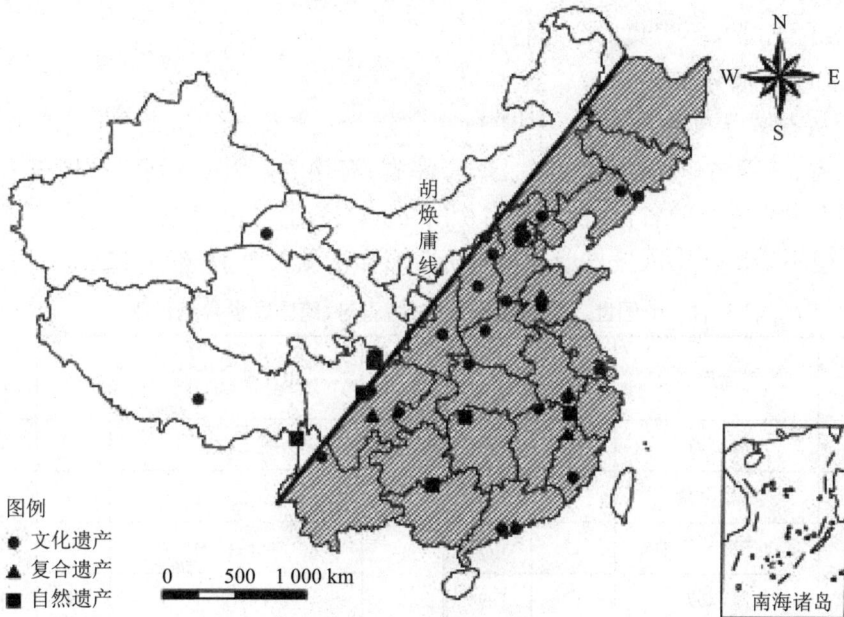

图 3-7　胡焕庸线两侧世界遗产分布

注:资料来源:王昕,韦杰,胡传东.中国世界遗产的空间分布特征[J].地理研究,2010,11:2080-2088.有改动.

(三)中国世界遗产地分布

在中国 960 万平方千米土地上,48 处世界遗产地呈点状分布且从直观上看其地理位置并不是均匀分布的。点状要素的空间分布类型可以分为有凝聚型、随机型和均匀型三类,通常由最邻近指数来判定[117]。最邻近点指数是用来表示点状要素在一定的地理空间中相互之间邻近程度的地理指标[118],最邻近点指数公式可以表示为:

$$R = \bar{r}_i / r_E$$

其中,$\bar{r}_i = \dfrac{1}{n}\sum_{i=1}^{n} r_i$,$r_E = 1/2\sqrt{D}$,$D = n/A$

r_E 为理论最邻近距离,r_i 为实际最邻近距离,D 为点密度,A 为区域面积,n 为点个数。当 $R = 1$ 时,点状要素为随机分布;当 $R < 1$ 时,点状要素趋于凝聚分布;当 $R > 1$ 时,点状要素趋于均匀分布。

经计算,实际最邻近距离 $\bar{r}_i = 166.66$,理论最邻近距离 $r_E = 226.18$,最邻近点指数 $R = 0.74$,说明中国的世界遗产地空间分布属于凝聚型,可以说呈现出大分散、小聚集的分布特征。

（1）省域分布

从省域分布数量分析,中国 34 个省级行政单位除了上海市、天津市、黑龙江省、广西省、宁夏回族自治区、青海省、海南省、香港特别行政区等有 26 个拥有世界遗产的省份,占全部省份的 76.47%,而且世界遗产在各个省份的分布也不均衡。中国世界遗产地省份分布详情见表 3-11 和 3-12。

表 3-11　中国世界遗产省份分布（跨省份、跨国家世界遗产除外）

所在省份	世界遗产名称	类型	入选时间	所在省份	世界遗产名称	类型	入选时间
甘肃	莫高窟	C	1987	云南	丽江古城	C	1997
陕西	秦始皇陵	C	1987		三江并流	N	2003
北京	周口店北京人遗址	C	1987		哈尼梯田	C	2013
	颐和园	C	1998		澄江化石地	N	2012
	天坛	C	1998	山西	平遥古城	C	1997
山东	泰山	CN	1987		五台山	C	2009
	曲阜孔庙、孔林、孔府	C	1994		云冈石窟	C	2001
安徽	黄山	CN	1990	江苏	苏州古典园林	C	1997 2000

所在省份	世界遗产名称	类型	入选时间	所在省份	世界遗产名称	类型	入选时间
四川	九寨沟	N	1992	重庆	大足石刻	C	1999
	黄龙	N	1992	福建	武夷山	CN	1999
	峨嵋山-乐山大佛	CN	1996		福建土楼	C	2008
	都江堰-青城山	C	2000	河南	龙门石窟	C	2000
	四川大熊猫栖息地	N	2006		殷墟	C	2006
湖南	武陵源	N	1992		"天地之中"历史建筑群	C	2010
河北	承德避暑山庄及周围寺庙	C	1994	澳门	澳门历史街区	C	2005
湖北	武当山古建筑群	C	1994	广东	开平雕楼及民居	C	2007
西藏	布达拉宫、大昭寺、罗布林卡	C	1994 2000 2001	浙江	西湖	C	2011
江西	庐山	C	1996	内蒙古	元上都遗址	C	2012
	三清山	N	2008	新疆	天山	N	2013

资料来源：根据《世界遗产名录》整理。

表 3-12　跨省份、跨国中国世界遗产分布表

北京 天津 河北 山西 宁夏 甘肃 辽宁	长城	C	1987 2002
北京 辽宁	明清皇宫	C	1987 2004
湖北 河北 江苏 北京 辽宁	明清皇家陵寝	C	2000 2003
吉林 辽宁	高句丽王城、王陵及贵族墓葬	C	2004
云南 贵州 重庆	中国南方喀斯特	N	2007
广东 湖南 福建 江西 浙江 贵州	中国丹霞	N	2010
北京 天津 河北 山东 河南 安徽 江苏 浙江	中国大运河	C	2014
中国 哈萨克斯但 吉尔吉斯斯坦	丝绸之路	C	2014
湖南 湖北 贵州	土司遗产	C	2015

资料来源：根据《世界遗产名录》整理。

　　按照跨省域分布的组合型世界遗产累计计算的标准，我国48项世界遗产共分布于全国62处，每个省级行政单位平均拥有2.38处（跨国世界遗产）。其中北京7处，占世界遗产总数的11.29%，是全国也是世界拥有世界遗产最多的城市，其次是四川和云南，拥有5处世界遗产位居第二，世界遗产数量在均值以上的省级行政单位11个。

　　从省域分布密度分析，各省份的世界遗产分布密度呈现出与分布数量不同的特征，平均值为0.29个/万平方千米，分布密度位列前3位的是北京、辽宁和福建，有且只有北京远远超过了平均值，密度在0.20～0.29之间的省份有5个，密度在0.10～0.19之间的省份有12个（见表3-13）。

表3-13　中国世界遗产地省域分布

省份	面积（万平方千米）	遗产数量	占遗产总数比例/%	遗产面积（km²）	占省域面积比例/%	遗产密度（个/万平方千米）
北京	1.68	7	11.29	6 320.34	37.62	4.17
四川	48.14	5	8.06	10 832.58	2.25	0.10
云南	38.33	5	8.06	170 900.47	44.59	0.13
辽宁	14.59	4	6.45	0.55	0.000 4	0.27
河南	16.7	3	4.84	24.2	0.01	0.18
湖南	21.18	3	4.84	477	0.23	0.14
湖北	18.59	3	4.84	3.83	0.002	0.16
江西	16.7	3	4.84	771.5	0.46	0.18
山西	15.63	3	4.84	4 865.49	3.11	0.19
福建	12.13	3	4.84	3 737.08	3.08	0.25
贵州	17.6	3	4.84	1 032.16	0.59	0.17
江苏	10.26	2	3.23	1.79	0.002	0.19
山东	15.38	2	3.23	250.44	0.16	0.13
浙江	10.18	2	3.23	18.36	0.02	0.20
河北	18.77	2	3.23	175.67	0.09	0.11
重庆	8.23	2	3.23	380.37	0.46	0.24
广东	18	2	3.23	292.16	0.16	0.11
安徽	13.97	1	1.61	154.49	0.11	0.07
陕西	20.56	1	1.61	56.25	0.03	0.05

省份	面积 （万平方千米）	遗产数量	占遗产总数 比例/%	遗产面积 （km²）	占省域面积 比例/%	遗产密度 （个/万平方千米）
甘肃	45.44	1	1.61	0.045	0.000 01	0.02
新疆	166	1	1.61	120	0.01	0.01
西藏	122.8	1	1.61	0.75	0.000 1	0.01
内蒙古	118.3	1	1.61	4.35	0.000 4	0.01
吉林	18.74	1	1.61	0.86	0.000 5	0.05

　　通过对省域拥有世界遗产地的数量与省域人口数量之间的比较发现，二者之间存在一定的关联性，而且世界遗产地数量与人口数量呈现明显的正相关关系，如表 3-14 所示。从按人口分级的四类省份世界遗产地的拥有量和所占比例分析，人口超过 5 000 万的省份有 9 个，每个省份都拥有世界遗产地，且世界遗产地总数达到 26 处，占全国世界遗产地总数的 41.94%；人口在3 000 万～5 000 万的省份有 11 个，除广西外其余的 10 个省份都有世界遗产地的分布，数量达到 24 处，占全国世界遗产地总数的 38.71%；人口在 1 000 万～3 000 万的省份有 8 个，其中的 5 个分布着 10 处世界遗产地，占全国世界遗产地总数的 16.13%；人口低于 1 000 万的 6 个省份中只有两个省份拥有世界遗产地，占全国世界遗产地总数的 3.23%。从按人口分级的四类省份世界遗产地的平均拥有量指标分析，全国共 62 处世界遗产地和 34 个省份，每个省份世界遗产地的平均拥有量为 1.82 处，而人口超过 5 000 万的省份世界遗产地的平均拥有量达到了 2.89 处；人口在 3 000万～5 000 万的省份世界遗产地的平均拥有量为 2.18，也略高于全国平均水平；人口在 1 000 万～3 000 万的省份和人口低于 1 000 万的省份世界遗产地的平均拥有量都低于全国的平均水平，分别只有 1.25 处和 0.33 处。

表 3-14　省域人口数量与世界遗产地拥有量

省域人口分级	省份数量	拥有世界遗产地的 省份数	拥有世界遗产地 数量	占世界遗产地总数 的比例/%
人口超过 5 000 万	9	9	26	41.94
人口 3 000 万～ 5 000 万	11	10	24	38.71
人口 1 000 万～ 3 000 万	8	5	10	16.13

省域人口分级	省份数量	拥有世界遗产地的省份数	拥有世界遗产地数量	占世界遗产地总数的比例/%
人口低于 1 000 万	6	2	2	3.23
总　计	34	26	62	100

（2）组团分布

根据图 3-8 所示，中国世界遗产呈现四大组团，相对集中的分布在以下四个地区：北京及周边地区、黄河中下游地区、长江中下游地区和西部地区。西部地区是这四个地区中拥有世界遗产数量最多的，占世界遗产总数的31.25%，其中四川盆地由于优越的地理条件成为西部经济文化最发达的地区，其拥有的世界遗产数量也占到整个西部地区的1/3。其次是长江中下游地区和黄河中下游地区，分别占世界遗产总数的22.92%和20.83%，北京及周边地区的世界遗产拥有量是世界遗产总数的16.67%。① 北京及周边地区拥有世界遗产8项，都是文化遗产，占中国世界遗产总数的16.67%，究其原因主要是由北京的历史地位决定的。3000 多年前北京已经成为北方重要的城市，还是辽、金、元、明、清五朝古都，历朝历代给我们留下了众多举世瞩目的文化遗产。② 黄河流域是中华文明的基础和摇篮，黄河是中华民族的母亲河，见证了华夏文明的源远流长，所以黄河中下游地区的 10 项世界遗产有 9 项都是世界文化遗产，此外有 1 项世界文化与自然遗产。③ 长江是中国的第一大河，是中华文明的另一个发源地，长江流域气候温暖、雨量充沛、地貌类型复杂多样、人口稠密、物产丰富，是中华民族早期生存和演化的重要地区，是南方文化的代表地区，世界遗产类型多样，有世界文化遗产 7 项，世界自然遗产 2 项，世界文化与自然遗产 2 项。④ 西部地区是长江、黄河两大河流的发源地，地形复杂、地貌多样、面积广阔、人口稀少、民族众多、气候条件较差。西部地区共有 15 项世界遗产，其中 7 项世界自然遗产，7 项世界文化遗产和 1 项世界文化与自然遗产[119]。

由集中分布图 3-8 和表 3-15 可见，不仅黄河、长江中下游世界遗产密集，西部地区的世界遗产也沿两河流域上游分布，共同呈现出黄河、长江两大流域世界遗产密集分布的特点。黄河流经青海、四川、甘肃、宁夏、内蒙古、陕西、山西、河南和山东共 9 个省级行政单位，是半坡文化、仰韶文化、龙山文化和大汶口文化等的发源地，其中的 7 个省份分布着 21 个世界遗产，文化遗产 16 项，占 76.19%。长江流经青海、四川、西藏、云南、重庆、湖北、湖南、江西、安徽、江苏和上海共 11 个省级行政单位,流域地区地质结构复杂,经济文化发达,其中的 9 个省份分布着 27 个世界遗产。

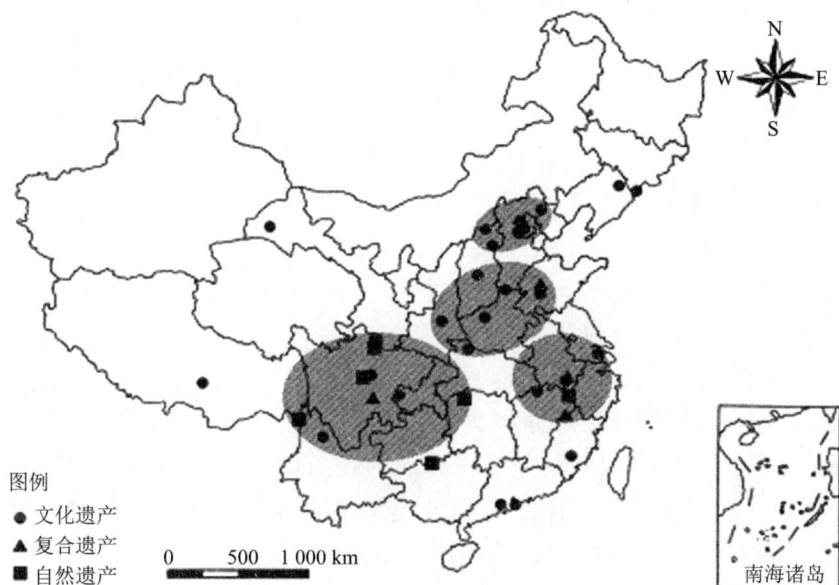

图 3-8　中国世界遗产组团分布情况

资料来源:王昕,韦杰,胡传东. 中国世界遗产的空间分布特征[J].

地理研究,2010,11:2080-2088. 有改动.

表 3-15　中国世界遗产集中分布的四大区域

序号	分布区域	世界遗产名称	数量	占总数的比例/%
1	北京及周边地区	故宫、天坛、颐和园、长城、周口店北京猿人遗址、承德避暑山庄及周围寺庙、明清皇家陵寝、高句丽王城王陵及贵族墓葬、中国大运河	8	16.67
2	黄河中下游	平遥古城、云冈石窟、龙门石窟、秦始皇陵及兵马俑、泰山、孔庙孔林及孔府、安阳殷墟、五台山、"天地之中"历史建筑群、中国丝绸之路	10	20.83
3	长江中下游	武当山、苏州园林、黄山、皖南古村落、武夷山、庐山、武陵源、三清山、福建土楼、西湖、土司遗产	11	22.92
4	西部地区	黄龙、九寨沟、峨眉山-乐山大佛、青城山-都江堰、丽江古城、中国南方喀斯特、大足石刻、三江并流、四川大熊猫栖息地、布达拉宫历史建筑群、莫高窟、澄江化石地、天山、元上都遗址、红河哈尼梯田	15	31.25

资料来源:王昕,韦杰,胡传东. 中国世界遗产的空间分布特征[J]. 地理研究,2010,11:2080-2088.

三、中国世界遗产旅游的发展历程及现状

（一）遗产旅游的历史演进

遗产让旅游者感受到历史的真实存在,是历史发展活的见证,千百年来,人们到处旅游希望能够探寻到关于过去的信息。人类休闲、娱乐、教育、猎奇、享受等各种各样的旅游动机都可以在不同类型的世界遗产地得到满足。

（1）遗产旅游的起源

人类自起源以来就没停下过旅行的脚步,从狩猎者的捕食、游牧部落的迁移,到商贸活动、宗教朝圣,所有的这些活动都对今天的遗产旅游发展有所贡献。遗产旅游起源于朝圣。《圣经》和古代账簿提供了贵族阶级前往一些在当时看来就已经非常古老的地方进行参观的证据。古代世界七大奇迹在古希腊和古罗马时期就已经是很受欢迎的吸引物。最早的希腊导游书中就包含对吉萨金字塔、古巴比伦空中花园、以弗所的阿耳特弥斯神庙、罗兹岛的巨石像、奥林匹亚的宙斯雕像等的描述,这些都是那时知名的旅游吸引物,但是只有贸易人员、士兵和贵族才有机会参观。

（2）早期的遗产旅游

"大旅行"时期是遗产旅游发展的一个非常重要的历史阶段,从17世纪到19世纪中叶,欧洲的年轻男子因为社会和经济原因与其导师和他人一起旅行非常普遍,他们会被鼓励前往意大利、法国、瑞士、比利时、德国、奥地利和荷兰等国进行长达数月或数年的旅行,参观各国的著名遗产。但这一时期的遗产旅游活动只是少数人的行为。

遗产旅游（Heritage Tourism）是最古老的旅游形式之一,如古代商人、水手和冒险前往古埃及观赏大金字塔和尼罗河的故事,那些旅行者们在古代文化名城之间旅行,欣赏各种宏伟的建筑,大教堂以及艺术品。作为一种提高教育与文化素养的体验。

（3）近代遗产旅游

当人类迈入近代社会后,遗产的种类日益丰富,历史遗迹增多,建筑遗产出现,为以遗产体验为目的的旅游活动的进一步发展提供了条件。这一时期遗产旅游有三大特点:第一,文化遗产的数量和类型更加丰富,作为一个国家和民族文明的结晶,古迹遗址旅游备受青睐。第二,与文化遗产旅游同时,自然遗产旅游也在近代得到了进一步发展,在卢梭、歌德等浪漫主义代表人物提出的"回归自然"的感召下,世界上的首次真正的、自觉的且有特定目的的

自然遗产旅游在欧洲出现。这种浪漫主义精神也为下一时期旅游业的大发展奠定了思想基础。第三,遗产旅游活动的地域范围得到拓展。得益于近代工业革命的成果,交通工具的革新使遗产旅游突破了国界,远距离的遗产旅游兴起。

（4）现代遗产旅游

现代遗产旅游的发展分为一般遗产旅游和世界遗产旅游两个阶段,以1978 年《世界遗产名录》的公布为分界点。由于第二次世界大战期间世界主要国家都卷入战争,遗产旅游活动被迫停滞,故一般遗产旅游阶段主要是指20 世纪 50 年代到 70 年代之间的这 30 年时间。和平时期的到来使全世界迎来了快速发展的黄金时期,大众旅游的时代到来,参与遗产旅游的人数快速增长,很多著名的世界遗产景区游人如织。但这一阶段遗产旅游的内容和规模还是相当有限的。1975 年欧洲的建筑遗产年一般被认为是遗产旅游大众消费时代到来的标志。

世界遗产旅游阶段到来后,世界遗产作为旅游价值的载体,被作为最高品位的旅游资源加以开发利用,世界遗产地在广域的旅游市场中成为具有国际吸引力的著名旅游胜地,引发了全世界范围内遗产旅游的热潮。各国都将世界遗产旅游培育为自己的新兴旅游类型并进行海外营销,如埃及的金字塔、美国的黄石国家公园、希腊的奥林匹克古遗址等世界文化遗产和世界自然遗产都成为当今享誉世界的旅游目的地,为所在国的世界旅游强国地位贡献了相当的市场份额。

（二）中国世界遗产旅游的发展历程

我国的遗产保护工作始于二十世纪二三十年代,对“遗产”一词的使用开始于新中国成立之后,但遗产旅游在改革开放之后才随着旅游业的发展和加入《世界遗产公约》而出现,发展历程可以分为以下几个阶段:

（1）遗产旅游前阶段（1949 年之前）

中国拥有广阔的国土和几千年的文明历史,留下了数量众多的文化和自然遗产资源,围绕这些资源的旅游活动贯穿于中华民族几千年的历史进程。

原始社会末期出现的旅游活动主要是出于商品交换的目的,直到奴隶社会出现了奴隶主阶级的消遣旅行,遗产旅游才开始出现,并在封建社会后得到进一步发展。其中宗教朝圣和封禅祭祀是当时遗产旅游的主要形式,如唐朝玄奘出使西域,鉴真东渡日本,历代皇帝的泰山封禅和曲阜祭孔等。此后唐宋时期还兴起了自然山水景观游，如徐霞客游记，留下了很多关于我国世界自然遗产的珍贵记录。整个封建社会时期的帝王巡游、政治旅行、文人漫游等都有涉及遗产旅游的内容。这一阶段的旅游活动基本都是自发性的，并未形成专业的旅游接待机构和真正的体系，参与其中的人数也很少，不具有普遍的社会意义。

近代以后，帝国主义列强的入侵让晚清政府看到了世界的进步，开始了有组织的留学旅行，出国学习的大量留学生在学习西方先进科技的同时，也对留学国家的世界遗产进行了游历，增广了见识。同时国内也出现了近代史上唯一的一家旅行社——中国旅行社。但是第二次世界大战的爆发结束了这一切，并对我国很多遗产带来毁灭性的破坏。

（2）一般遗产旅游阶段（1949～1984 年）

1949 年到 1977 年这段期间我国没有真正意义上的旅游业，主要还是承担国家的外事接待职能。但对文物的保护工作已经开始，第一批全国文物保护单位名单也在这一时期公布，为日后遗产旅游的发展奠定了基础。我国真正意义上的旅游业开始于 1978 年，旅游作为我国对外开放的窗口行业，进入了正常发展时期。1978 年我国接待入境旅游者 180.9 万人次，创造旅游外汇收入 2.63 亿美元，并在 1979 年实现了翻番增长。1983 年中国加入世界旅游组织，参与世界旅游事业。虽然这一阶段旅游活动多以各类遗产资源为基础，但是遗产旅游的概念还没有出现，直到 1985 年中国加入世界遗产公约。

（3）世界遗产旅游起步阶段（1985～1998 年）

1985 年中国成为《世界遗产公约》的缔约国，世界遗产及其世界遗产旅游等相关概念开始传入我国，1987 年中国第一批 6 项世界遗产诞生，其所在地北京、西安、泰安等迅速成为中国非常重要的入境旅游目的地。之后我国的世界遗产数量逐年增加，以世界遗产为核心发展起来的高等级旅游景区日益增多，世界遗产地的旅游知名度不断提高，围绕世界遗产开展的旅游活动开始起步，但这一时期世界遗产的旅游利用相对简单。

（4）世界遗产旅游快速发展阶段（1999 至今）

从 1999 年到 2015 年我国世界遗产新增 27 个，中国在世界遗产组织中发挥着重要作用，各地申请世界遗产的热情高涨，我国世界遗产的数量越来越多。同时伴随着国内旅游的迅速发展，遗产旅游的规模也不断壮大，一批新兴的世界遗产旅游地出现，遗产旅游对遗产地的发展作用重大。社会各界对遗产旅游的重视程度大幅提高，对遗产保护与旅游利用有了更深入的理解,遗产旅游的可持续发展成为目标,遗产地也纷纷进行综合性的旅游目的地的建设,多个学科多种角度的研究遗产旅游。

2004 年第 28 届世界遗产大会在中国苏州召开,通过了"苏州决定"、"苏州宣言"等重要文件,促进了世界遗产理念在中国的传播。世界遗产旅游被大众广泛认可、接受并日渐成为新的旅游热点,随着人们收入水平和受教育水平的提高,以及城市化进程的加快,世界遗产旅游在过去的十几年间取得了巨大的发展并带动了遗产地的城市发展。

(三)中国世界遗产旅游的现状

(1)总体情况

第一,旅游总人数。旅游人数是旅游目的地知名度和吸引力的直接表现,是衡量旅游市场规模的主要指标之一。按照图 3-9 所示,2000 年地级世界遗产地城市接待旅游总人数为 20 825. 35 万人次,到 2013 年已经达到 92 026. 07 万人次,年均增长速度达到了 26. 30%。可见,随着世界遗产地的旅游知名度越来越高,对旅游者的吸引力也越来越强,旅游市场实现了快速扩张。而同期全国旅游总人数从 75 416. 04 万人次增加到 328 829. 03 万人次,世界遗产地旅游总人数在全国旅游总人数中所占的比例在 24. 96%～28. 90%之间变化,平均为 26. 73%,即世界遗产地城市的旅游总人数占全国旅游总人数的 1/4 还多,数据显示世界遗产旅游一直是中国旅游业的重要组成部分。与一般地级行政单位城市相比,世界遗产地对旅游者的吸引力更强,旅游人数平均值是其 6. 17 倍。

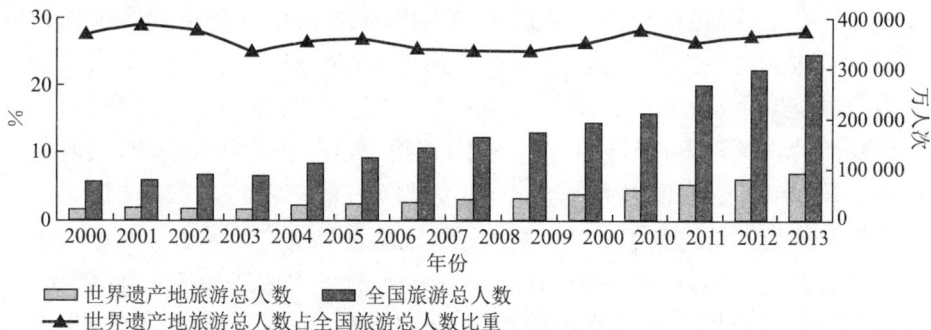

图 3-9　2000～2013 年地级世界遗产地与全国旅游总人数及其所占比重

旅游人数是旅游业发展水平最直接的表现。从 2000～2013 年世界遗产地接待旅游人数的极大值情况可以看出,接待旅游总人数极大值超过了

9 000万人的城市有 3 个,分别是杭州、西安和苏州,其人数远远超过其他世界遗产地城市;年接待旅游总人数在 3 000万～9 000万人之间的城市有 6 个,分别是洛阳、泰安、九江、黄山、张家界和上饶,其中有 5 个城市的旅游总人数在 3 000万～6 000万人之间;年接待旅游总人数低于 3 000万的城市有 5 个,乐山、承德、大同、安阳和丽江,其中有 4 个都是世界文化遗产所在城市;超过世界遗产地年接待旅游总人数极大值的平均值 4 890万人次的城市是杭州、西安、苏州和洛阳 4 个城市(见图 3-10)。

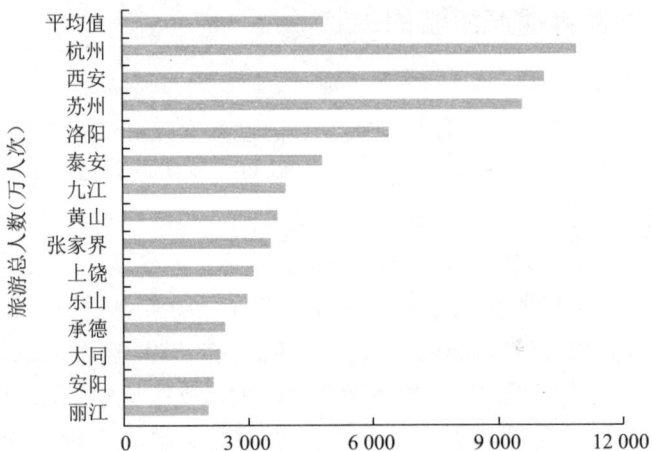

图 3-10　世界遗产地年接待旅游总人数极大值(2000～2013 年)

第二,旅游总收入。衡量世界遗产地旅游业发展规模的主要指标即旅游总收入,如图 3-11 所示,2013 年,14 个世界遗产地按照旅游总收入由多到少可分为三个层次:第一层次包括杭州和苏州,旅游总收入都达到了千亿元以上,其中,旅游总收入最高的是杭州,达到了 1 886.33 亿元;第二层次是西安和洛阳,旅游总收入介于 500亿～1 000 亿之间;第三层次包括 10 个城市,分别是黄山、泰安、乐山、上饶、九江、丽江、承德、大同、张家界和安阳,旅游总收入在 0～500 亿元之间,其中旅游总收入最低的是安阳,为 182.69 亿元。旅游总收入的最大差达到了 1 703.64 亿元,说明世界遗产地城市旅游产值之间存在巨大差异。14 个世界遗产地旅游总收入的平均值达到 542.06 亿元,超过这一均值的世界遗产地增加到 4 个,分别是杭州、苏州、西安和洛阳,说明这 4 个城市的旅游产值在全部世界遗产地中处于领先水平。与全国地级市旅游总收入的平均水平相比,所有世界遗产地城市的旅游总收入均超过了全国平均水平至少 2 倍以上,说明与其他城市相比,世界遗产地城市的旅游业产值遥遥领先。

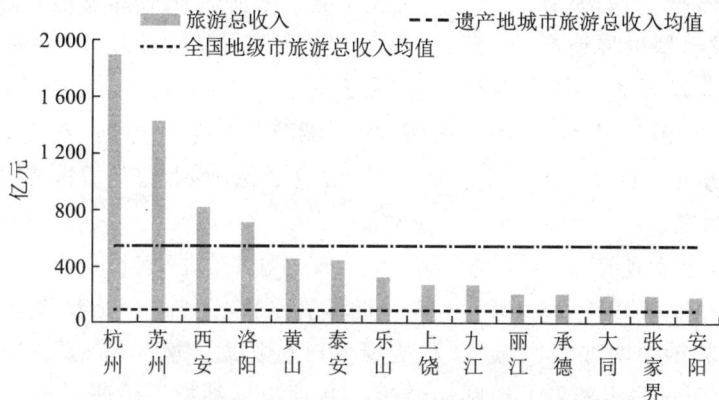

图 3-11　2013 年世界遗产地城市旅游总收入及平均值

从 2000～2013 年旅游总收入的增加值看,整体上所有世界遗产地的旅游总收入都呈现上升态势,实现显著增加(如图 3-12 所示)。但是,旅游总收入增长的幅度各个世界遗产地差异巨大,增幅最大的是杭州,达到 1 672.12 亿元,增幅最小的是安阳,为 158.45 亿元,增幅超过 500 亿元的世界遗产地有 4 个,分别是杭州、苏州、西安和洛阳。从世界遗产地旅游总收入均值的变化看,2013 年均值是 2000 年的 10.85 倍,比 2000 年增加 492.10 亿元,旅游总收入超过均值的世界遗产地由 2 个增加到 4 个。说明 13 年间世界遗产地的旅游业规模扩张迅速,实现了持续发展。

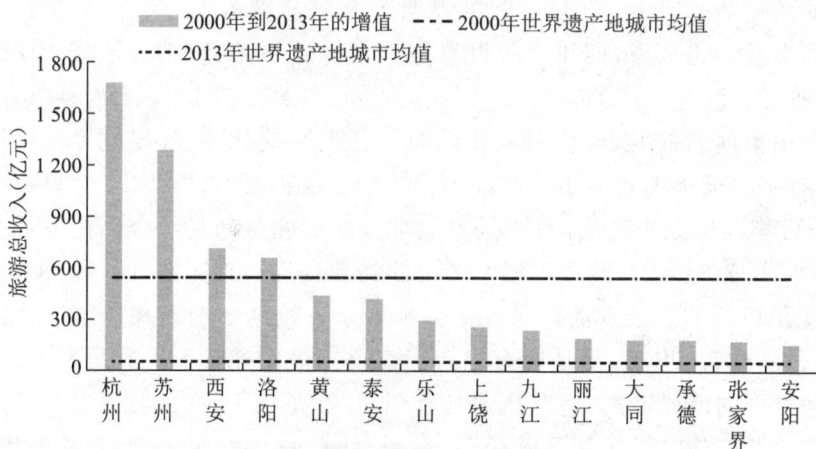

图 3-12　世界遗产地旅游总收入增加值及平均值

综上所述,14个世界遗产地中,杭州、苏州、西安、洛阳旅游业发展起步早,基础好,增速快,旅游综合实力较强,是处于旅游业成熟发展阶段的遗产地/属于成熟型世界遗产地;黄山、上饶旅游业发展基础较弱,但增速较快,是处于旅游业发展成长阶段的遗产地/属于成长型遗产地;九江、安阳旅游业发展初期较快,但后劲不足,增长缓慢,属于调整型世界遗产地;泰安、乐山、丽江、大同、承德、张家界旅游业基础较好,增速平稳,属于稳定型世界遗产地。

（2）特征

第一,世界遗产旅游发展迅速,已经成为新的经济增长点。我国世界遗产旅游虽然起步较晚,从1987年第一批世界遗产出现才开始起步,但是随着世界遗产数量的增加,世界遗产旅游规模日益壮大。例如,平遥古城2015年"十一"黄金周的旅游者人数和旅游收入两项指标都位于山西省首位,在全国也是名列前茅,分别为55.98万人次和1546.7万元。陕西省的汉长安城未央宫遗址、唐长安城大明宫遗址、大雁塔、小雁塔、兴教寺塔、彬县大佛寺石窟、张骞墓等7处遗产点作为世界文化遗产丝绸之路:长安—天山廊道路网的组成部分于2014年登录《世界遗产名录》后,其旅游人数迅速增加。据统计数据显示,2013年张骞墓年接待旅游者人数49 000人,2014年则增加到102 000人;大佛寺石窟2014年接待旅游者人数为158 120人,比上一年份增加近40 000人,小雁塔在2014年接待旅游者人数达到1 056 000人,仅仅7~12月半年时间内接待旅游者人数就达到606 000人,比2013年同期增长了34%。

第二,各级政府高度重视,世界遗产景区热情高涨,区域合作初见成效。中国的西部省份四川,近两年的世界遗产旅游开展得十分红火。在四川省政府的支持和协调下,四川六个世界遗产景区通过优势互补、区域合作联合起来,推出"世界遗产的黄金走廊"精品旅游线路。在世界自然遗产方面,四川有举世闻名的九寨沟、黄龙和峨眉山三大风景名胜区,在世界文化遗产方面,有美誉天下的青城山与都江堰,论文化遗存,乐山大佛以"世界第一大佛"千百年兀自独坐江边,另有世界上唯一保存完整而且至今仍在发挥功用的"千年古堰"都江堰给人以触手可及的畅想。论民族风情,汉、藏、羌、彝四大民族和川西坝子独有的民风民俗尽数展示。论地质形态和建筑风格,山、水、壑、池、佛寺、道观,真是应有尽有。在这短短的600千米的距离上,出现有3种类别的世界遗产,这在全国乃至全球,都是绝无仅有的。"世界遗产的黄金走廊"充分发挥了其品味最高、游程最短、特色鲜明、平衡互补的优势,这是遗产与人类、自然与文化、景点与景点、历史与现实的交相辉映,仅日本的"世界遗产四川游"的包机一年 20 架次飞来四川,彰显了世界遗产的巨大吸引力。

第三,世界遗产旅游智能化水平不断提升。2015 年"十一"黄金周期间国家旅游局的统计调查显示:云南丽江全面接入"支付宝"服务,游客购物休闲可实现全城手机支付,使其成为中国第一座"无现金"古城;九华山联合微信客户端推出"微信支付狂欢节",游客只需使用手机扫描二维码或微信"摇一摇"功能,即可半分钟完成一键购票;苏州推出"旅游厕所移动服务与管理平台",平台覆盖 75 家景区、652 个旅游厕所,通过扫描二维码,游客在手机上即可找到距离最近的厕所;安徽黄山通过车牌自动识别系统实施获取进出景区的车辆数量及车辆客源地等信息,实现动态调控。

（3）问题

第一,世界遗产资源的过度利用与内涵的开发不足同时存在。世界遗产旅游需求与世界遗产景区承载力的矛盾。一方面世界遗产中一部分观赏价值高、基础设施完善和区位交通便利的高吸引力资源面对巨大的旅游市场需求,造成资源的过度利用。2015 年十一黄金周期间高德地图显示的国内十大自驾拥堵景点中,北京故宫、山西平遥古城、四川青城山与都江堰、西安大雁塔和山东泰山都榜上有名。按照 2015 年国家旅游局发布的《景区最大承载量核定导则》,世界遗产秦始皇陵的核定最大承载量为 65 000 人/天,而 2015 年十一黄金周期间其单日接待量最高达到 10 万人以上,超过核定最大承载量的 54%,给旅游者和遗产安全带来重大的隐患。无独有偶,世界遗产明清皇宫的北京故宫核定最大承载量为 8 万人/天,而 2014 年的最高日接待旅游者数量超过了 13 万人。另一方面世界遗产中一部分登录较晚、旅游开发难度较大的冷点资源保护乏力,如洞窟、墓葬、遗址类世界遗产。世界遗产的丰富内涵和文化价值利用不足,旅游开发深入不够、旅游形式单一。世界遗产保护缺乏整体性理念。世界遗产资源本体保护较为严格,但周围环境的保护长期被忽视,环境质量较差,影响了世界遗产的整体性价值。

第二,世界遗产资源利用的人工化、商业化和城市化。旅游的"三化"问题有的把国家风景名胜区和世界遗产地当地野外游乐场和"吃喝玩乐综合体"进行开发,大兴土木,乱建索道、宾馆、商店、别墅、饭店、寺观庙宇等;还有"娱乐城"、"鬼文化"等人造景观也纷纷进入风景名胜区,破坏原始地形地貌、破坏生态,导致自然风景区人工化、商业化和城市化。据 1997 年北京居民抽样调查,被调查者认为 60% 的风景区已"三化"。"三化"的结果造成风景区自然度、美感度和灵感度下降，"原作"严重受损，使这批传世数千年的风景名胜区遭到有史以来最大的破坏[120]。

第三，世界遗产旅游资源管理中存在的问题。首先是管理体制问题。我国的世界遗产缺乏统一的管理机构，而是根据遗产的属性分配到多个管理部门，导致同一世界遗产地内不同资源归属不同部门管理，缺乏有效的协调机制保障，导致整体利益受损，执行力不足和效率低下等多种问题。其次是产权安排问题。我国世界遗产的所有权属于国家，经营管理权属于所在地，产权界定不清晰，制度安排不合理导致所在地政府的短视行为和经济利益至上，导致各种粗放经营行为使资源环境受到破坏，出现了外部负效应。一些世界遗产地通过承包经营、分片开发等方式出让世界遗产尤其是缓冲区的资源与土地，使其私有化、企业化，在我国，有不少风景名胜区出让国家风景资源及其土地，承包开发，分片经营，门票上市，使其企业化、股份化、私有化，为少数人牟利，加重了广大游人的经济负担，从根本上改变了风景名胜区的精神文化功能和社会公益事业的性质，严重违反了国务院的规定，与《保护世界文化和自然遗产公约》和国家公园事业背道而驰（谢凝高，2000）。

第四，世界遗产旅游与城市建设的矛盾。在快速城市化的进程中，空间的城市化不可避免，老城的建筑、街道等已经不能满足城市发展的需要，城市的居住功能、商贸功能等对空间提出了更高的要求，很多城市都走过了一条老城拆除，原地新建的道路，城市正面临着历史遗迹大量消失、文化特色不复存在的威胁。其间很多位于老城中的遗产资源受到破坏，被粗暴拆除，使遗产旅游所依赖的资源基础消失，如很多古城的城墙现在已经无影无踪。还有一些文物保护单位性质的遗产本身受到了较好的保护，但是其周围的环境已经与遗产本体格格不入，影响了世界遗产的整体性，进而影响了世界遗产旅游者的体验。例如世界遗产地城市西安，虽然古城墙得到了较好的保护，但城墙内的建筑、结局和道路已经被改造成由高楼大厦、宽阔马路和拥挤车流构成的现代商贸中心，古城的空间和氛围不复存在。

四、中国世界遗产地城市的发展状况

（一）中国世界遗产地城市的发展阶段

城市是人类改造客观世界的活动形成的人工有机体，城市的发展经历了漫长的历史过程,在不同的历史阶段表现出不同的特征,并显示出强大的生命力。世界城市的发展历程可以分为第一批城市阶段、希腊罗马时代城市、封建城市、商业城市、工业革命时期城市和后工业社会城市六个发展阶段(见表 3-16)[121]。

表 3-16　城市发展各历史阶段的主要特征

历史阶段	经济功能	城市建设	发展状况	城乡关系
第一批城市	宗教中心 军事中心	储藏设施:大圣殿	规模不大 数量不多 发展缓慢	乡村统治城市城市 依赖乡村
希腊罗马时代城市	行政中心 消费中心	市政设施简陋 生活条件落后	开始数量较多战争 导致衰落	城市控制乡村索取 贡品
封建城市	手工业和商业的 集中地	市政设施简陋 生活条件落后	规模小 数量多	城市与农村交换产 品
商业城市	行政中心 贸易中心	防御工事 生活条件改善	规模较大 数量较多	城乡分离 相对封闭
工业革命时期城市	机器大工业中心 商业贸易中心	市政设施完备 生活条件改善	规模扩张 数量猛增	城乡对立 差距较大
后工业社会时期城市	第三产业中心功 能多元	市政设施现代化 生活条件较优越	规模数量稳定大都 市连绵区	城乡融合 差距缩小

资料来源:柳建平,吉亚辉. 城市经济学 [M]. 兰州:兰州大学出版社,2010.

在中国,最早的城市是在"城"和"市"的基础上产生并发展起来的,其中"城"最早是一种大规模永久性防御设施,主要用于防御野兽侵袭,后来演变为防御敌方侵袭,显示了政治功能和军事功能在城市产生过程中的重要性,"市"具有交换、贸易的概念内涵,是商品交易的场所,显示了经济贸易功能对城市产生的重要作用。这两个原本没有直接联系的功能在生产与交易发展的同时慢慢融合,规模较大的"市"为了安全上和管理上的需要逐渐向"城"靠近,直至移入城中,人口较多的"城"里出于交换的需要也出现了"市",完整的城市便形成了。纵观城市的产生可知,城市的产生依赖于以下三个基本条件:生产力的提高带来的农业剩余;生产力差异带来的比较优势收益大于交通费用成本;交通的进步为贸易运输和集中的市场提供了支撑。

(二)中国世界遗产地城市级别分布

中国世界遗产地以《世界遗产名录》中登记的世界遗产项目所在地为准。中国现有的 48 项世界遗产分布的城市类型包括特别行政区(澳门)、直辖市(北京、重庆)、地级行政单位城市(15个)和县级行政单位城镇(15个)四个级别,详情见表3-17。

表3-17　中国世界遗产地的城市级别分布

所在省份	世界遗产名称	所在地为地级及以上级别城市	所在地县(县级市)	所在省份	世界遗产名称	所在地为地级及以上级别城市	所在地县(县级市)
甘肃	莫高窟		敦煌	云南	三清山	上饶	
陕西	秦始皇陵	西安			丽江古城	丽江	
北京	周口店北京人遗址	北京			三江并流		
	颐和园	北京			哈尼梯田		红河
	天坛	北京			澄江化石地		澄江
山东	泰山	泰安		山西	平遥古城		平遥
	孔庙、孔林、孔府		曲阜		五台山		五台
安徽	黄山	黄山			云冈石窟	大同	
	皖南古村落——西递、宏村		黟县	江苏	苏州古典园林	苏州	
四川	九寨沟		九寨沟	重庆	大足石刻	重庆	
	黄龙		松潘	福建	武夷山		武夷山
	峨嵋山-乐山大佛	乐山		河南	龙门石窟	洛阳	
	都江堰-青城山		都江堰		殷墟	安阳	
	四川大熊猫栖息地				"天地之中"历史建筑群		登封
湖南	武陵源	张家界		澳门	澳门历史街区	澳门	
河北	承德避暑山庄及周围寺庙	承德		广东	开平雕楼及民居		开平
湖北	武当山古建筑群		丹江口	浙江	西湖	杭州	
西藏	布达拉宫、大昭寺、罗布林卡	拉萨		内蒙古	元上都遗址	锡林郭勒盟正蓝旗	
江西	庐山	九江		新疆	天山		阜康县

注:不包括跨地区分布的世界遗产项目。

　　对世界遗产地的界定是对世界遗产相关管理权限划分和开发利用职能的基础，也是世界遗产旅游统计数据统计的基础。根据表 3-17，对各个级别世界遗产地城市的构成、数量以及比例进行分类统计，得到表 3-18。五种级别的世界遗产地中，地级行政单位和县级行政单位的世界遗产地数量最多，都达到了 15 个，各占世界遗产地总数的 45％，仅这两种类型世界遗产地的数量就占到了中国世界遗产地总量的 90％。从中国不同区域世界遗产旅游的发展情况看，地级行政单位世界遗产地是中国世界遗产旅游目的地的主体，世界遗产旅游发展起步较早，发展相对成熟，是城市产业结构的重要构成，同时城市的综合经济实力较强，世界遗产旅游可持续发展潜力较大。与地级行政单位世界遗产地相比，县级行政单位世界遗产地的旅游支撑力相对较差，明显较弱的城市综合实力与世界级旅游资源不相匹配，世界遗产旅游发展的质量相对较低，世界遗产旅游的潜力得不到充分发挥。两个级别城市的相同之处是都非常重视世界遗产旅游的经济效应，旅游开发的热情高涨。其他 2 个级别的世界遗产地数量之和只占中国世界遗产地总量的 10％，不存在村镇级行政单位的世界遗产地。在直辖市级别的世界遗产地城市，由于城市承担着多种角色和功能，世界遗产旅游只是其中之一，其地位和作用并不是城市发展的核心。而村镇级世界遗产旅游地则恰好相反，地方政府高度重视世界遗产旅游，但受空间和承载力的限制不具备单独开发世界遗产旅游的实力，故地处村镇的世界遗产直接由上一级行政单位城市直接管理。

表 3-18　各个行政级别世界遗产地数量

遗产所在地行政级别	遗产所在地	比例/%
直辖市	北京、重庆	6
地级市	泰安、西安、黄山、张家界、承德、九江、乐山、丽江、苏州、洛阳、大同、安阳、上饶、杭州、拉萨	45
县级市 / 县	敦煌、曲阜、九寨沟、松潘、都江堰、丹江口、红河、澄江、平遥、五台、武夷山、登封、开平、阜康、黟县	45
村镇		0
特别行政区	澳门	4

（三）中国世界遗产地的类型

　　研究世界遗产地旅游与城市发展的关系，首先要界定世界遗产与遗产所在地的相对位置，并进一步对二者的空间关系进行类型划分。世界遗产与遗产所在地的空间关系是影响世界遗产旅游与城市发展关系的基础要素,从空间距离的角度看,世界遗产与遗产所在城市的距离越近,二者的相互影响力就越强,世界遗产旅游与城市发展的关系越密切。如表所示,我国世界遗产的 70% 都分布在城市中心区或城郊地带,这种空间关系决定了我国世界遗产旅游与城市发展的紧密关系。此外,11% 的融合型世界遗产的地理位置虽然离遗产所在城市较远,但由于世界遗产与所在村镇、县的空间包容,故世界遗产与低一级行政区域可谓合二为一,二者的发展更是休戚相关。根据世界遗产项目与所在地的相对位置的不同可以将世界遗产地分为四种类型:中心型、邻郊型、融合型和组合型,见表 3-19。

表 3-19　世界遗产与遗产所在地的空间关系

类　型	关　系	遗产名称	所占比例/%
中心型	世界遗产位于所在地的城区内部	泰山、明清皇宫、承德避暑山庄及周围寺庙、曲阜孔庙、孔林和孔府、拉萨布达拉宫历史建筑群、颐和园、天坛、苏州古典园林、都江堰 - 青城山、澳门历史街区、西湖	22
邻郊型	世界遗产位于所在地的城郊	秦始皇陵、莫高窟、黄山、周口店北京人遗址、九寨沟、黄龙、武陵源、武当山古建筑群、峨眉山-乐山大佛、大足石刻、武夷山、龙门石窟、云冈石窟、殷墟、五台山、三清山、登封"天地之中"历史建筑群、元上都遗址、澄江化石地、红河哈尼梯田、庐山	45
融合型	世界遗产与所在地空间吻合,融为一体	丽江古城、平遥古城、皖南古村落——西递、宏村、福建土楼、开平碉楼	11
组合型	世界遗产为组合遗产,分布在两个以上的地级市或省份或国家	云南三江并流保护区、明清皇家陵寝、高句丽王城、王陵及贵族墓葬、四川大熊猫栖息地、中国南方喀斯特、中国丹霞、新疆天山、大运河、丝绸之路、长城	22

(四)中国世界遗产地城市发展现状

(1)城市经济发展现状

GDP 是衡量城市经济发展水平的重要指标,首先通过 14 个世界遗产地城市 2013 年的 GDP 值及其排名来看一下城市经济发展的总体情况。

如图 3-13 所示,从 GDP 的极值看,世界遗产地城市苏州的 GDP 值最大,为 13 015.70 亿元,丽江的 GDP 值最小,为 248.81 亿元,二者之间的差距为 12 766.89 亿元,即苏州的 GDP 是丽江的 52 倍,说明世界遗产地城市的经济发展差距显著。从 GDP 的均值看,2013 年 14 个世界遗产地城市的 GDP 均值是 2951.48 亿元,全国地级城市的 GDP 均值为 1 703.13 亿元,高于均值 1 248.35 亿元,说明世界遗产地城市的经济发展水平高于全国地级城市的平均水平,有一定的经济整体优势。世界遗产地 GDP 值超过全国地级城市均值的城市有泰安、西安、苏州、洛阳和杭州,说明这 5 个世界遗产地的经济水平较高。

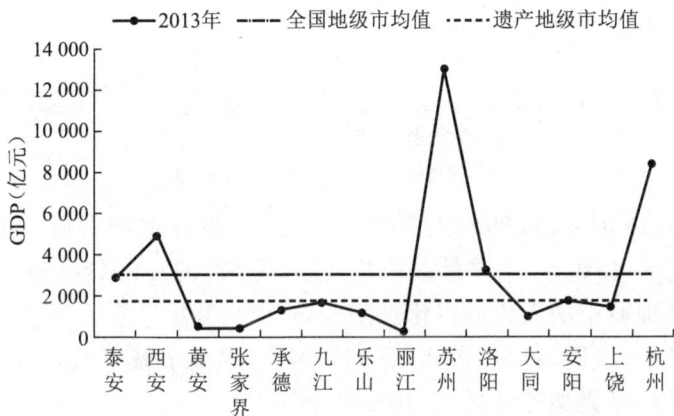

图 3-13　2013 年世界遗产地城市 GDP 及平均值

从世界遗产地城市 GDP 的排名看,位于前 3 位的世界遗产地城市是苏州、杭州和西安,这 3 个城市的 GDP 均超过了 4 000 亿元,其中苏州更是高达 13 000 亿元,说明这 3 个城市经济总量处于领先水平;位于后 4 位的世界遗产地城市是乐山、黄山、张家界和丽江,这 4 个世界遗产地城市的 GDP 值均未达到 1 000 亿元,而且除乐山外,其他 3 个城市的 GDP 值均低于 500 亿元,是世界遗产地中经济总量最低的城市;GDP 低于 2 000 亿元的城市有 9 个,占世界遗产地城市的 64.29%,说明大部分世界遗产地的经济实力较弱(见图 3-14)。

（2）城市社会发展现状

城市的社会发展现状具体表现在人口发展、居民生活水平、公共服务等诸多方面,现分别以 14 个世界遗产地城市 2013 年的非农人口比重、城镇居民人均可支配收入和卫生机构床位数这 3 个指标值为代表来说明世界遗产地城市社会发展在这三个方面的表现,进而分析世界遗产地城市的社会发展现状。

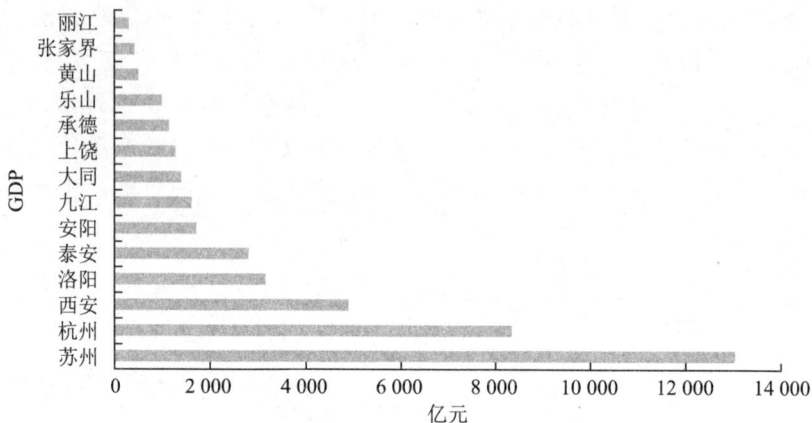

图 3-14　世界遗产地城市 GDP 排名

如图 3-15 所示，就非农人口比重看，14 个世界遗产地城市中比重最低的是丽江，为 14.40%，比重最高的是大同，为 59.03%，二者相差 4.10 倍，表明世界遗产地城市的人口城市化水平差异很大；其中非农人口比重超过 50% 的城市有 5 个，大同、杭州、苏州、泰安和西安，这 5 个城市的人口城市化发展水平高于其他世界遗产地城市；2013 年全国非农人口比重为 53.73%，只有 4 个城市高于全国人口城镇化平均水平，表明大部分世界遗产地城市的人口城市化进程较慢，人口城市化水平较低。就城镇居民人均可支配收入看，最高的是苏州，达到 41 143 元，最低的是张家界，为 16 580 元，二者相差 2.46 倍，

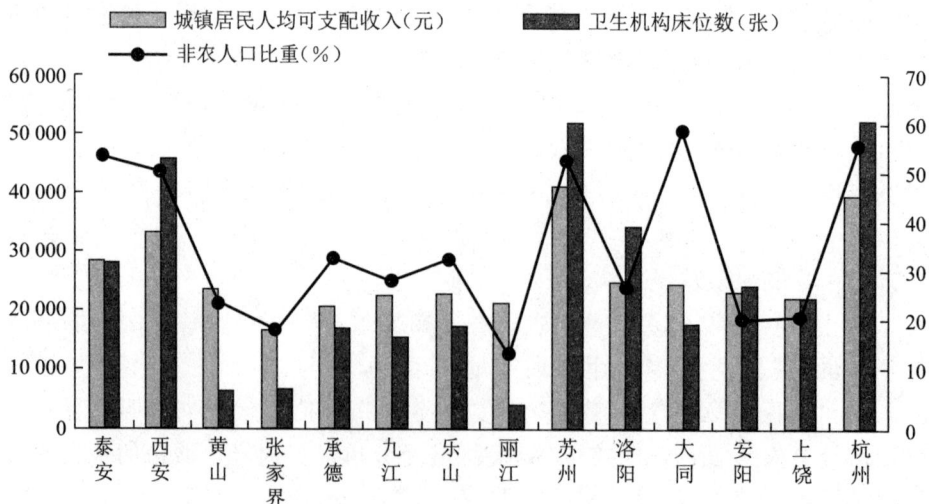

图 3-15　2013 年城市非农人口比重、城镇居民人均可支配收入和卫生机构床位数

表明世界遗产地城市居民收入水平和生活水平差距显著;其中城镇居民人均可支配收入超过 30 000 元的城市有 3 个,苏州、杭州和西安,是世界遗产地城市中居民收入水平最高的城市;再加上泰安,这 4 个城市是城镇居民人均可支配收入高于全国 2013 年 26 955 元均值的世界遗产地,占世界遗产地城市数量的 28.57%,可见大部分世界遗产地城市的居民生活水平较低。就卫生机构床位数而言,数量最多和最少的城市分别是杭州和黄山,为 52 056 张和 6 162 张,二者相差 8.45 倍,是社会发展各方面差距最大的指标,说明世界遗产地城市的医疗公共服务水平差距巨大;与全国地级城市拥有卫生机构床位数 18614 张的平均水平相比,有 7 个城市的数量高于这个均值,占 50%,说明世界遗产地城市的医疗服务水平整体上在全国处于中游水平。

（3）城市环境发展现状

城市环境的发展表现在很多方面,如城市建设、人口密度、绿化环境等各个方面。现以 14 个世界遗产地城市人口密度和绿地面积这 2 个指标 2013 年的数值为代表来分析世界遗产地城市环境现状。根据图 3-16 所示,就人口密度看,14 个世界遗产地城市中密度最大的是安阳,为 816 人/平方千米,最小的是丽江,为 58 人/平方千米,二者相差 14.07 倍,说明世界遗产地城市的人口密集程度差异很大。人口密度低于世界遗产地均值的城市有承德、张家界、乐山、丽江、大同、上饶和九江 7 个城市。就绿地面积看,拥有绿地最多的城市是苏州,为 19 772.16 平方千米,最少的仍然是丽江,只有 983.44 平方千米,二者的差异达到 20.11 倍。绿地面积超过世界遗产地均值的城市有苏州、杭州、西安和黄山,大部分世界遗产地城市的绿地面积都在 5 000 平方千米以下。由此可见,世界遗产地的城市环境质量是城市发展四个方面中差异较大的。

（4）城市科技文化发展现状

城市科技文化发展最核心的要素是人才,因此通过科研人员数量和普通高校在校学生数两个指标 2013 年的数值来分析世界遗产地城市科技文化发展的现状。由图 3-17 可知,14 个世界遗产地城市中拥有科研人员数量和普通高校在校学生数量最多的都是杭州,分别是 122 505 人和 471 820 人,数量最少的都是张家界,分别是 1 499 人和 14 869 人,最大值与最小值相差的倍数分别为 81.72 和 31.73 倍,是城市发展四个方面中差异最大的,说明世界遗产地的科技文化发展水平差异非常大。尤其是科研人员数量超过世界遗产地均值的城市只有 4 个,杭州、西安、洛阳和泰安,大部分世界遗产地的科研人员数量都在 10 000 人以下。

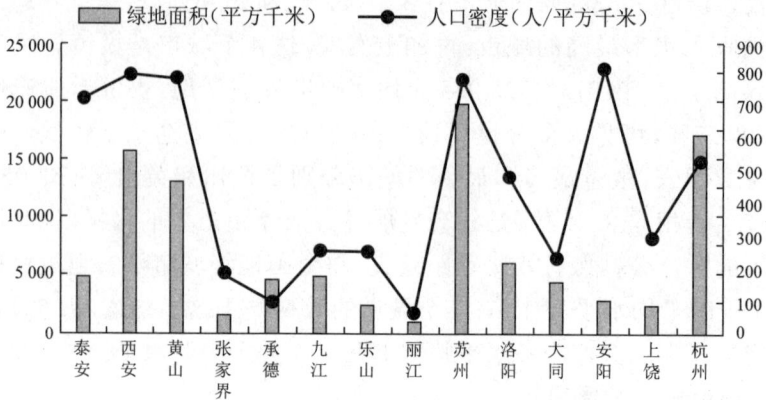

图 3-16　2013 年城市人口密度和绿地面积

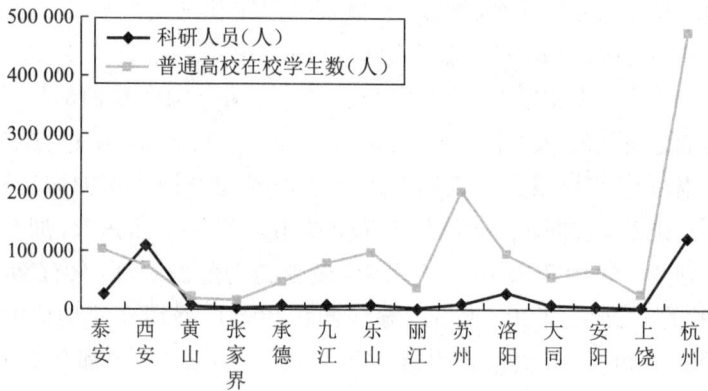

图 3-17　2013 年城市科研人员数量和普通高校在校学生数

第4章

中国世界遗产旅游与城市发展的相互作用机理分析

一、世界遗产旅游与城市发展相互作用的影响因素

世界遗产旅游与遗产地城市发展相互作用的大小取决于几个重要因素：一是进入世界遗产地旅游者的数量。旅游者数量越多，需要的遗产地旅游从业人员数量越多，对遗产地的社会资源占用越多，发挥的社会文化功能越大。二是旅游者停留时间的长短。旅游者停留时间越长，相关旅游活动类型越丰富，与当地居民的交流越频繁，旅游空间移动范围越广阔，对遗产地城市社会文化影响越大。三是遗产地城市居民对旅游业的参与程度。一般情况下，居民的参与程度与居民的收益、居民对旅游负面影响的忍耐度和对旅游者的宽容态度成正比，进而与旅游业的社会文化功能呈现出正相关关系。四是遗产地旅游从业人员的来源。城市本地居民旅游从业者与外来旅游从业者相比，对遗产地社会文化认同感更高，文化传递角色的扮演更投入，对促进遗产地城市社会文化发展的积极作用越明显。故遗产地投入旅游业的人数越多，所占的比例越高，旅游业的社会文化功能越强。

二、世界遗产旅游与城市发展相互作用的逻辑结构

在世界遗产地，旅游与城市发展的关系更加密切，二者都处于动态的变

化之中,相互间的促进作用与制约作用同时存在,在不同的世界遗产地与世界遗产地发展的不同阶段,作用力的方向和强弱有不同的表现。世界遗产旅游发展对世界遗产地城市发展具有其他产业不可替代的作用,对扩大就业,吸引投资,促进城市经济发展,改变城乡人口结构,调整、优化产业结构,美化城市环境,提升城市形象,提高城市社会意识,转变、扩散城市思维方式、社会观念、生活方式,提高国民素质等具有重要的现实意义[122]。世界遗产旅游对遗产地城市的发展会产生各方面的综合作用,主要包括经济作用、社会文化作用和环境作用三个方面。按照作用的性质,世界遗产旅游既能够发挥促进城市发展的积极作用,也能够产生阻碍城市发展的消极作用。而且这种作用还应该是双向的,在世界遗产旅游作用于城市发展方方面面的同时,遗产所在城市的发展水平也会反作用于世界遗产旅游。

世界遗产地旅游对城市发展的作用首先表现在其带来了城市经济总量的扩张、就业机会的增加和产业结构的调增等经济功能上,这既是世界遗产地发展旅游业的关键因素,也是旅游对城市发展发生作用的出发点与直接动力。随着旅游业规模的扩大,带来了资源、生态环境的变化,也直接关系到旅游业下一步的可持续发展,是旅游业持续促进城市发展的根本保障。旅游者与城市居民的全方位接触带来了文化的碰撞和社会结构的变迁,这是旅游业与城市发展相互作用的内在本质。最后,世界遗产旅游开发直接对土地的利用以及由此带来周围区域功能的改变,进而带来城市空间结构的演化,这是旅游业与城市发展的最终落脚点。世界遗产地旅游业对城市发展作用的逻辑结构,包括四个层次(如图 4-1 所示),其中文化功能是内在本质,经济功能是直接动力,环境功能是根本保障,空间功能是外部表现。

三、世界遗产旅游的经济功能与城市发展

世界遗产地城市发展中的旅游经济功能是指在合理开发以世界遗产资源为核心的遗产地旅游资源和保护生态环境的前提下,旅游经济活动对遗产地城市经济发展所做出的贡献和产生的影响。2015 年中国国内旅游总人数已经突破 40 亿人次大关,旅游总收入超过 40 000 亿元。随着整个旅游产业规模和产业影响力的扩大,世界遗产旅游对遗产地城市经济发展的促进作用势必会日益增强。根据世界旅游与旅行理事会(World Travel and Tourism Council,简称 WTTC)公布数据显示,2013 年中国整个旅游行业对国家 GDP

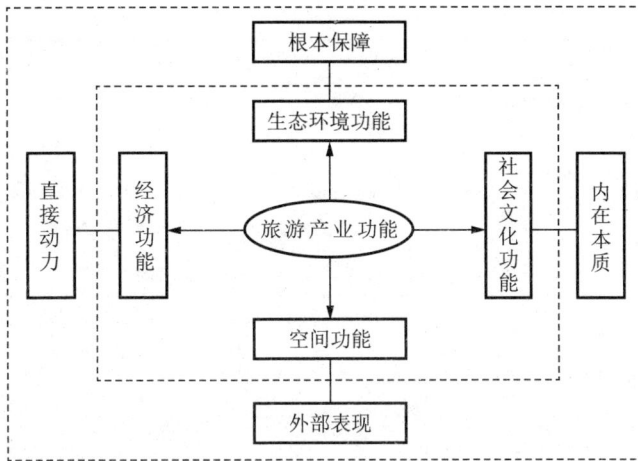

图 4-1　城市发展中旅游产业功能的逻辑结构

资料来源:谢春山. 旅游产业的区域效应研究——以大连市为例 [D]. 长春:东北师范大学,2009. 58.

的综合贡献达到了 50 000 亿元,在 GDP 总值中所占的比例达到 10.8％,旅游相关就业人数达到了 6 400 万人,在总就业人数中的比重达到了 10.2％,这两个指标均超过了教育、银行和汽车等领域的数据。2015 年国家旅游工作会议公布的关于旅游投资的统计数据显示:2014 年全国完成旅游直接投资额达到 6 800 亿元,与 2013 年相比增加了 32％,与整个第三产业投资的增长速度相比高了 15％,与投资总额相比增长速度快了 16.2％。研究显示旅游投资属于带动性很强的投资类型,带动系数为 1∶5,按照这个比例计算可得未来 3 年旅游投资能够带来超过 15 万亿的综合投资。

表 4-1　国家旅游及相关行业统计分类

大　类	中　类	小　类
旅游业		
旅游出行	旅游铁路运输	铁路旅客运输、客运火车站
	旅游道路运输	城市旅游公共交通服务、公路旅客运输
	旅游水上运输	水上旅客运输、客运港口
	旅游空中运输	航空旅客运输、通用航空旅游服务、机场、空中交通管理
	其他旅游出行服务	旅客票务代理、旅游交通设备租赁
旅游住宿	一般旅游住宿服务	旅游饭店、一般旅馆、其他旅游住宿服务
	休养旅游住宿服务	

大　类	中　类	小　类
旅游餐饮		旅游正餐服务、旅游快餐服务、旅游饮料服务、旅游小吃服务、旅游餐饮配送服务
旅游游览	公园景区游览	公园管理、游览景区管理、生态旅游游览、游乐园
	其他旅游游览	文物及非物质文化遗产保护、博物馆、宗教场所旅游、烈士陵园、纪念馆、旅游会展服务、农业观光休闲旅游
旅游购物		旅游出行工具及燃料购物、旅游商品购物
旅游娱乐	旅游文化娱乐	文艺表演旅游服务、表演场所旅游服务、旅游室内娱乐服务、旅游摄影扩印服务
	旅游健身娱乐	体育场馆旅游服务、旅游健身服务
	旅游休闲娱乐	洗浴旅游服务、保健旅游服务、其他旅游休闲娱乐服务
旅游综合服务	旅行社及相关服务	旅行社服务、旅游管理服务、其他旅行社相关服务
	其他旅游综合服务	旅游活动策划服务、旅游电子平台服务、旅游企业管理服务
旅游相关产业		
旅游辅助服务	游客出行辅助服务	游客铁路出行辅助服务、游客道路出行辅助服务、游客水上出行辅助服务、游客航空出行辅助服务、旅游搬运服务
	旅游金融服务	旅游相关银行服务、旅游人身保险服务、旅游财产保险服务、其他旅游金融服务
	旅游教育服务	旅游中等职业教育、旅游高等教育、旅游培训
	其他旅游辅助服务	旅游安保服务、旅游翻译服务、旅游娱乐体育设备出租、旅游日用品出租、旅游广告服务
政府旅游管理服务		政府旅游事务管理、涉外旅游事务管理

（一）经济波及功能

旅游产业综合性强、关联度大、产业链条长，是一个以旅游服务业为核心，由众多直接相关行业共同构成的综合性产业群体。按照《国家旅游及相关产业统计分类（2015）》的标准，旅游业是指直接为游客提供出行、住宿、餐饮、游览、购物、娱乐等服务活动的集合；旅游相关产业是指为游客出行提供旅游辅助服务和政府旅游管理服务等活动的集合。根据这一标准，旅游及相关行业类别众多，具体见表4-1。旅游业的综合性特征决定了旅游业的乘数效应远高于其他行业。世界旅游组织的统计数据显示，旅游业收入每增加1元，相关行业的收入将增加43元。旅游业对相关产业的波及效应有三条作用线路如图 4-2 所示。按照测算,旅游服务产品的 17% 成为其后续产业的中间产品,旅游业产品产出每增加 100 单位可以带来其先行行业中间产品产出增加 74 单位。

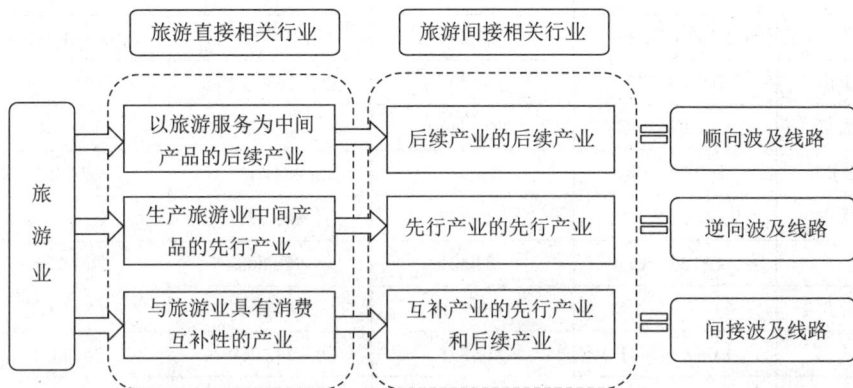

图 4-2　经济波及功能的作用路线图

(二)经济乘数功能

(1)就业乘数

从 1996 年之后,旅游业一直是世界上提供就业机会最多的产业[123]。按照加拿大学者 Smith 的系统理论模型,在发达国家旅游业收入每增加 3 万美元,将创造 1 个直接就业机会和 2.5 个间接就业机会。世界旅游组织的测算结果显示,拥有丰富旅游资源的发展中国家旅游业创造就业机会的能力会更强,旅游收入每 3 美元的增加,就能给全社会带来 2 个直接就业机会和 5 个间接就业机会的增加。根据以上分析,利用 2000 年和 2013 年 14 个世界遗产地旅游总收入的数据和全国旅游总收入的数据,经计算可得到 13 年间世界遗产地旅游业发展带来的直接就业岗位增加数量、间接就业岗位增加数量和全社会就业岗位增加数量,以及全国地级行政区划单位城市旅游业发展带来的直接就业岗位增加数量、间接就业岗位增加数量和全社会就业岗位增加数量的平均值。

由表 4-2 可见,14 个世界遗产地城市的旅游业都实现了巨大的发展,旅游收入增加幅度远远高于全国地级行政单位的平均水平,同时也为城市提供了更多的就业岗位。旅游总收入增长最快的杭州和增长最慢的安阳旅游业的就业贡献度分别高于全国地级行政单位平均水平的 21.93 倍和 2.09 倍。

表 4-2　世界遗产地城市旅游业发展新增就业机会数量（2000～2013）

城　市	旅游收入增加额（万元）	增加直接就业机会（个）	增加间接就业机会（个）	增加就业机会总数（个）
泰安	674 718.11	449 812	1 124 530	1 574 342
西安	1 163 157.20	775 438	1 938 595	2 714 033
黄山	701 245.47	467 497	1 168 742	1 636 239
承德	301 816.99	201 211	503 028	704 240
张家界	290 766.48	193 844	484 611	678 455
乐山	482 022.52	321 348	803 371	1 124 719
丽江	420 481.61	280 321	700 803	981 124
苏州	2 097 928.35	1 398 619	3 496 547	4 895 166
洛阳	1 069 241.41	712 828	1 782 069	2494897
大同	304 512.66	203 008	507 521	710 530
安阳	261 137.51	174 092	435 229	609 321
上饶	421 712.81	281 142	702 855	983 997
杭州	2 739 919.25	1 826 613	4 566 532	6 393 145
九江	397 694.14	265 129	662 824	927 953
全国	124 951.38	83 301	208 252	291 553

　　注：文章选取的世界遗产地是世界遗产地中所有地级行政区划单位级别的遗产地城市，共 14 个；全国数据是指 332 个地级行政区划级别城市各指标的平均值。

　　其中，世界遗产地杭州旅游发展带来的新增就业岗位已接近 640 万，是 14 个世界遗产地中旅游就业贡献度最大的城市；所有世界遗产地中旅游就业贡献度最小的城市是安阳，新增就业岗位近 61 万个；旅游发展带来的新增就业岗位超过百万的世界遗产地有 7 个，从高到低依次是杭州、苏州、西安、洛阳、黄山、泰安、乐山。可见，世界遗产地城市旅游业对就业的推动作用是普通城市的 21.85 倍，就业乘数效应非常显著。

　　具体到各个不同的行业，国家发展与改革委员会宏观经济研究院的一组数据显示，旅游业对住宿业的就业贡献率达到 90% 以上，对交通运输业（铁路运输业、道路运输业、航空运输业、水上运输业）的就业贡献率达到 35%，对娱乐业的就业贡献率是 26%，对餐饮业的就业贡献率达到 24%，对商业服务业的就业贡献率是 19%。

（三）其他经济功能

通过世界遗产地城市居民对世界遗产旅游经济功能的感知调查可以发现，旅游在增加收入、完善公共设施、带来房地产价格上涨等方面作用显著，在增加居民支出、提高生活水平等方面有一定作用（见表 4-3）。

表 4-3　居民对世界遗产天山旅游的经济影响感知

影响变量	非常同意（%）	不完全同意（%）	不同意（%）
收入增加	74.3	22.9	2.8
生活水平提高	45.7	51.4	2.9
休闲支出增加	32.4	55.8	11.8
生活品支出增加	45.7	48.6	2.7
教育支出增加	44.1	44.1	11.8
公共设施更完善	54.3	37.1	8.6
房地产价格上升	65.7	28.6	5.7

资料来源：冯晓华，汪锦，虞敬峰．天山天池景区居民旅游影响感知及旅游参与［J］．干旱区资源与环境，2015，12：227-232．

四、世界遗产旅游的社会文化功能与城市发展

世界遗产旅游活动是一种外来遗产旅游者与遗产地居民的高层次的社会交往、文化交流活动，旅游业的社会文化功能表现在改善基础设施，提高公共服务能力，转变居民的消费方式，改变社会结构、影响人际关系、社会风气和城市治安，强化民族认同，保护和弘扬传统文化，增进文化交流，文化的商品化、趋同化，语言的国际化等方面，引起世界遗产地社会的价值观、道德观念、宗教、个人行为、生活方式、家庭结构、语言文化和身心健康等诸多方面的变化[124]。

世界遗产旅游的社会文化功能是潜移默化的，它通过对遗产地城市的价值体系、道德规范、生活方式、家庭关系、安全状况、传统文化等方面的影响作用于遗产地城市发展（Fox，1977）。Smith 把这些作用归纳为示范效应、社会分层与社会化、自尊、文化复兴和憎畏感。按照 Butler 的观点，这些作用有些是关于遗产地城市的特征的作用，如对遗产地城市空间、建筑、语言等方面的影响，其中最主要的是对主客关系的影响，包括示范作用、文化作用、各种犯罪行为等，有些是围绕遗产旅游资源的开发利用以及旅游接待设施的建设，

包括遗产旅游者的大批涌入带来的对世界遗产旅游资源和遗产地城市公共设施形成的压力,外来遗产旅游从业者对城市居民就业带来的压力。此外,关于发展中国家世界遗产旅游对遗产地城市社会文化作用的研究显示,在发展中国家,接待的大批遗产旅游者来自发达国家,造成发达国家遗产旅游者的文化与发展中国家遗产旅游接待者以及当地居民文化之间的冲突,给遗产地城市的社会文化带来负面效应,表现出世界遗产旅游的社会文化功能与遗产地城市发展的诸多矛盾,如遗产地城市社会与家庭凝聚力的弱化,遗产地城市文化的伪民俗化与商品化,卖淫、赌博等犯罪行为的泛滥,这些种种都威胁到了遗产地城市原生的社会文化环境[125]。

国内对遗产旅游社会文化功能的研究从 21 世纪初开始也取得了很多成果。唐晓云从 2006 年开始对遗产旅游的社会文化影响进行了持续多年的关注,并以广西龙脊平安寨为例进行了追踪研究和深度发掘,发表的相关论文数量达到十余篇(如表 4-4 所示)。她研究了广西龙脊平安寨的旅游开发对龙脊梯田社区的文化影响,指出文化遗产地的旅游开发是一把双刃剑,既有积极的一面(加深了对自身文化的认同,恢复了失落的传统文化事项,弘扬了高效的传统农业文明,居民收入结构和社会结构发生有益变化),也有消极的一面(扭曲了传统文化的真实内涵,外来文化扰乱人们的社会价值观,社区居民的边缘化会引发“文化空城”,干扰乡村文化正常的传承机制)。遗产地文化传承中存在工具理性、传统与现代的背离、文化传承的代际失衡等问题。因此,要推进遗产地旅游开发中文化传承的“工具理性”与“价值理性”的融合,使遗产地文化得以正常传承和发展[126]。之后,她从居民感知的视角,通过构建结构方程模型对古村落的旅游社会文化影响进行研究,探讨居民主体因素与旅游社会文化影响感知、社区发展满意度及行为倾向之间的关系[127]。

表 4-4　遗产旅游的社会文化影响研究

文章题目	期刊名称	时间
农村社区生态旅游开发的居民满意度及其影响——以广西桂林龙脊平安寨为例	经济地理	2006
社区型农业文化遗产旅游地居民感知及其影响——以广西桂林龙脊平安寨为例	资源科学	2010
农业遗产旅游地的文化保护与传承——以广西龙胜龙脊平安寨梯田为例	广西师范大学学报(哲学社会科学版)	2010
基于居民视角的农业文化遗产地社区旅游开发影响评价——以桂林龙脊平安寨为例	桂林理工大学学报	2010

续表

文章题目	期刊名称	时间
近 30 年来国内对旅游地社会文化影响的研究述评——基于 Bibexcel 专业软件的统计分析	北京第二外国语学院学报	2012
工具理性与价值理性的平衡:遗产旅游的可持续发展之路	社会科学家	2012
国内旅游地社会文化影响量化研究述评	人民论坛	2012
近 30 年来国内对旅游地社会文化影响的研究述评——基于 Bibexcel 专业软件的统计分析	北京第二外国语学院学报	2012
农业文化遗产地的旅游社会文化影响测量及调控研究——以广西桂林龙脊平安寨为例	中国生态农业学报	2012
旅游社会文化影响:分析框架、测量量表与评价方法	北京第二外国语学院学报	2013
A Study of Agri-Cultural Heritage Tourism Impacts Based on Residents 'Perception: Taking the Longji Terrace Site in Guilin as an Example	Journal of Resources and Ecology	2013
繁荣遮盖下的旅游地社会分化——兼论民族旅游地的可持续发展	旅游学刊	2014
古村落旅游社会文化影响:居民感知、态度与行为的关系——以广西龙脊平安寨为例	人文地理	2015

资料来源:根据 2015 年 12 月 8 日查询中国知网数据库整理获得。

　　唐雪琼、车震宇以世界文化景观遗产红河哈尼梯田为例,从村寨面貌、经济状况、消费观念、人际关系和思想意识等方面探讨了旅游开发对哈尼村寨的社会文化影响[128]。孙晓亚、邓明艳在分析遗产旅游的社会文化影响的基础上,指出遗产旅游可以促进遗产地对外文化交流,提高其知名度;促进遗产地民族传统文化的保护和复兴;促进遗产地社会文化环境的优化;旅游强化了遗产地的民族认同意识;提高遗产地居民和旅游者素质。但同时也使遗产地面临如下威胁:遗产地历史文化遗产的保护面临着严峻的挑战;遗产地固有文化面临退化和消亡的威胁;传统文化价值观的退化以至遗失;造成旅游者与当地居民之间人际关系的紧张。最后从旅游经营者、游客、居民、政府等利益相关方面提出了遗产旅游社会文化负面影响控制的策略[129]。谢春山提出旅游在本质上是一种高层次的社会文化活动,旅游产业的发展与社会文化发展具有非常紧密的联系,旅游产业对区域社会文化的作用主要包括社会发展引导效应、旅游者的示范效应、区域文化重构效应和社会文化阻滞效应四个方面。

（一）社会文化功能的理论基础

（1）涵化理论

Dennison Nash 在 1996 年把涵化理论用于旅游社会文化影响的研究中，分析了旅游过程中强势文化和弱势文化的作用关系，指出强势文化对弱势文化存在"帝国主义"形式的影响，并提出旅游的文化涵化模式，如表 4-5。研究显示，旅游过程中的主客交往必然带来文化的接触和碰撞，由于旅游者作为"顾客"的身份和旅游目的地对经济利益的追求，旅游目的地文化常常被动地迎合或屈从于外来文化。

表 4-5　旅游涵化理论

涵化模式	作用过程
同化	一种文化适应另一种主流文化，并逐渐融合到主流文化中来
整合	保持了原有文化特征，又加入了新的文化元素，并融合到一起
混合	不同文化接触过程中出现的多种文化混合共存的状态
分化	各种文化均保留原有特征，并拒绝接受其他文化的状态
边缘化	原有文化没有吸收新的文化，又在文化接触中居于下风，退出主流地位的状态

资料来源：邹统钎. 旅游目的地管理[M]. 北京：高等教育出版社，2011. 192.

（2）真实性理论

旅游目的地的社会文化被包装成旅游者消费的商品对象后，它的真实性问题就成为旅游影响研究的关注点之一。在 MacCannell 20 世纪 70 年代提出"舞台化真实性"问题后[130]，关于真实性的研究经历了四个阶段：一是客观性真实，以客观实际为唯一的评判标准；二是社会构建性真实，由于人认识能力的局限性，真实性应该由社会构建而成而不是专家；三是自然生成的真实性，认为真实性是不断创新和变化的；四是存在性真实性，个人获得了想要的生命真实存在的体验。

（3）主客交往理论

主客之间的交往是旅游社会文化作用存在的根本原因，所以主客关系理论是旅游社会文化作用研究的核心问题。Smith 从主客关系的视角研究旅游的社会文化作用，分析了旅游者类型和数量差异对目的地社会文化作用的不同（见表 4-6），并归纳了旅游活动中的主客交往对目的地社会文化产生的作用，包括社会分化、示范效应、自尊、文化复兴和憎畏感。

表 4-6　旅游方式以及游客对当地的适应度

旅游方式	游客数量	适应程度
探险旅游者	非常有限	完全能适应
精英旅游者	少见	完全能适应
不落俗套的旅游者	不多但能见到	很好适应
特殊旅游者	偶尔能见到	多少能适应
初期大众旅游者	游客量稳定	追求西方式的舒适
大众旅游	游客不断	希望西方式的舒适
租赁游客	成批到达	要求西方式的舒适

资料来源：瓦伦·L. 史密斯. 东道主与游客：旅游人类学研究［M］（张晓萍，何昌邑）. 昆明：云南大学出版社，2002.

（4）文化弹簧理论

文化弹簧理论是指当旅游客源地文化与旅游目的地文化之间存在力量、地位的对比与差异时，二者之间就会发生相互作用，往往表现为强势文化作用于弱势文化，弱势文化以自身的力量抵抗强势文化，形成类似弹簧受力后的力的作用与反作用的过程。文化弹簧理论的作用类型分为三种：旅游目的地文化强势，目的地的文化特征通过旅游者的模仿和吸收被带入客源地；旅游目的地与旅游客源地文化均衡，双方文化保持调和与统一；旅游目的地文化弱势，居民缺乏对自身文化的归属感、认同感，通过模仿旅游者吸收旅游目的地的文化特征（如图 4-3）。影响弹簧作用力量大小的主要因素包括文化的矜持性和惯性、经济因素、政治因素等。

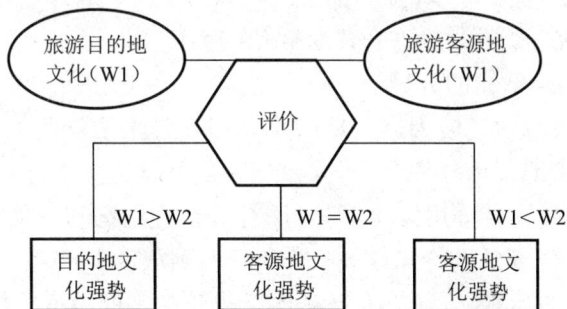

图 4-3　文化弹簧作用

（5）旅游社会承载力理论

Saveriades 和 Alexis 提出的旅游社会承载力和模型更关注旅游社会作用

的影响因素和作用过程,在研究旅游对目的地社会文化作用特征的基础上,提出作用的方向和大小取决于目的地社会对旅游活动的承载能力,并构建了目的地承载力与旅游社会作用关系的模型[131]。按照模型显示旅游业对目的地社会作用的性质或程度具有不确定性,但旅游地的社会承载力对旅游业的社会作用有重要影响。

(二)社会功能的表现

(1)改善基础设施,提高公共服务能力

改善城市的基础设施,提高城市的公共服务水平和科技教育水平。世界遗产地旅游规模的扩大促进了城市经济的发展,首先为进一步完善旅游吸引物和旅游环境提供了资金支持,包括世界遗产在内的各类遗产得到保护和修复,新增体现城市独特风貌与创造性的人文景观,增添文化设施,遗产地居民获得更好的城市文化环境和更多文化教育和交流的机会。其次为基础设施的投资建设提供了资金支持,促进了各类交通、通讯等基础设施和便利旅游者的服务设施在数量上的增加以及质量上的改进,这些建设客观上也改善了遗产地城市居民的生活条件和环境。再次遗产旅游者会直接带来先进的科技思想和科技产品,同时对遗产地的科技水平提出更高的要求,从而促进遗产地城市科学技术的发展。最后增强的经济实力也为包括医疗和教育在内的民生工程提供了资金支持,促进了医疗服务的提升和教育质量的改善,提高了城市的公共服务水平。例如在世界遗产地城市丽江的当地政府就为促进旅游业的进一步发展做出了一系列的努力,包括:① 绿化、亮化、净化、美化公共服务设施,优化环境,提高品位;② 大力支持教育学院发展,引进创办了云大旅游学院;③ 进一步提升普法宣传的力度[132]。

(2)引起社会结构的分异

世界遗产旅游的发展为遗产地的家庭妇女带来了就业机会,使她们从家庭经济中的附庸地位中摆脱出来,实现了"角色再造"[133],女性的社会地位发生变化。其次,社会分层发生变异,原有的社会结构基础动摇,社会组织逐渐瓦解,继而出现新的社会阶层,一部分投入到旅游业的经营中的遗产地居民随着经济状况的大幅改善成为遗产地新成长起来的中产阶级。

(3)改变遗产地居民的思想意识、价值观念和行为方式

来自不同国家、不同城市的遗产旅游者和遗产地居民在思想意识和行为方式上存在多种差异,包括价值观念、宗教信仰、道德标准等思想意识方面,

也包括服饰打扮、生活方式和消费习惯等行为特征方面。在主客交往过程中相对强势的往往是处于买方的遗产旅游者,他们的思想和行为会对遗产地居民产生潜移默化的影响,使遗产地居民对旅游者的生活水平和消费能力羡慕不已,并以年轻人为先锋开始模仿,对遗产地原有的传统和生活方式产生抵触情绪,思想意识和行为方式也随之改变,对遗产地带来长远而深刻的影响。

随着大众旅游时代的到来,遗产地城市积极开展各项旅游活动,吸引了大量外地甚至外国游客的前来,由于不同地区游客的价值标准、道德观念和生活方式大不相同,它们与遗产地居民相对封闭的观念相互碰撞,必然引起当地居民价值观的较大转变。其中包含的积极因素自不必说,但当地居民传统社会心理及行为方式的退化甚至遗失引起了极大关注,表现在居民视金钱为万能、利益至上、商品以次充好、欺客宰客、服务质量不高的现象时有发生。最重要的是,遗产旅游地不良的风气强烈地腐蚀了当地原本的社会文化,还可能会带来一系列违背社会道德、为传统文化观念所不容的诸如赌博、色情等非法活动[134]。

（4）对人际关系的作用

随着遗产旅游业的发展,部分居民从开展旅游经营或服务中积累了大量财富,贫富差距逐渐显现,居民关系由互助转变为雇佣,部分居民对少数富裕群众产生较强的嫉妒心理,催生了对旅游的不满。这种居民关系及嫉妒心理的变化,是遗产旅游地居民价值观念的深刻转型和突变,而不仅仅是要求"人人平等、共同富裕"的心态不佳问题[135]。也就是说,传统产业经营者面临产业转型带来的风险,而类似土地开发商、土地所有权人、投机者、建筑商、运输商这些因开展旅游而富裕的群体则开始在世界遗产地占据统治地位,两者之间的矛盾日益突出,最终使得原本淳朴的文化价值观遭到破坏,产生金钱至上的不良风气,旅游地形象大受影响[136]。

（5）影响社会风气和社会治安

在相对落后的世界遗产地城市,随着遗产旅游的深入发展,遗产地居民从生产制造性的第二产业向旅游业及相关服务产业转移,服务意识、竞争意识、商品意识等经济观念显著增强,休闲观念日益强烈,传统价值观念、消费观念等受到冲击,生活领域中的商业化色彩日益浓厚。遗产旅游的发展抬高了遗产地的物价水平,增加了遗产地的拥挤水平和社会不安定因素,遗产地居民要面临生活成本上升、生活便利性下降、社会内聚力减弱等社会问题。以在世界遗产地丽江古城的商业服务业设施为例,为遗产旅游者服务的设施数量远远超过为居民服务的设施,商业服务业活动表现出很强的旅游商业化特征,对于遗产旅游的依赖性很强,以世界遗产旅游作为动力带来了商业服务业功能的转换。但另一方面,为居民服务的商业服务业设施逐步被替代以至于难以满足本地居民的需要,而且还存在商业服务业价格上涨的现象,日常生活必需品价格和生活费用的高涨直接影响了当地居民的生活质量[137]。

大量研究结果显示,旅游者在旅游过程中的行为表现往往比日常生活更加放纵和散漫,自由主义倾向严重,甚至还出现一些嫖娼、赌博、吸毒等违法行为,这些不良示范给遗产地居民制造了一个不良的印象,容易造成遗产地居民崇洋媚外思想的泛滥,破坏了遗产地居民的道德观念和传统风俗,影响遗产地的社会稳定,给遗产地带来更大的社会治安压力。此外,缺乏规范和管理的旅游市场竞争容易引起遗产地旅游经营者和从业者表现出诚信丧失、唯利是图等倾向。

(6) 强化了民族认同

在外出旅游时,国内外游客必定要同遗产地居民产生各种各样的联系,他们在这种逐渐加深的交流中进一步认清了自己的归属,进而开始愈加关注自身身份的表述,同时,旅游业迅猛发展,为各个民族展示自己提供了契机,他们为自己的民族而骄傲,并积极重新塑造民族形象,强化民族认同。丽江纳西族的人民,历来都表现出强烈的民族自豪感,这种自豪感体现在其饱满的内在力量和强大的自识性上。他们都有一个共同心理,即"纳若"(即纳西话"纳西人"之意)和"纳西若命"(纳西儿女),并常自称"阿根纳西"(我们纳西)。民族旅游的迅速发展,使得纳西人对本族文化的认同与热爱被再次唤醒,民族旅游和意识的互动更加频繁。遗产旅游也是提高遗产地居民和旅游者素质的重要教育手段。遗产地文化包含遗产地居民文化,体现在居民的语言、素养、风俗、信仰等,这些都是吸引遗产旅游者的遗产文化特征。所以,如果当地居民的主流精神是加强遗产保护,那么,将会对游客精神境界的提升具有不可低估的作用。

(三)文化功能的表现

(1) 增加文化交流,促进文化多元化

遗产地通过发展旅游业既可以通过旅游者了解世界,促进人类整体和世界大同观念的形成[138],又可以宣传自己,提高城市的知名度。旅游对城市文化交流的促进作用有几大优势:旅游是人与人之间的直接交流,故交流效果

明显好于文字等间接的信息传递;旅游者与居民的交往本身体现着各种社会文化和现象的交叉渗透,内容广泛;旅游是一种民间交流活动,是人类最理想的和平交往方式。世界遗产丽江旅游业的发展改变了古城文化原本的内涵和结构,当地文化与异域文化的交流促进了文化的多元化。一方面,它使古城的原生文化受到稀释,既有原生态的文化成分,又包括现在的纳西东巴文化和茶马古道商贸文化;另一方面,它使古城的原有文化得到丰富,在原始的基础上,新增加了小资文化与庸俗小资文化。因此,随着遗产旅游的稳步发展,促进了丽江古城多种文化的融合,最终形成多元文化共存的稳定格局[139]。

（2）保护弘扬传统文化和艺术

世界旅游组织指出:旅游有能力拯救、保护和复兴具有旅游价值和文化价值的东西[140]。为了增加遗产地对旅游者的吸引力,形成旅游产业的特色和个性魅力,遗产地城市在保护遗产资源的同时,注意对遗产地民族文化、地方文化和传统文化的挖掘、保护和开发利用,使一些原本几乎被遗忘、被无视的传统习俗、工艺和节庆活动得以被继承和恢复,地方性的音乐、戏曲、舞蹈等得到重视和发扬。旅游过程中来自世界各地的旅游者与遗产地城市居民的接触不可避免地发生文化的碰撞与交流,旅游者把自己的价值观念、道德标准和生活消费方式传递给遗产地居民,遗产地居民通过展示自身文化的创造力和民族智慧,唤起遗产地居民对自身身份表述的关注,这会加强对民族文化的认同和热爱,实现地方文化的重构和传播。遗产地城市旅游经营者和管理者把大量有形文化(饮食、服饰、建筑形式等)和无形文化(传统工艺、仪式、习俗等)都保存下来并进一步发扬光大,为旅游者提供观看学习、参与制作等获得文化体验的机会并从中获得资金支持传统文化的保护与复兴。在旅游者与当地居民的共同关注下,传统文化元素摆脱了无人问津甚至消亡的命运,焕发出新的生机与活力。

丽江遗产旅游的不断繁荣发展,同时也为当地传统文艺精品的创作与展示提供了更大的平台,产生了一批深受社会各界认可的艺术作品,例如纳西大型团体舞蹈文艺表演《东巴魂》、民族舞蹈诗《蓝月亮》和纳西民族最古老、最神圣、最广泛的"祭天""祭风"和"祭署"、"祭风"和"祭署"三大东巴仪式的展演,都是民族内涵乃至民族显现出唯其所有的民族内涵,进而升华到一种民族精神的象征艺术彰显与精神象征。依托当地浓厚的文化底蕴与高科技的表现手段,通过与深圳能量实业有限公司联合打造音乐诗画《丽水金沙》,不到一年的时间里便成为颇受游客喜爱的文化品牌,演出累计近400

场,总收入超 1 000 万元。还有因旅游业发展而被保留至今并蒸蒸日上的纳西古乐,在 20 世纪 80 年代,纳西古乐仅仅是一群年近古稀的古乐爱好者自带干粮而轮流聚集在古城的纳西宅院中演奏,以求自娱自乐而已的休闲娱乐方式。可随着旅游业的迅猛发展,纳西古乐在短短的十几年中的发展迅速升温,甚至还吸引了越来越多的包括国家元首在内的外国宾客和游客专程前来聆听。纳西古乐还应邀到海外 20 多个国家和地区进行文艺汇演,现已发展成为誉满中外的文化精品。2002 年,由宣科先生领衔的大研纳西古乐会的经营收入已达到了 538 万元[141]。

（3）社会文化的商品化和趋同化

遗产旅游对遗产地文化是一把双刃剑,可以促进文化的继承、保护和发展,也可以带来文化的商品化、趋同化。

首先是文化的商品化。如果遗产地城市过分追求更高的旅游经济效益,往往为了迎合旅游者的兴趣和需求,把传统文化要素如传统习俗、仪式庆典、宗教活动、服饰饮食等以预先排练好的娱乐形式在特定的场所介绍给旅游者,出现文化的舞台化、形式化和表演化倾向,成为一种纯粹的商品化的文化产品。这些生活场景和仪式只是为了满足旅游者猎奇的心理,已经完全脱离了当地居民的生活实际,面临着丧失其真实的文化意义与生活价值,被不正当的舞台化、庸俗化、碎片化和商品化的威胁。

在世界遗产丽江古城,变相的文化产品充斥着古城的旅游商品市场。"如今走在古城街道上,映入眼帘的往往是一幅与真实的当地纳西族人民生活不相干或变了味的旅游商品场面"[142]。20 世纪 90 年代末,在由当地政府组织的一场市场抽查中发现有 80%～90% 的商家的日常经营活动存在着错误与不规范。与此同时,对于走向市场的当地传统纳西族饮食也由于市场化而变得单调统一和质量下降。浓厚的商业气息文化和外来游客的文化冲击对丽江传统的纳西民族文化产生了直接的影响,当地人民从约定俗成的节庆盛典、语言表达与饮食习惯到富有特色的民族服饰、东巴教以及民间手工艺术都受到了威胁,传统文化的继承与弘扬存在着危机[143]。"巨大的商业利润促成了民族文化的表层利用,长此以往,将使民族文化的主体精神变异和衰落"[144]。

其次是文化的趋同化。遗产旅游者带来的外来文化与遗产地文化相比,往往处于强势地位,在双方接触交流中发挥主导作用,弱势文化会不自觉地学习、模仿和借鉴强势文化以缩小差距,向强势文化靠拢,遗产地本身的传统文化特征与多样化逐渐削弱或灭亡,比如少数民族服饰被同化、居住习惯被汉化、传统民族礼节习俗衰落和消失等[145]。这些变化既损害了当地的历史文化底蕴,也在不知不觉中丧失了当地文化的旅游吸引力。还是在遗产城市丽江,纳西语的使用面越来越小,纳西语渐渐地受到了汉语的"同化",许多新生代纳西族人在日常的生活与工作中已不再使用纳西语。传统的纳西服饰、纳西建筑、东巴文化和纳西民俗越来越少,现代化的汉族服饰、水泥建筑、汉语言文字以及汉族习俗逐渐深入,已有取代本土文化之势[146]。

（4）促进语言的国际化。

对于国际遗产旅游者而言,语言问题是他们遇到的最大障碍。遗产地城市要想发展国际遗产旅游市场,首先必须克服语言障碍,掌握多种语言是精通英语的旅游从业人员的需求,并给掌握两种语言的服务人员可观的经济回报,给懂一门外语的翻译、导游、饭店服务员甚至是警察一些经济上的灵活性,从而使当地居民学习外语的热情高涨,掌握外语的居民人数增加,促进当地语言的国际化水平。在秦兵马俑博物馆的南北院门古文化一条街和旅游工艺品市场上,提供餐饮服务和销售旅游商品的当地商贩已基本能熟练地运用英语、日语等多门外语招揽外国游客。通过对兵马俑景区最近的 3 个村户走访调查发现,凡是在兵马俑景区经商的农户家庭,从 10 多岁的孩子到 60 多岁的老人均在不同程度上掌握某一种或某几种外语。

五、世界遗产旅游的环境功能与城市发展

城市环境系统可分为城市自然环境和城市人文环境两部分,其中城市自然环境包含空气环境、水环境、土壤环境和动植物环境等四大要素,城市人文环境包含景观环境、用地环境和空间环境等三大要素。世界遗产旅游与城市环境的关系分析即是世界遗产旅游与遗产地城市环境各类型各要素之间的相互作用分析。城市环境是世界遗产旅游进行的空间载体,为世界遗产旅游的开展提供各种资源供给和物质基础。在世界遗产旅游出现之前,遗产地城市就已经形成了一个自循环、自平衡的"原生"城市环境系统。世界遗产旅游活动的出现及规模的不断壮大,"原生"城市环境系统在其影响下不断发生变化,并逐渐演变成"次生"的旅游环境系统[147]。

关于旅游与环境的关系研究从 20 世纪就已经引起了学者们的关注,关于旅游业发展对环境作用的类型和效果等国内外的研究者从多个角度进行

了研究。1980 年经济合作与发展组织（Organization for Economic Co-operation and Development，简称 OECD）的研究报告提出，旅游的环境效应可以归纳为 6 类：① 污染，如大气、水、噪声和废弃物；② 失去包括农业用地和草原在内的土地自然形态变化；③ 对动植物的损害；④ 历史遗迹、建筑物与纪念物的损害；⑤ 拥挤效应，包括人流．车流的拥挤；⑥ 冲突；⑦ 竞争[148]。

Colin Hunter（1995）把旅游业的环境影响分为对自然环境的影响和人工环境的影响两大类，具体内容如表 4-7(a)、(b)所示[149]。

表 4-7(a) 旅游业对自然环境的影响

影响方面	潜在结果
动物、植物种群构成	破坏动物的繁殖习惯；狩猎过程中猎杀动物；为制作旅游纪念品而猎杀动物；影响动物的迁徙；旅游者或交通工具践踏和损害植物；伐木者或旅游者采集花木破坏植物；由于建设用地改变地面植被的范围和程度；建立野生动物保护区或繁殖基地
污染	污水排放、石油的渗漏等造成水体污染；汽车尾气、加热或取暖过程中的燃烧排放物污染空气；旅游交通、旅游活动所带来的噪声污染
侵蚀	土地板结，加速水土流失和侵蚀；增加了滑坡的可能性；增加了雪崩的可能性；对地质特征的影响（如旅游活动对岩洞、珊瑚礁、突岩的影响）；对河床的影响
对自然资源的影响	消耗地下和地表水资源；消耗化石类燃料，从而为旅游者提供能源；增加了火灾的可能性；建筑工程中消耗矿石资源；过度掠夺生物资源（如过度渔猎）；水文格局的变化；土地利用的变化
视觉影响	设施（如建筑物、停车场）；垃圾、废弃物；污水海藻等

表 4-7(b) 旅游业对人工环境的影响

影响的方面	潜在结果
城市形状	通过都市化、城市扩张或再发展改变城市地理特征；改变居住、零售或工业用地类型（如从私宅改变为饭店、娱乐设施）；改变城市构造（如道路、街道、城市基础设施等）；城市内出现旅游用地和居民用地的对立与矛盾
基础设施	城市基础设施的超负荷（如道路、铁路、停车场、电力、通信、废物处理、清洁水供应等）；提供新的基础设施或提升现有设施
视觉影响	被开发地区设施的增加；新的建筑风格；旅游者拥挤、乱丢废弃物；绿化与美化
修复	废弃建筑物的重新使用；对历史遗址、建筑物的保护与修复；对废弃建筑修复使其成为别墅
侵蚀	行走、践踏和交通工具对建筑物的侵蚀
污染	来自旅游者和旅游交通的空气污染；非旅游活动造成对旅游设施的污染

资料来源：Colin Arrowsmith, Robert Inbakaran. Estimating environmental resiliency for the Grampians National Park, Victoria, Australia：a quantitative approach[J]. Tourism Management, 2002, 23：295-309

　　黎洁利用经济与环境问题的重要分析工具物质平衡模型来分析旅游业与环境的交互作用,包括四个模块:经济模块由所研究地区的旅游业等经济产业部门的生产和消费以及彼此之间的结构关系所构成。这一模块与地区特征模块相关联。经济模块与交界模块也存在联系,因为该模块将经济系统的产出转化为对资源环境的需求并形成废弃物。这里,旅游产业部门既直接利用资源环境,同时,旅游业又通过产业间的相互关联间接影响资源环境。环境模块包括三方面的内容,即旅游资源储量及环境承载容量、旅游资源环境影响模型及废物效应模型。这些模型用来解释对旅游资源的需求和旅游活动所产生的废弃物是如何影响地区旅游资源环境的数量和质量的,以及由这些资源的承载容量所规定的对旅游产业活动的种种限制。在此模块外部,与之直接关联的是交界模块。从该模块中获得对资源的需求量和向环境排放的废物量等信息。同时,它还接受有关外部条件的信息。交界模块也称为转置模块,其功能是通过资源利用过程将经济的生产和消费特征转化为对资源的需求水平,通过废弃物生成过程将生产和消费特征转化为废物排放量。因此,从图中可以看到,本模块的产出全部被转入到环境模块中去。反过来,环境模块也可以向交界模块提供投入使之成为经济系统的约束条件[150]。

　　据此可知世界遗产旅游活动以城市自然环境为大背景,从整体城市自然环境中吸收资源和能量,并把废弃物等活动产出排出到环境中,不断交换和循环,在这个过程中必然会对城市自然环境产生影响。

　　谢春山的研究提出,旅游业的环境效应可以分为联动作用、支持作用、干扰作用和胁迫作用(见表4-8,表4-9)。其中联动和支持作用提升城市自然环境质量,促进城市发展,而干扰和胁迫作用破坏城市自然环境,阻碍城市发展[151]。Green 和 Page 在对旅游与环境关系的研究后都认为旅游业的发展能够促进本地废弃建筑物的再利用,有利于历史遗迹等人文古迹的修复和保护,有利于强化本地或本国的建筑风格和建筑特色[152]。

表 4-8　旅游业对环境的正效应

联动效应	支撑效应
保护旅游地优美洁净的自然风光和珍稀动植物资源,控制大气、水及噪声污染等措施,促进对生态环境的保护	为旅游区自然生态环境保护提供资金、经费支撑
通过改进地区景观,扩大绿化,增建公园,促进已被破坏的环境修复	旅游产业发展促使民众生态环境保护意识的增强,进而为生态环境保护提供支撑

表 4-9　旅游业对环境的干扰效应

干扰因子	主要干扰表现
对植被的影响	切断了地表原生界面,改变了水分运输方向,损毁了原生植被
对大气环境的影响	主要体现在车船等排放的尾气、废气和旅游服务设施排气等方面,宾馆饭店对大气的污染物主要是燃烧煤、煤气和液化气产生的各类有毒气体和烟尘等,对旅游地大气质量影响大
对水环境的影响	旅游区内宾馆、饭店、商场、茶社排放的废水、废物等也会污染水环境,特别是水上游乐活动对水体的污染更为严重
对土壤的影响	破坏了生态景观的完整性,导致地表水土流失和侵蚀。如旅游道路等设施会加剧山体滑坡、泥石流等灾害频发
对动物的影响	旅游基础设施、服务设施、景点建设碎化了生物的生境。施工噪声和旅游交通工具噪声惊扰了动物生活,使动物受惊吓或改变生活地点,造成景区动物急剧减少

Ross 认为旅游与环境之间的关系存在两种可能性,或冲突或共生,而且旅游与环境的关系会经历"共存"、"冲突"和"共生"等多个阶段。在此基础上他提出以旅游开发与环境保护协调发展为目标的环境适应性旅游开发模式[153]。

(一)环境功能作用机制模式

世界遗产旅游业的发展带来的规模庞大的旅游消费活动和旅游供给活动同时以不同的方式对城市环境的各个构成要素因子产生作用,进而带来城市整体环境的改变,具体作用机制的构成主要有作用方式和作用途径两部分。旅游者消费活动对环境的作用方式包括游览、践踏、采摘、折损、丢弃垃圾、刻画等,旅游供给活动对环境的作用方式主要包括旅游建设工程、旅游交通排放、旅游食宿消耗等,这些因素共同对土壤、动植物、大气、水体、文物古迹、土地利用等环境构成要素产生作用。旅游业对环境的作用途径主要是通过上述方式对环境各要素作用带来土壤板结、水土流失、动植物生境破坏、大气和水体污染、文物侵蚀、建筑损坏等影响,如来自旅游者以及旅游供给和服务行业的生活废气、焚烧尘埃、尾气排放等加重了城市大气环境的污染和恶化,增加了空气中的含尘量、含菌量及光化学烟雾等,造成酸雨、酸雾等,对动植物、土壤等其他要素造成间接污染,造成整个自然环境质量的下降,进而改变整个环境质量。旅游业的相关活动对环境系统的各个构成要素的作用机制都是一个复杂的过程,并且各个要素作用机制之间都存在一定的关联性,进而形成整个作用体系。旅游业的发展带来城市环境的改变是不可避免的,但是这种改变是积极的还是消极的我们是可以控制的,可以通过旅游对环境作用的研究找到更科学更环保的旅游发展模式更有效的发挥旅游与环境的相互促进作用,限制二者的相互阻碍作用。

(二)旅游发展生命周期与环境作用

在世界遗产旅游发展初期,旅游者人数少,活动空间小,旅游与遗产地城市环境彼此保持独立关系,但这种关系维持时间不长,随着世界遗产旅游的发展,旅游与环境的关系变得复杂但此时旅游与环境能够共存共荣,形成共生关系,当世界遗产旅游流超过城市环境承载力时,旅游对环境的消极作用超过积极作用,二者之间产生了不同程度的冲突,冲突关系期到来。如果冲突关系得不到改善,势必影响世界遗产旅游的持续发展,进而进入世界遗产地的旅游衰退期。如果得到重视并采取得力措施控制消极作用,修复旅游与环境的关系,保持共生就可以实现复兴。

(三)对城市自然环境的作用分析

(1)对水环境的作用

世界遗产旅游对水环境的影响作用主要体现在三个方面:对水质的影响、对水量的影响以及对水环境管理的影响。旅游者的活动影响了自然生态平衡,导致水体以及沉积物中的溶解氧减少,水的浑浊度上升,水质的富营养化加速,水体中的病原菌增多,进而影响水的质量与安全。同时,中国大部分城市都存在水资源短缺的现状,大批旅游者的到来在直接增加水需求的同时,催生了遗产地城市饭店业的发展,而饭店业是水资源的消耗大户,使水资源的需求量增加,地下水被过度抽取,进而使城市面临地下水位下降、水质下降、地面下沉等威胁。最后,世界遗产旅游带来的水污染和生活污水增加了城市污水处理和水资源管理的压力。研究显示,三星级以上饭店的日用水量平均为 250 吨,也就是说一座饭店一年要排放污水近 10 万吨。这些污水除了生活污水外,还包括含油废水及洗衣房含磷废水,这些污水对环境造成不同程度的污染。由于污水处理配套设施较滞后,尤其是一些小规模的饭店,普遍无污水处理设施,使水体水质、感官效能及水体功能大幅下降,加快水体的富营养化过程[154]。

(2)对大气环境的作用

空气质量差是现阶段我国城市普遍面临的环境问题,而世界遗产旅游活动又使这一问题雪上加霜。世界遗产旅游对大气环境的作用主要来自旅游者、旅游设施和交通工具。旅游者增加了城市的人口密度,增加了对氧气的需要而二氧化碳等气体的排出,降低了城市空气的负氧离子含量。旅游设施的取暖制冷等会把二氧化碳和氮氧化物悬浮微粒排入到大气环境中。大批旅游者的空间位移需要大量的交通工具和更频繁的交通班次,增加的尾气排放是造成城市空气污染的主要原因。在这些因素的综合作用下,大气环境质量趋于恶化,酸雨、臭氧层大面积破坏和温室效应等种种空气问题愈演愈烈。对世界遗产峨眉山风景名胜区的研究显示,旅游活动每年带来近 200 吨 SO_2、40 多吨 CO、8 吨 NO_x、10 吨 C_nH_m、100 多吨粉尘和相当数量的 F^- 排入大气中[155]。

（3）对植被环境的作用

世界遗产旅游对植被环境的作用大小与旅游者的数量成正相关关系。大规模的旅游者到来给植被环境带来巨大压力。一方面旅游者的不当行为带来植被的直接破坏,如踩踏、采集、燃烧等。另一方面,旅游设施兴建会造成草地林地的占用,在建设过程中也可能发生乱砍滥伐的现象。即使建筑材料不在当地采伐,购买来的原材料也可能存在着携带病虫害威胁植被环境的危险。世界遗产旅游对植被环境的作用首先表现在植被特征的变化上,包括植物高度由高到低、植被面积由多到少和植物种类越来越少等。其次表现在森林覆盖率的降低上,一些植物品种由于其生境被破坏而逐渐消失。通过对世界遗产峨眉山的研究发现,旅游对当地植被环境产生以下作用:① 系统性破坏,旅游人数的急剧增加,外排大量未经处理的废气、水和固体污染物,这些物质进入环境后,会改变冷杉的生长环境,导致大片冷杉衰亡。废水的随沟排放和固体废物的乱排乱堆,将严重污染土壤环境,危害冷杉根系。② 局地破坏,主要由建筑施工、旅游践踏和机械破坏构成。人为践踏主要表现在路边林地,土壤被踏实,透气性差,使浅根性的冷杉呼吸作用受阻,进而衰亡。机械破坏主要表现为游人采摘树枝、果实,攀树照相以及在大树、古树上留名刻字[156]。

但是旅游对植被环境也不尽然是破坏作用。 李贞等对世界遗产中国丹霞中的广东丹霞山的研究发现,旅游开发对森林群落保护的作用要远大于游客对群落损害的负作用。丹霞山游览区植被受到保护,基本保持和稳定了原生森林群落的正向演替,而非游览区植被遭受砍伐破坏,原生植被几无复存。但是,在远离丹霞山游览区 10 千米的巴寨是全丹霞峰林的最高峰(海拔 645

m），它的自然条件和面积与丹霞山游览区差不多，但由于未能以旅游开发进行保护，森林受到严重破坏，百年以上古树名木在丹霞山尚保存约 17 种，102 株；巴寨仅有 7 种，42 株；两山分别占整个丹霞峰林区古树种类和株数比例分别为 54.8% 和 17.4%；22.6% 和 6.8%。而且在丹霞山的国家 3 级保护植物白桂木、省级保护植物乌楣椎和丹霞特有种丹霞梧桐有成片分布；群落保护尚好，而在巴寨仅有零星分布，白桂木群落已基本不存在[157]。对植被环境的作用往往表现出有利于遗产范围内植被环境的保护，不利于遗产周围植被环境保护的双重作用。

（4）对土壤的作用

旅游开发对土壤的影响主要有由于植被破坏，造成大面积水土流失，土壤裸露面积增加，土壤质量下降，风沙化严重以及游人的践踏压力使土壤板结，落叶层和腐殖质层破坏，使土壤肥力下降，土壤值上升。大量游人进入旅游目的地，增加了对土壤的踩压，使土壤压力增加，土壤板结程度增加，水分渗透减少，加大了地面径流，导致水土流失增加；随着植物的消失，土壤裸露面积增加等[158]。

（5）对动物的作用

由于旅游开发活动，使一些动物的生存环境受到干扰，野生动物数量明显减少，从而导致食物网简单化，食物链缩短，部分断裂和解环，甚至消失，结果造成固有的生态系统出现不平衡。再加上少数游客在旅游区过度捕猎以及食用珍稀动物，使益鸟益兽减少，动物的品种和数量急剧减少，濒临灭绝。对生物之间关系的破坏。由于旅游开发造成的生态环境破碎化，将破坏生物之间的关系。如斑块的面积变小和隔离使捕食猎物关系也发生相应变化小斑块由于提供的庇护场所较少和边缘面积增加，猎物被捕获的机率增加，动物种群生存受到威胁。又如，旅游设施建设使斑块化生态环境形成，使动物为食物资源而在斑块间迁移，一些泛化种由此可能入侵新的生境，使生境中本地种的生存受到威胁，但有些物种由于竞争者的消失而数量上升[159]。

（四）对城市人文环境的作用分析

（1）城市景观

旅游开发对景观的影响是指人为的干扰导致景观退化现象，主要表现为景观的生态整体性和生物多样性遭受破坏，景观结构破碎化，景观功能受损，生态风险增大和审美价值降低等。分析其原因，主要是景区开发过程中滥砍乱伐,破坏植被,造成生物物种栖息地减少,使一些物种消失,生物多样性减少。而且还造成生态失衡,以至水土流失,景观受到破坏。景观破碎化造成生物的生境片段化,进一步造成生物群落组成改变,生物种群数量下降。世界遗产旅游发展过程中旅游景区、旅游设施的建设使原有的自然景观被商业化、城市化的景观所代替,这些大小不一、数量不等的引进嵌块体造成景观的功能发生错位[160]。

围绕旅游资源进行的景观建设需要进行全面细致的调查研究和深入科学的评估、规划和论证,需要把握环境的价值、特征、氛围和美学要求,深入认识旅游资源反映的历史文化、风俗习惯和民族精神等,尽量避免盲目的旅游开发和急功近利的旅游景观建设,否则旅游景观数量越多,建设性破坏和破坏性建设也就越多。现阶段最突出的表现就是旅游景观的商业化、雷同化、城市化甚至庸俗化,不但最初的提高旅游环境质量、突显城市旅游特色的目的难以实现,还产生了遮景或败景的效果,破坏了城市整体景观的和谐程度,造成了视觉污染甚至是风景灾难[161],直接影响了城市景观环境的质量。

(2)用地类型

旅游缓冲区用地。世界遗产保护的严格规定限制了资源核心区的旅游开发,为满足日益增长的现实遗产旅游需求,世界遗产景区的缓冲区面积越来越大,很多地方会经历基本没有建筑——少量建筑——较多建筑——密集建筑的变化过程[162],娱乐型旅游用地不断增长,原有的土地利用类型被改变。为了增加世界遗产旅游者的停留时间,取得更多的经济收益,遗产地城市的旅游综合体项目越来越多,增加了用地需求。

旅游基础设施用地。世界遗产所在地城市作为世界遗产旅游的集散地,需要大量的基础设施和旅游供给设施,包括铁路、公路、机场、码头等交通设施和饭店、旅行社、旅游景点等旅游企业,毫无疑问这些建设需要占用大量土地,会不同程度地改变城市土地利用类型与格局,把森林、草原、山地等自然系统改变为人工系统,影响了自然系统的稳定性,从而丧失了原有自然系统的生态服务功能。例如世界遗产五台山所在的山西省五台山县总土地面积为28.6万平方千米,由于旅游开发带来的自然环境的恶化,导致当地的水土流失面积达到50%。

(3)空间结构

遗产地城市环城游憩带的繁荣。根据吴必虎提出的环城游憩带(ReBAM)理论,ReBAM的空间定位由级差地租的外推租用和出行交通阻力的内拉作用共同决定,并在二者作用力的平衡点距离处形成 ReBAM。此距离外,不同类型旅游地空间分布的差异开始显现,人文观光和人工娱乐旅游地显著减少,自然观光旅游地数量显著增加,以自然风景资源为基础的运动休闲旅游地数量也有一定程度增加[163]。以北京为例,作为全世界拥有世界遗产数量最多的城市,再加上首都的特殊身份,北京周边空间范围内的观光、娱乐、运动休闲等各类旅游地目前已达 235 处,在距离城市中心 60 千米范围内形成近城集聚,使城市空间呈现出圈层结构[164]。

(五)旅游环境污染分析

近 30 年的世界遗产旅游发展实践证明,世界遗产旅游的环境污染问题随着世界遗产旅游规模的扩大日益明显,造成了很多世界遗产地城市环境的显著变化。世界遗产武陵源风景名胜区由于旅游人数的持续增加带来了大气、地面水质和植被的质量变化[165]。而在世界遗产地黄山市情况却有所不同,旅游业的发展在促进黄山基础设施建设的同时,并没有对当地大气环境、水环境产生较为明显的负面作用,但对当地的野生动物保护带来了一定的威胁[166]。在所有的世界遗产城市类型中,山岳型世界遗产资源所在城市环境受遗产旅游活动的影响较大,比如泰山、黄山、峨眉山等,特别是在旅游旺季,主要表现在对自然生态环境的破坏(包括生境破坏、生物物种消失、有毒物的浸入、非原生物种的增加、水土流失等)[167]。天池自然保护区是世界遗产新疆天山的核心景区,景区及周围环境出现了水环境质量下降、草地植被退化、自然生态条件变差等问题,并面临着生物多样性锐减、水土流失加剧等威胁[168]。李贞等学者以群落景观重要值、旅游影响系数、敏感水平等定量分析为依据,研究了旅游开发对丹霞山植被产生的影响[169]。刘春艳等学者在九寨沟自然保护区进行野外调查,采用游径评价法,选择植被根部裸露、路面泥泞等评价指标,通过统计游径上指标出现的频率,从土壤—植被层次上评价了旅游的非污染生态环境影响[170]。董成森通过对世界遗产武陵源风景名胜区的调查研究认为旅游活动对风景区生态环境影响最大的是旅游垃圾、生活污水及粪便,发现世界遗产武陵源风景区位居国家级自然保护区内,其核心区、缓冲区基本没有受到人为影响,所以仅统计了空气污染物、水污染物和垃圾污染物。据数据统计,旅游者在景区游览过程中每人每天产生的主要污染物见表 4-10 所示[171]。

表 4-10 旅游者产生的主要污染物（千克／人·日）

种　类	CO_2	SO_2	CO	BOD_5	悬浮固体物	居住游人垃圾	不居住游人垃圾	粪便
产生量	2.453	0.0129	0.396	0.04	0.06	0.5	0.2	0.4

资料来源：董成森．森林型风景区旅游环境承载力研究——以武陵源风景区为例．经济地理，2009，29（1）：160-164.

在世界遗产承德避暑山庄，旅游者的一些不当旅游行为给环境留下无法弥补的破坏。在北枕双峰亭子的柱子上，不文明的游人刻画满了"到此一游"的痕迹。碧峰门附近的乾隆御碑的浮雕有些被击碎，并有游人拓片的墨迹。博物馆内珐琅馆前一株古松枝叶稀疏，瓷器馆前一株古松已死，北枕双峰上两株已经死亡的古松伫立道旁向游人"哭泣"。[172]泰山是我国的世界文化与自然遗产，因超载旅游，错位开发，岱顶大量旅游经营性项目的建设，破坏了环境的真实性，打破了自有封禅活动以来赋予岱顶的"仙境"的氛围，进而打破了泰山封禅文化于无形中的完整性。其次，建筑物立身之处，植被、微生物所依附的地表层不复存在，微生态环境、生物链受到扰动，自然环境的完整性被打破。大量宾馆产生的垃圾造成环境污染，这些都使岱顶的原有风貌极大的丧失[173]。

由上述分析可见，世界遗产旅游对城市环境的消极作用大于积极作用，即所谓的旅游环境污染。近年来世界遗产旅游的实践和旅游可持续发展理论的研究表明，研究城市旅游环境容量，把世界遗产旅游流量控制在遗产地城市环境承载力范围内，是发挥世界遗产旅游对城市环境的积极作用，控制旅游污染的关键。但是这种做法在发展中国家的旅游市场中面临巨大的挑战和压力，这些挑战与压力主要来自三个方面，一是当地政府迅速发展经济的迫切需要，二是旅游经营者迫切希望尽快获得投资收益的压力，三是旅游者大众旅游的需求挑战。这些挑战是世界遗产旅游环境污染存在的根源，但究其具体原因有以下几点：

第一，促进全人类公认的具有突出意义和普遍价值的文物古迹与自然景观的保护是世界遗产评选的直接原因，因为这些遗产有的年代久远，有的本身对环境敏感度较高，与一般旅游资源相比，更需要全面的、科学的保护，现已形成系统的保护体系通过严格的制度规定和多元的管理手段保证对其的保护效果。所以，世界遗产旅游活动很多在世界遗产周围即缓冲区展开，使世界遗产旅游对环境的影响更多的表现在对世界遗产外围环境和遗产地城市整体环境的作用。

第二，世界遗产包括文物、遗址、建筑群和自然面貌、动植物生境区、天然名胜区等多种形式的资源，这些资源常常与文物保护单位、历史遗迹等文化环境和森林、山岳、草原、湖泊等自然环境相联系，同时他们也即是世界遗产的缓冲区，而这些环境往往比较敏感，对来自遗产旅游者的干扰的抵御功能较弱，一旦旅游者的数量超过环境承载力的限制，极易受到旅游业的破坏。

第三，世界遗产地城市的旅游市场吸引力大，辐射范围广，为满足大量的旅游者需求，城市往往要进行大量的旅游相关开发和建设，这些都可能会对城市环境产生影响。再加上受制于开发和管理水平的限制，旅游建设中不乏有不合理的、甚至是违规的工程，给环境带来不可逆的人为破坏。

第四，旅游者的数量和行为。近年来我国经济的高速发展使人民的可支配收入和黄金周、带薪休假不断增加，国内游的需求呈现爆炸式增长，遗产地城市的基础设施很难完全满足急速增加的需求，尤其是在旅游旺季，城市到处都人满为患，带来交通拥挤、设施损坏等问题，甚至影响到社会治安，打破了城市原生环境的平衡。此外，旅游者的素质参差不齐，对旅游者表现出来的各种不恰当旅游行为（如攀折花木、肆意践踏、刻字留名等）缺乏有效约束，从而给环境带来更多的损害。

六、城市发展对世界遗产旅游的反作用

城市环境是世界遗产旅游进行的空间载体，为世界遗产旅游的开展提供各种资源供给和物质基础。在世界遗产旅游出现之前，遗产地城市就已经形成了一个自循环、自平衡的"原生"城市环境系统，因为世界遗产旅游活动的出现及规模的不断壮大，"原生"城市环境系统在其影响下不断发生变化，逐渐演变成"次生"的旅游环境系统[174]。世界遗产旅游的环境作用首先是适应并利用遗产地城市的环境而后作用于"原生"环境，增加、强化它的旅游服务功能。

世界遗产地城市是发展世界遗产旅游的重要保障与支撑，在为遗产旅游者直接提供旅游设施与服务的同时，其交通区位、经济条件、基础设施、政策环境等也直接影响世界遗产旅游的发展。经济条件是衡量城市综合实力的重要指标，决定着城市的财政支出和收入水平，进而影响世界遗产地城市对世界遗产景区的财政投入和本地居民的消费能力；城市公共服务能力的高低要依靠基础设施,这既是遗产旅游者公共消费的重要组成部分,也会影响遗产旅游者的满意程度;交通区位决定了城市可进入性的高低,这也是遗产旅游者决策时的重要因素,对遗产旅游市场的大小有直接影响;城市环境作为世界遗产景区的大背景,影响遗产旅游者的旅游体验,进而影响其满意度和世界遗产旅游的口碑与形象。总之,世界遗产地城市是世界遗产旅游发展的坚强后盾。

第 5 章

中国世界遗产旅游与城市发展水平的测度与评价

一、世界遗产旅游发展水平评价指标与方法

关于旅游业发展水平的测度,国内外学者以不同地区为对象进行了大量的研究。谢风媛对我国区域旅游发展差异进行了定性描述,然后采用基尼系数指标对我国省域旅游业发展差异现状进行了测算,在定性分析和定量分析的基础上总结了该差异的发展趋势[175];王红国、李娟文用主成分分析法得到了我国旅游业发展水平呈现东高西低的结论[176];顾江等采用因子分析法将全国 31 个省市区旅游业发展实力划分为三个层次,并且对江苏省作了着重分析[177];林强分别采用因子分析法和层次分析法对山东省的入境旅游发展水平和青岛、烟台区域旅游综合发展水平评价分析,得出了青岛市的旅游综合发展水平要高于烟台市的结论[178];钱磊选取旅游业发展的 6 大指标采用多元统计分析方法对中国旅游业发展水平的省区差异进行分析[179]。

(一)评价指标选取的基本原则

(1)科学性与权威性原则。

指标体系的科学性与权威性要求选取的指标要充分体现世界遗产旅游与城市的发展内涵与特色,为达到这一目标,在指标的选择时,参考了以往研究中多项旅游和城市发展综合水平相关的评价体系,对以往研究中出现频度较高的指标进行了统计,同时结合世界遗产旅游地的特点,综合的衡量后进行了指标的第一轮评价。此外,指标体系的科学性与权威性还要求选取的所有

指标都来源于权威的国际组织或国家机构发布的相关研究成果及报告,这些组织机构包括世界旅游组织(WTO)、世界旅游及旅行协会(WTTC)、世界遗产中心(WHC)、联合国教科文组织(UNESCO)、国家旅游局、国家统计局等,以保证评价指标更加具有说服力,保证评价指标对应的数据来源更具可靠性。

(2)系统性与层次性原则。

世界遗产旅游与城市都是非常复杂的系统,每个系统内部又是由多个子系统构成,选取的指标必须能够反映这两个系统的复杂性以及每个子系统的关联程度。按照这一要求,指标体系应该既具有足够的涵盖面,又要有适当的层次划分,在做到全面反映世界遗产旅游与城市发展各个子系统的基本状态与特征的同时,又比较详细地反映各个子系统对世界遗产旅游与城市发展系统的贡献程度。建立既界限分明又相互联系的多层次指标体系,构筑符合系统内在逻辑关系的有机评价体系是系统性原则的目的。

考虑到旅游业的产业关联度高,城市体系的内容覆盖面广等因素,指标设置在旅游发展速度、旅游发展规模、旅游发展质量三个层次展开,并涵盖了城市体系中的经济、社会、环境、文化等多个子系统,综合而精准的刻画世界遗产旅游与城市发展的典型特征与整体状况。但是指标的设置也并非越多越好,过多的指标难免会带来重复,从而陷入烦琐主义"精致虚假"的陷阱[180]。在评价体系内部,各个指标之间也要形成有机的系统,做到层次清晰,结构清楚,关系明确。上一层次的指标要能概括下一层次的所有指标,下一层次指标要能全面解释上一层次指标。

(3)可比性与动态性原则。

可比项原则有两点要求:一是尽量选取能够获取与量化的客观指标,指标的统计口径、内涵与适用范围等保持一致,减少主观臆断带来的误差;二是指标应满足纵向与横向的可比性,即同一评价对象在不同时期可比和不同评价对象在同一时期可比。世界遗产旅游与城市发展是一个动态的过程,任何一个孤立的时间点或者空间点上的数据是没有实际评级意义的,只有通过纵向的时序比较与横向的空间比较,才能反映各个阶段各世界遗产地旅游业和城市发展的演进轨迹及其空间分异。

世界遗产旅游系统与城市发展系统都不是静态的,他们是动态的不断变化的,因此,指标的选择既要从现实情况出发,又要考虑发展趋势,具有一定的先进性,做到指标的设置既能够反映世界遗产旅游与城市发展的时代特征,又能代表未来发展的方向。随着旅游业与城市的发展,统计工作的进一步完善,指标体系的设计也必然更加合理、更加具有代表性。

(二)评价指标的选取与解释

在遵循科学性、系统性、有效性、可操作性等基本原则的基础上,首先根据对旅游业与城市发展内涵、特征和耦合关系的理论分析和世界遗产地城市的实际情况,基于统计资料提供的数据信息,选取了能够反映旅游业发展与城市发展水平以及二者耦合协调关系的代表性指标;其次,结合已有的研究成果,在中国知网数据库中对涉及旅游业与城市发展水平测度的 789 篇 CSSCI 期刊刊登的文献中评价指标的使用频度进行分析并选取较高频度的指标对已选取的指标进行调整;最后征询相关专家对调整后指标设置的意见并进行改进,最终构建了包括 3 个准则层和 12 个指标层的世界遗产旅游发展水平评价的指标体系(见表 5-1)。

表 5-1　遗产旅游发展水平评价指标体系

目标层	准则层	权重	指标层	权重
遗产旅游发展水平(T)	发展规模(T1)	0.42 109	旅游总人数(T11)	0.158 01
			旅游总收入(T12)	0.149 07
			接待入境旅游人数(T13)	0.203 94
			国际旅游外汇收入(T14)	0.187 79
			国内旅游人数(T15)	0.157 83
			国内旅游收入(T16)	0.143 37
	发展速度(T2)	0.37 856	旅游总人数增长率(T21)	0.247 60
			旅游总收入增长率(T22)	0.359 46
			人均旅游花费增长率(T23)	0.392 94
	产业结构(T3)	0.20 036	旅游总收入占 GDP 的比重(T31)	0.347 04
			旅游总收入占第三产业的比重(T32)	0.297 93
			旅游外汇收入占旅游总收入的比重(T33)	0.355 04

如表 5-1 所示,世界遗产旅游发展水平是用来衡量世界遗产旅游发展状况的,其最直接表现是遗产旅游的发展规模、发展速度及产业结构。遗产旅游业发展规模的内涵即遗产旅游业所创造的经济效应,主要以遗产旅游接待的总人数(接待的国内旅游人数和国际旅游人数)、遗产旅游总收入(国内旅游收入和国际旅游收入)等指标来体现,这代表了遗产旅游业发展规模水平

的高低,是对遗产旅游业发展规模的面的描述。因此遗产旅游发展规模这一准则层包含旅游总人数(T11)、旅游总收入(T12)、接待入境旅游人数(T13)、国际旅游外汇收入(T14)、国内旅游人数(T15)、国内旅游收入(T16)6 项可得性较强且明显显示遗产旅游发展规模的数据。遗产旅游业的发展速度顾名思义即为遗产旅游业最近的发展变化,主要是通过遗产旅游收入占地区国民经济总值等比值性的指标表示,因此选取旅游总收入占 GDP 的比重(T21)、旅游总收入占第三产业的比重(T22)、旅游外汇收入占旅游总收入的比重(T23)3 个指标表示。遗产旅游产业结构是一个动态的概念,遗产旅游产业结构的合理化对旅游发展水平的增长具有重要作用,通过旅游总人数增长率(T31)、旅游总收入增长率(T32)、人均旅游花费增长率(T33)3 个指标来表征遗产旅游产业结构。

(三)指标权重与综合指数的确定

对评价指标体系中指标权重的确定采用熵值法。熵值法是一种较为客观的确定指标权重的方法,它成功避免了人为因素的干扰,提高了评价结果的可信度。熵是热力学的一个物理概念,可以对系统无序度进行测量,也就是说熵可以对系统不确定性的影响因素进行度量。具体来说,熵值法是通过计算指标的信息熵,根据指标的相对变化程度对系统整体的影响来决定指标的权重,相对变化程度大的指标具有较大的权重[181]。熵的大小和系统的混乱程度成正比,和携带的信息及指标的权重成反比。

(1)数据的标准化处理

正向指标:$X_{ij} = (x_{ij} - x_{j\min})/(x_{j\max} - x_{j\min})$

负向指标:$X_{ij} = (x_{j\max} - x_{ij})/(x_{j\max} - x_{j\min})$

在本公式中,X_{ij} 是指标的原始数据;$x_{j\max}$ 和 $x_{j\min}$ 分别是同一指标的最大值和最小值;i 代表第 j 个年份,j 代表第 j 项指标。

(2)第 i 个年份第 j 项指标的比重

$$Y_{ij} = \frac{X_{ij}}{\sum_{i=1}^{m} X_{ij}}$$

在本公式中,m 为年份总数。

(3)指标熵值

$$e_j = -k \sum_{j=1}^{m} (Y_{ij} \times \ln Y_{ij})$$

（4）指标熵值冗余度

$$d_j = 1 - e_j$$

（5）指标权重

$$W_{ij} = \frac{d_j}{\sum\limits_{j=1}^{m} d_j}$$

各级指标数值的计算根据已求得的指标权重与该项指标的标准化数据值相乘而得，经过加权求和后可以得到 2000～2013 年世界遗产旅游发展综合指数及 14 个世界遗产城市各自的旅游发展指数，表征世界遗产旅游发展水平（见表 5-2 和表 5-3）。具体公式如下：

$$T_i = \sum_{j=1}^{3} W_j \cdot \sum_{j=1}^{n} W_{ij} \cdot X_{ij} \qquad (5\text{-}1)$$

式中，T_i 是旅游业发展水平综合指数；W_j 是评价因子层的各指标权重，W_{ij} 是评价指标层的各指标权重；X_{ij} 是评价指标层的各指标标准化值，n 是相应子系统所包含指标层的数量。

表 5-2　2000～2013 年 14 个世界遗产地旅游发展指数及排序

	2000 年排名	2000	2001	2002	2003	2004	2005	2006
丽江	1	0.269 4	0.272 6	0.276 3	0.360 2	0.310 6	0.304 4	0.292 9
黄山	2	0.225 1	0.219 7	0.326 5	0.216 1	0.301 3	0.233 2	0.251 5
西安	3	0.224 5	0.235	0.239	0.201 7	0.229 7	0.217 8	0.218 6
张家界	4	0.214 7	0.224 4	0.256 4	0.281 2	0.359 1	0.309 7	0.338 8
杭州	5	0.193 5	0.203 4	0.218 9	0.197 2	0.230 3	0.232 8	0.247 5
苏州	6	0.173 6	0.176 8	0.195 3	0.174 8	0.257 1	0.281 8	0.234 6
洛阳	7	0.138 5	0.150 9	0.134 6	0.101	0.146 1	0.150 8	0.180 5
九江	8	0.134 9	0.146	0.120 4	0.121 3	0.118 5	0.131 5	0.145 1
大同	9	0.134 5	0.131 3	0.139 1	0.143 9	0.194 1	0.160 8	0.154
乐山	10	0.132 4	0.134 3	0.138 6	0.123 5	0.187 1	0.163	0.172 3
承德	11	0.130 1	0.139	0.168	0.169 1	0.180 2	0.147	0.151 1
安阳	12	0.118	0.116 6	0.107 5	0.153 3	0.130 9	0.104 6	0.108 2
泰安	13	0.115 3	0.122 7	0.139 6	0.095 9	0.133 6	0.133 2	0.137 7
上饶	14	0.103 7	0.095 4	0.104 9	0.092 7	0.104 1	0.116 9	0.108

续表

	2007	2008	2009	2010	2011	2012	2013	2013 年排名
丽江	0. 31	0. 3034	0. 321	0. 326 4	0. 351 5	0. 384 9	0. 421 1	1
黄山	0. 268 8	0. 280 2	0. 289 3	0. 319 2	0. 397 2	0. 390 9	0. 380 8	2
西安	0. 222 1	0. 190 3	0. 1836	0. 212 5	0. 222 9	0. 233 5	0. 280 4	5
张家界	0. 320 3	0. 275 1	0. 262	0. 287 1	0. 304 9	0. 295 8	0. 286 3	4
杭州	0. 258 9	0. 260 2	0. 267 8	0. 304 5	0. 314 5	0. 332 7	0. 373 7	3
苏州	0. 237 3	0. 235 3	0. 234 8	0. 285 9	0. 276 7	0. 289	0. 242 3	6
洛阳	0. 169 2	0. 159 7	0. 168 7	0. 170 5	0. 199 2	0. 206 3	0. 209 8	8
九江	0. 148 2	0. 148 9	0. 154 9	0. 163 6	0. 175	0. 1799	0. 218 8	7
大同	0. 146 9	0. 143 9	0. 147 5	0. 143 6	0. 158 1	0. 150 4	0. 161 7	12
乐山	0. 173 8	0. 156	0. 141	0. 157 9	0. 171 6	0. 189 7	0. 184 7	9
承德	0. 169 2	0. 149 7	0. 161 3	0. 144 7	0. 160 2	0. 159 3	0. 160 6	13
安阳	0. 128 1	0. 124 1	0. 116 1	0. 110 8	0. 117 8	0. 131 7	0. 132 6	14
泰安	0. 134 2	0. 144 5	0. 156 9	0. 167 2	0. 169 3	0. 175 8	0. 171	11
上饶	0. 125	0. 146 7	0. 158 3	0. 135 8	0. 146 3	0. 162 3	0. 182 2	10

（四）研究对象与数据来源

根据《世界遗产名录》（截至 2015 年）对中国世界遗产项目所在地的登录信息,中国的世界遗产所在地共 61 个,行政级别涵盖直辖市、副省级城市、地级市、县级市、县、乡镇等,其中地级市及以上级别的世界遗产项目地共有 17 个(不包括跨省市的联合遗产项目所在地)。鉴于统计数据的限制和城市之间的可比性,故选取的是除澳门和西藏以外的其他 14 个地级行政单位级别的世界遗产地作为案例城市,按照登录时间排列分别是泰安、西安、黄山、张家界、承德、九江、乐山、丽江、苏州、洛阳、大同、安阳、上饶、杭州。这 14 个世界遗产地城市发展水平评价指标体系中各个指标的数据主要来源于 2001～2014 年的《中国城市统计年鉴》、《中国区域经济统计年鉴》、《中国统计年鉴》和相关省份的统计年鉴,还包括 2000～2013 年研究对象城市的《国民经济和社会发展统计公报》等。鉴于本书对世界遗产旅游的范围界定是旅游者到世界遗产地进行的旅游活动和遗产旅游统计数据缺失,案例城市的世界遗产旅游发展水平评价指标体系中的各个指标数据采用的是世界遗产地旅游业发展的数据进行表征,主要来源于 2001～2014 年的《中国旅游统计年鉴》以及2000～2013 年研究对象城市的《国民经济和社会发展统计公报》等。对于个别年份、个别城市的缺失数据,我们采取了加权平均法在借鉴已有数据的基础上对指标进行赋值。

表 5-3　世界遗产地旅游发展综合指数(2000～2013 年)

年　份	2000	2001	2002	2003	2004	2005	2006
旅游发展综合指数	0.164 9	0.169 2	0.183 2	0.173 7	0.205 9	0.192 0	0.195 8
年　份	2007	2008	2009	2010	2011	2012	2013
旅游发展综合指数	0.200 9	0.194 1	0.197 4	0.209 3	0.226 1	0.234 4	0.243 3

二、世界遗产旅游发展构成要素的变化趋势

(一)世界遗产旅游发展构成要素的时间变化

世界遗产旅游发展的 3 个准则层代表了世界遗产旅游发展的三个方面,其中得分最高的是遗产旅游产业结构,其次是遗产旅游发展速度,得分最低的是遗产旅游发展规模,说明世界遗产旅游在 2000～2013 年这 14 年的发展过程中世界遗产旅游的产业结构水平显著提高,世界遗产旅游业发展速度有所提高,相对而言世界遗产旅游业的规模发展相对滞后,下一个阶段要围绕世界遗产旅游资源加强旅游综合目的地的建设,延长遗产旅游产业链,促进世界遗产旅游规模的发展。从增长速度来看,在 2000～2013 年间遗产旅游发展各方面中,世界遗产旅游产业规模从 0.02 增加到了 0.15,提高了 0.13,增长速度是最快的,说明这 14 年中世界遗产旅游产业规模增长迅速;世界遗产旅游业的发展速度从 0.16 增加到 0.21,提高了 0.05,虽然在 2003 年、2005 年和 2008 年由于"非典"、"金融危机"等外在因素导致旅游总人数增长率、旅游总收入增长率下降进而出现了发展速度一定的下降,但整体增长速度较快;世界遗产旅游产业结构增长缓慢,从 0.45 增加到 0.47,仅提高了0.02,虽然 2004 年由于旅游外汇收入占旅游总收入百分比的快速增长有了大幅提升,但整体增长幅度较小,增速较缓。因此,进一步扩大世界遗产旅游业的规模,加快世界遗产旅游产业结构的调整和升级是下一步世界遗产旅游工作的重点(如图 5-1)。

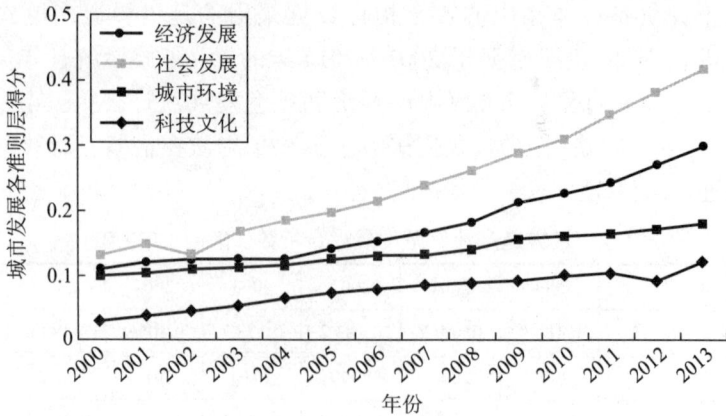

图 5-1　世界遗产旅游发展准则层指标变化趋势

（二）世界遗产旅游发展构成要素的空间变化

（1）世界遗产旅游产业规模

2000～2013 年间 14 个世界遗产旅游的产业规模综合得分从 0.002 增加到 0.49，与世界遗产旅游产业的发展速度和产业结构相比，此项的综合得分最低，但是增长幅度最大，同时城市差异也进一步扩大。2000 年，世界遗产旅游产业规模综合得分最高的城市是杭州，得分为 0.08，最低的城市是安阳，得分为 0.002，二者之间的差距是 0.08，到了 2013 年世界遗产旅游产业规模综合得分最高的城市依然是杭州，得分为 0.49，最低的城市变为上饶，得分为 0.04，二者之间的差距达到了 0.37，是 2000 年时差距的 4.63 倍（见图 5-2）。

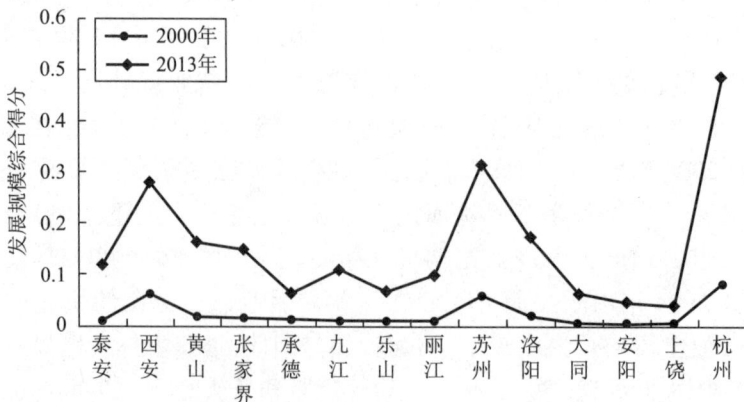

图 5-2　世界遗产旅游产业规模综合得分变化（2000 年、2013 年）

从增长速度看,2000～2013 年间世界遗产旅游产业规模增长幅度达到
0.20 以上的遗产地有 3 个,分别是杭州、苏州和西安,说明其旅游产业规模扩
张迅速,其中杭州的增幅超过了 0.40,成为所有城市中世界遗产旅游产业规
模发展最快的城市;洛阳、黄山和张家界的增长速度也超过了世界遗产旅游
产业规模发展速度 0.13 的均值,成为世界遗产旅游产业规模发展较快的城
市;安阳和上饶两地的旅游产业规模增幅都低于 0.05,分别为 0.04 和 0.03,
成为所有城市中世界遗产旅游产业规模发展最慢的城市(见图 5-3)。

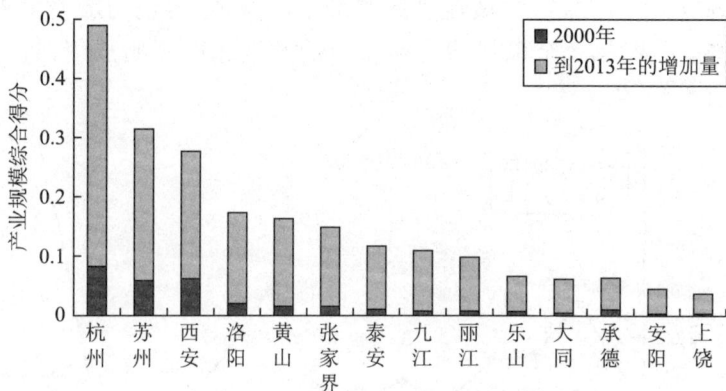

图 5-3　2000 年世界遗产旅游产业规模综合得分及到 2013 年的增加量

将 2013 年世界遗产旅游产业规模综合得分排名与 2000 年相对较,可以
发现产业规模位次上升和下降的城市均有 3 个,分别是九江、苏州、安阳和西
安、上饶、承德,位次未发生变化的城市有 8 个。具体说来,九江的位次上升
了 3 个,是排名上升最快的遗产地城市,究其原因主要是九江的旅游总人数、
旅游总收入、接待入境旅游人数和旅游外汇收入等多个指标均出现了大幅度
的上涨;排名下降最多的城市是承德,位次下降了 3 个,主要原因在于承德的
旅游总人数增长幅度小于其他遗产地城市(见图 5-4)。

(2)世界遗产旅游的发展速度

2000～2013 年世界遗产旅游的发展速度综合得分从 0.03 上升到 0.45,
不同城市之间的差异越来越显著。2000 年世界遗产旅游发展速度综合得分
最高的城市丽江与最低的城市上饶之间的差距为 0.42,到 2013 年世界遗产
旅游发展速度综合得分最高的城市丽江与最低的城市安阳之间的差距扩大
到 0.69。在此期间,黄山、张家界的世界遗产旅游发展速度综合得分较高,
发展速度水平在 14 个世界遗产地城市中优势较为突出。有两个城市 2013

年旅游产业发展速度综合得分与 2000 年相比出现了下降,分别是杭州和西安。从增长速度看,从 2000 年到 2013 年世界遗产旅游发展速度增长幅度达到 0.25 以上的城市有 2 个,黄山和丽江,说明其世界遗产旅游发展迅速,其中黄山的增幅达到了 0.30,成为所有城市中世界遗产旅游发展速度最快的城市;张家界、乐山和上饶的增长速度也超过了世界遗产旅游发展速度 0.05 的均值,成为世界遗产旅游发展提速较快的城市;杭州、苏州和西安的世界遗产旅游发展速度出现了负增长,分别下降了 0.01、0.12 和 0.15,其中西安降幅最大,成为世界遗产旅游发展速度增幅最小的城市,这说明随着世界遗产旅游产业的趋于成熟,3 个世界遗产地城市的发展速度开始放缓,进入稳步发展期(见图 5-5)。

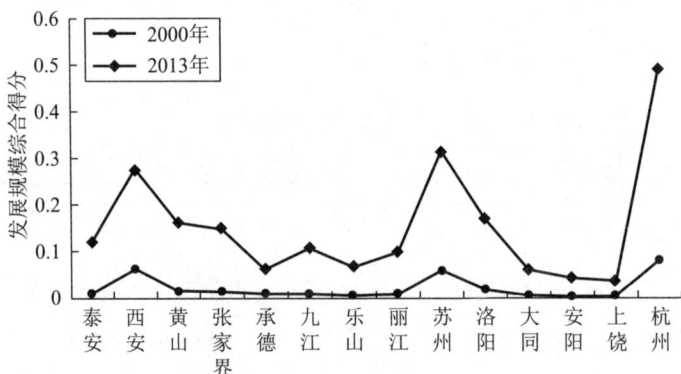

图 5-4 世界遗产旅游产业规模综合得分位次变化

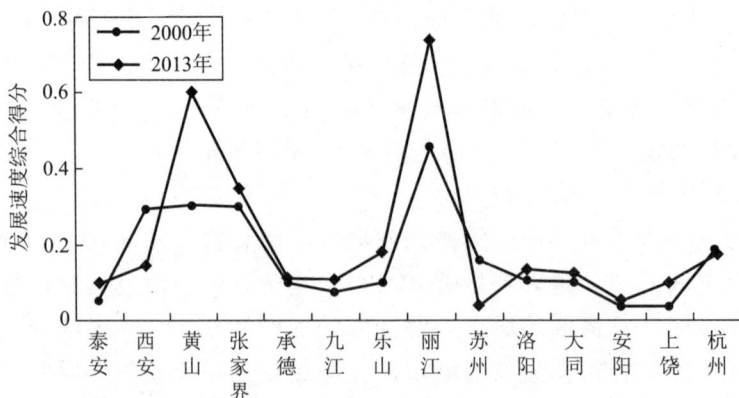

图 5-5 世界遗产旅游发展速度综合得分变化(2000 年、2013 年)

（3）世界遗产旅游产业结构

2000 年到 2013 年,世界遗产旅游产业结构综合得分从 0.41 上升到 0.64,是世界遗产旅游发展水平综合得分最高的要素,但不同城市的得分有增有减。世界遗产旅游产业结构综合得分最高的城市九江从 2000 年的 0.50 上升到 2013 年的 0.64,最低的城市从 2000 年得分为 0.42 的西安变成 2013 年得分为 0.40 的泰安。2000 年世界遗产旅游产业结构综合得分最高的城市九江与最低的城市西安之间的差距为 0.08,到 2013 年世界遗产旅游产业结构综合得分最高的城市依然是九江,最低的城市变成泰安,二者之间的差距扩大到 0.24。世界遗产旅游产业结构综合得分的差距在各城市旅游产业发展三方面综合得分差距上是最小的。2000 年,黄山、张家界、大同、安阳和九江的世界遗产旅游产业结构综合得分高于世界遗产地城市旅游产业结构综合得分的平均值,说明这 5 个城市的世界遗产旅游产业结构水平较高;到 2013 年,西安、九江、杭州和上饶 4 个城市的世界遗产旅游产业结构综合得分高于世界遗产地城市旅游产业结构综合得分的平均值,世界遗产旅游产业结构具有明显优势。2013 年与 2000 年相比,西安、承德、丽江、苏州、上饶和九江 6 个城市的世界遗产旅游产业结构综合得分实现了增长,其他世界遗产地城市均出现下滑,说明这些城市的世界遗产旅游产业结构水平有待提高(见图 5-6)。

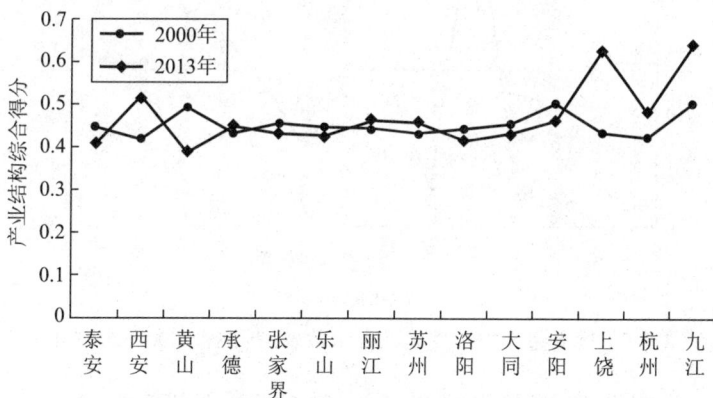

图 5-6　世界遗产旅游产业结构综合得分变化(2000 年、2013 年)

三、世界遗产旅游发展水平的时空演变

我们选取 2000 年和 2013 年的截面数据,从世界遗产旅游发展总体水平

（以世界遗产旅游发展综合指数表征）和 14 个城市世界遗产旅游发展水平（以 14 个城市世界遗产旅游发展指数表征）两个视角对世界遗产旅游发展水平的时空演变及特征进行分析，探索世界遗产旅游发展的趋势与规律。

（一）世界遗产旅游发展综合指数

从表 5-1 和图 5-7 可以看出，中国世界遗产旅游发展水平从 2000 年的 0.16 上升到 2013 年的 0.24，增长了 1.5 倍，年均增长率达到了 3.22%，但表现出曲折上升的趋势，在 2003 年、2005 年和 2008 年均出现了暂时的下降，主要原因是非典、金融危机等外部因素。2000 年到 2002 年的 3 年间世界遗产旅游发展综合指数在 0.16～0.18 之间变动，为初步发展期；2003 年到 2008 年世界遗产旅游发展综合指数在 0.17～0.21 之间来回震荡，为震荡发展期；2009 年到 2013 年世界遗产旅游发展综合指数在 0.20～0.24 间持续增加，为持续发展期。

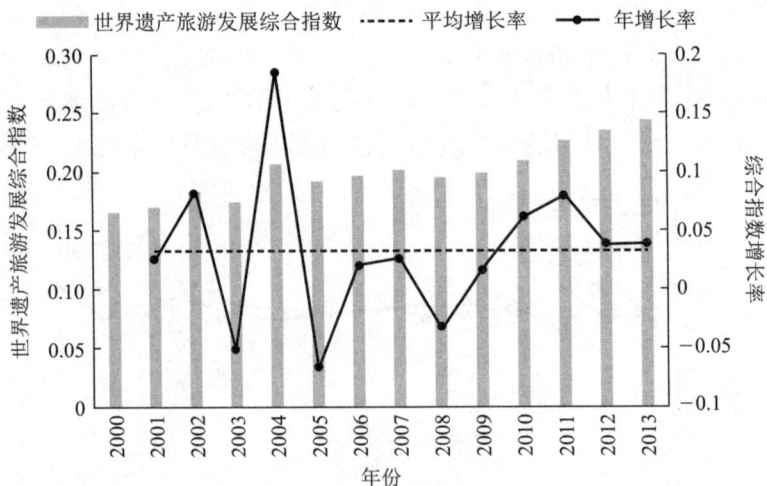

图 5-7　世界遗产旅游发展综合指数及增长率（2000～2013 年）

（二）世界遗产旅游发展综合指数的时间演变

（1）分析方法。

标准差（VOC）是数据序列的离差平方和比数据个数得到的算术平方根，反映了各个数据与平均数的偏离程度，一般用来衡量城市之间的绝对差异，公式如下：

$$VOC = \sqrt{\sum_{i=1}^{n} (x_i - \overline{x})^2 / n} \tag{5-1}$$

变异系数(CV)是标准差比平均数的值,是衡量数据序列变异程度的指标,反映了城市之间的相对均衡程度,见公式 5-3。

$$CV = \sqrt{\frac{\sum_{i=1}^{n} (x_i - \overline{x})^2}{n}} / \overline{x} \tag{5-2}$$

基尼系数(G)也是衡量城市相对均衡程度的指标,其值在 0 到 1 之间分布,值越大表示城市发展越不均衡,值越小均衡水平越高,公式见 5-3。

$$G = 1 - \frac{1}{n}(2\sum_{n}^{n-1} w_i + 1) \tag{5-3}$$

$$C = 1 - G \tag{5-4}$$

式中,G 代表基尼系数,n 代表样本数,w_i 代表从大到小排列的样本值;C 代表均衡度,C 值越大,均衡度越高,C 值越小均衡度越低。

首位度(S)是水平最高城市和次高城市的比值,用来反映城市分布的集聚程度,公式如下:

$$S = P_1 / P_2 \tag{5-5}$$

式中,S 代表首位度,P_1 代表世界遗产旅游发展水平最高的城市的世界遗产旅游发展指数,P_2 代表世界遗产旅游发展水平次高的城市的世界遗产旅游发展指数。

赫芬达尔系数(H_n)是反映城市集聚程度的指标,其值愈大,表示城市集聚水平越高,反之则愈低,见公式 5-6:

$$H_n = \sum_{i=1}^{n} P_i^2 \tag{5-6}$$

式中,P_i 为前 n 位各自所占总数的比值。

(2)分析结果。

通过标准差、变异系数、基尼系数、首位度和赫芬达尔系数 5 个指标分析 2000～2013 年世界遗产旅游发展水平,得到以下结果,详见表 5-4。其中,标准差的评价结果从 0.052 增加到 0.092,变异系数的评价结果从 0.313 增加到 0.379,说明 14 个城市世界遗产旅游发展水平的绝对差异和相对差异都越来越大。基尼系数的评价结果从 0.442 上升到 0.599,赫芬达尔系数的评价结果从 0.078 上升到 0.081,说明 14 个城市的世界遗产旅游发展水平的集聚程度逐年上升。首位度的评价结果在 1.006 到 1.137 之间变动,而且首位城市也在丽江、张家界、黄山等城市之间变化,说明首位度水平波动较大。

表 5-4 世界遗产旅游发展水平差异评价指标与结果

年 份	标准差	变异系数	基尼系数	均衡度	赫芬达尔系数	首位度
2000	0.051 6	0.313 2	0.442 0	0.558 0	0.077 9	1.035 8
2001	0.053 1	0.313 9	0.459 7	0.540 3	0.078 0	1.029 5
2002	0.069 8	0.380 9	0.476 4	0.523 6	0.081 1	1.012 5
2003	0.075 4	0.434 2	0.510 0	0.490 0	0.083 9	1.041 8
2004	0.078 9	0.383 1	0.533 8	0.466 2	0.081 2	1.034 8
2005	0.070 4	0.367 0	0.540 3	0.459 7	0.080 4	1.118 8
2006	0.069 9	0.357 1	0.526 9	0.473 1	0.079 9	1.005 7
2007	0.067 9	0.337 8	0.537 0	0.463 0	0.079 0	1.017 2
2008	0.062 5	0.321 9	0.544 6	0.455 4	0.078 3	1.071 6
2009	0.064 3	0.326 0	0.516 8	0.483 2	0.078 5	1.137 4
2010	0.077 7	0.371 1	0.581 2	0.418 8	0.080 6	1.045 2
2011	0.086 9	0.384 4	0.562 1	0.437 9	0.081 2	1.067 6
2012	0.088 2	0.376 3	0.590 3	0.409 7	0.080 8	1.052 7
2013	0.092 2	0.379 2	0.598 8	0.401 2	0.081 0	1.027 4

(三)世界遗产旅游发展指数的空间差异

选取 2000 年和 2013 年的截面数据,根据 14 个城市世界遗产旅游发展水平及其排名位次得到图 5-8、图 5-9 和图 5-12,比较各个城市世界遗产旅游发展状况,归纳总结 14 个世界遗产地城市世界遗产旅游发展表现出以下几个方面的特征:

世界遗产旅游发展水平均有所提升,大部分城市世界遗产旅游增长幅度不大,但世界遗产旅游发展水平的城市差异进一步扩大。2000 年世界遗产旅游发展指数综合得分最高的丽江达到 0.27,得分最低的上饶仅为 0.10,到 2013 年得分最高的还是丽江,已经达到了 0.42,得分最低的安阳为 0.13,世界遗产旅游发展综合得分最高的城市与最低的城市之间的差距已经从 0.17 扩大到 0.29,说明 14 个城市之间的世界遗产旅游发展水平差异日益显著。从增长幅度看,杭州旅游发展综合得分增长了 0.18,增幅最大,与 2000 年相比增长了近 1 倍,增幅超过 0.15 的城市有丽江和黄山,其中黄山到了 0.16 增幅位于前三位的这 3 个世界遗产地恰好也是 2013 年世界遗产旅游发展水平排名前 3 位的城市。增幅最小的 3 个城市分别是承德、大同和安阳,其中安阳的增幅最低为 0.01,是世界遗产旅游发展水平提升最慢的城市,同时这 3 个城市也是世界遗产旅游发展水平排名最后 3 位的城市。由此可见,14 个城市中世界遗产旅游发展水平越高的城市,旅游的提升速度越快,提升幅度越大,而世界遗产旅游发展水平越低的城市,旅游的提升速度越慢,提升幅度越小(如图 5-8)。

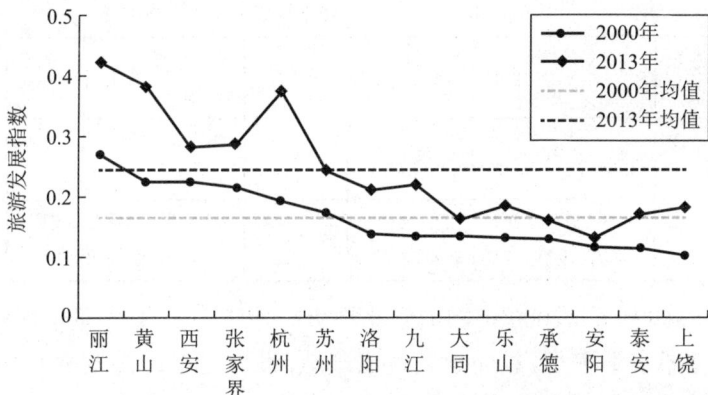

图 5-8　世界遗产地旅游发展指数变化(2000 年、2013 年)

　　丽江和黄山两个城市世界遗产旅游发展水平优势突出,稳居 14 个世界遗产地的前两位,其他城市位次有升有降。14 个世界遗产地中位次上升的城市有 5 个,位次未发生变化的城市有 4 个,位次下降的城市有 5 个。其中,位次上升超过 2 个的有杭州、泰安和上饶,上饶的位次上升了 4 个,成为上升幅度最大的世界遗产地;位次下降超过 2 个的有西安、大同、承德和安阳,大同位次下降了 3 个,成为下降幅度最大的世界遗产地(见图 5-9)。

　　世界遗产旅游发展水平各类型的城市数量分布向高级化演进。通过 SPSS 系统聚类分析法对 14 个遗产地旅游发展水平进行聚类分析,根据旅游发展水平的相似度,将 14 个遗产地城市依次划分为 Ⅰ、Ⅱ、Ⅲ 三种类型,具体旅游发展水平类型分布见表 5-5。

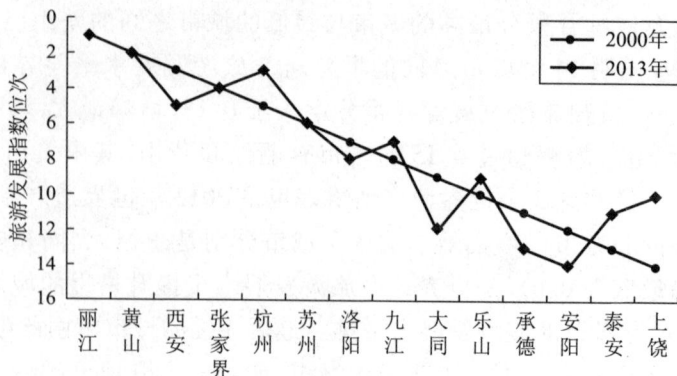

图 5-9　世界遗产地旅游发展指数位次变化（2000 年、2013 年）

表 5-5　世界遗产旅游发展水平聚类分析

类　型	2000 年	城市数量	2013 年	城市数量
世界遗产旅游发展水平Ⅰ型	丽江	1	丽江、黄山、杭州	3
世界遗产旅游发展水平Ⅱ型	黄山、西安、张家界	3	西安、张家界、苏州、洛阳、九江	5
世界遗产旅游发展水平Ⅲ型	杭州、苏州、洛阳、九江、大同、乐山、承德、安阳、泰安、上饶	10	大同、乐山、承德、安阳、泰安、上饶	6

　　如图 5-10 所示，2000 年，14 个世界遗产地中只有 1 个城市丽江为世界遗产旅游发展水平Ⅰ型，领先于其他遗产地，世界遗产旅游发展水平最高；世界遗产旅游发展水平Ⅱ型的城市有 3 个，黄山、西安和张家界，这 3 个城市世界遗产旅游发展水平处于中游；杭州、苏州、洛阳、九江、大同、乐山、承德、安阳、泰安和上饶，属于世界遗产旅游发展水平Ⅲ型，这 10 个城市世界遗产旅游发展水平较低可见，2000 年时 14 个世界遗产地中大部分城市的世界遗产旅游发展水平较低，整体呈金字塔型分布。

　　2013 年世界遗产旅游发展水平的聚类结果与 2000 年相比，每一种世界遗产旅游发展水平类型都发生了变化，世界遗产旅游发展水平Ⅰ型城市数量明显增加，除了丽江没有变化依然是Ⅰ型外，黄山和杭州分别从世界遗产旅游发展水平Ⅱ型城市和Ⅲ型城市上升为Ⅰ型城市；世界遗产旅游发展水平Ⅱ型城市变化也比较大，增加了 2 个城市，苏州、洛阳和九江都从旅游发展水平Ⅲ型上升为Ⅱ型；世界遗产旅游发展水平Ⅲ型城市的数量明显减少，只剩下大同、乐山等 6 个城市。由此可见，经过 14 年的发展，世界遗产旅游发

展整体水平正在逐步向更高级、更合理的方向发展，Ⅰ型城市所占的比重从
2000 年的 7％上升到 2013 年的 21％，同时Ⅲ型城市所占的比重从 2000 年的
71.43％下降到 2013 年的 42.86％，世界遗产旅游发展水平提升显著，四种类
型城市数量分布由金字塔型向梯型转变（见图 5-11）。

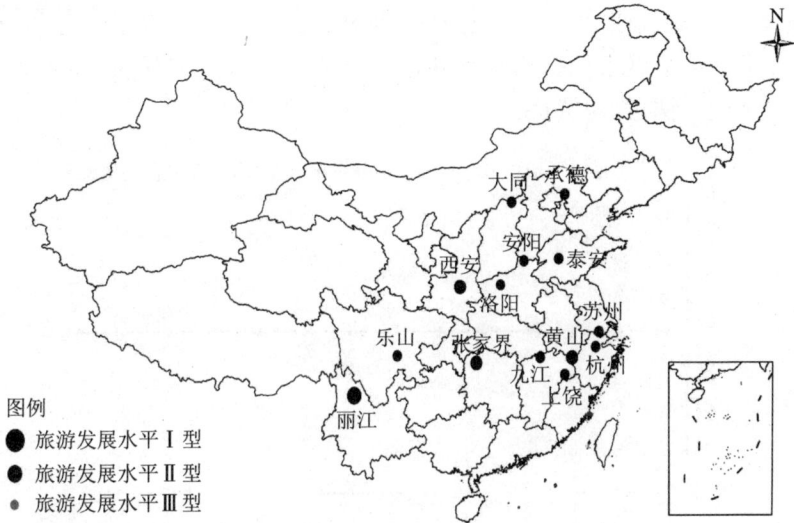

图 5-10　2000 年世界遗产旅游发展水平聚类分析图

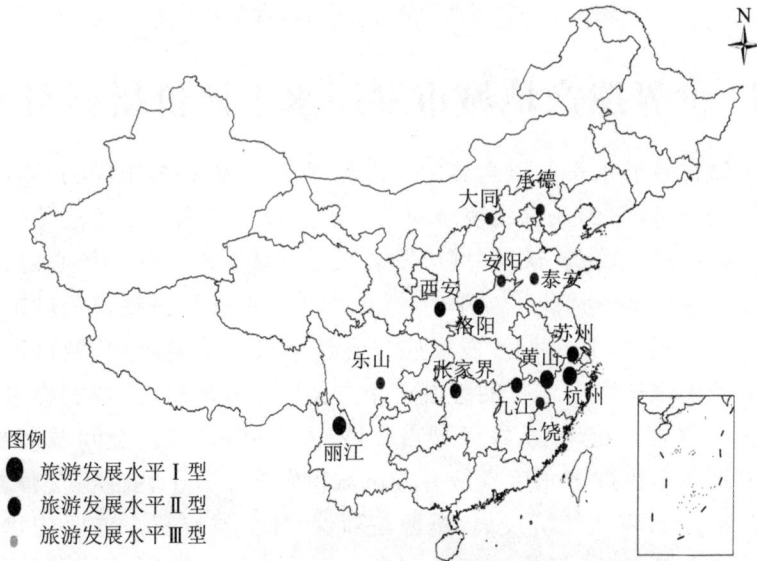

图 5-11　2013 年世界遗产旅游发展水平聚类分析图

（四）世界遗产旅游发展水平年均增长率。

如图 5-12 所示，世界遗产旅游发展水平年均增长速度最高的世界遗产地城市有 3 个，分别是黄山、杭州和上饶，增长速度较快的世界遗产地城市也有 4 个，分别是洛阳、九江、泰安和丽江，这 7 个城市的世界遗产旅游发展水平年均增长率均高于世界遗产地城市年均增长率的平均水平。苏州、乐山、张家界、西安 4 个城市的世界遗产旅游发展水平增长相对缓慢，承德、大同和安阳 3 个城市则增长速度最慢。

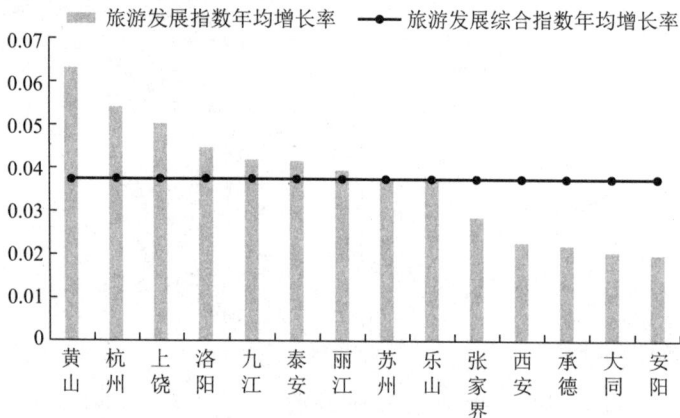

图 5-12　世界遗产旅游发展水平年均增长率

四、世界遗产地城市发展水平评价指标与方法

关于城市发展水平的概念界定与内涵理解，国内许多组织和学者对于其进行了深入分析，但尚未形成统一观点。国内较早明确提出关注城市发展水平的学者叶裕民、黄壬侠认为，城市发展水平以城市现代化为核心内容，其最终目标是实现城乡一体化[182]；李明秋、郎学彬遵循叶裕民提出的城市发展水平内涵并展开研究，认为城市发展应包含城市自身发展质量、城市发展推进的效率以及实现城乡一体化的程度三个方面[183]；方创琳、王德利提出城市发展作为一个复合系统，应从经济城市发展、人口城市发展、空间城市发展、社会城市发展等多维度多角度理解并探讨城市发展水平的内涵[184]；曾志伟、汤放华、易纯、宁启蒙从经济发展、资源与环保、社会发展三个方面构建了城市发展水平的指标体系，运用熵权法和多指标综合评价模型，对不同地区的城

市发展水平进行定量测评[185]。在众多学者研究的基础上,依据城市发展的内涵,构建城市发展水平评价指标体系,对研究对象的城市发展水平进行测度。

(一)评价指标的选取与解释

城市发展的内涵涉及多个方面,在借鉴有关城市发展研究成果的基础上,得出城市的经济发展、社会发展、空间环境和科技文化等都会直接影响城市发展水平,在此基础上遵循科学性与权威性、系统性与层次性、可获取性与可测量性等原则,初步建立了包括 4 个准则和 18 个具体指标的城市发展水平评价指标体系。然后向 16 位专家征询了对于指标体系的意见,并借助 SPSS 软件的多重共线分析法和主成分分析法对所有指标进行分析,根据专家意见和分析结果对其筛选和重新组合,最终构建了包括 4 大准则和 15 个指标的多层次、多变量的城市发展水平评价指标体系(表 5-7)。

(1)城市经济发展

城市经济发展是城市发展的内在动力,主要从投资和消费两个方面推动城市产业的发展和产业结构的优化,进而带动城市经济的全面发展。表征城市经济发展水平的具体指标包括人均 GDP(U11)、第三产业占 GDP 的比重(U12)、固定资产投资额(U13)和社会消费品零售总额(U14)4 个指标。

(2)城市社会发展

人口向城市聚集,非农人口比例上升是城市发展的最直接表现,伴随人口城市化促进了城市社会服务水平的提升和城市人口收入的增加,同时要求加快推进基本公共服务均等化,让更多的人广泛地享受社会资源与经济发展带来的福利。表征城市社会发展水平的具体指标包括非农人口比重(U21)、城镇居民人均可支配收入(U22)、城镇居民人均消费支出(U23)、卫生机构床位数(U24)和卫生机构人员(U25)5 个指标。

(3)城市环境

城市发展带来用地类型的非农化和城市地域、城市景观的拓展,同时城市环境是城市可持续发展的重要保障,对城市环境的保护就是对城市优良形象的保护,可以提高城市生活质量和吸引力。表征城市环境发展水平的具体指标包括建成区面积(U31)、绿化覆盖面积(U32)、绿地面积(U33)和人口密度(U34)4 个指标。

(4)科技文化

主要是指城市在教育以及人口素质方面的进步与发展。科技文化水平的提升是城市发展的内在动力,主要表现在科研和教育两个方面。表征科技文化发展水平的具体指标包括科研人员数(U41)和普通高等学校在校学生数(U42)2个指标。

(二)评价指标权重和综合指数的确定

世界遗产地城市发展水平评价指标权重的确定方法与世界遗产旅游发展水平评价指标权重的确定方法相同,都采用熵值法,具体可参考本章先前的叙述。首先对2000~2013年全国14个世界遗产地城市15个指标的原始数据进行标准化处理,然后按照熵值法原理计算世界遗产地城市发展水平各个评价指标的权重,结果如表5-6所示。

表5-6 世界遗产地城市发展水平评价指标体系

目标层	准则层	权 重	指标层	权 重
城市发展 水平(U)	经济发展 (U1)	0.227 18	人均GDP(U11)	0.272 97
			第三产业占GDP的比重(U12)	0.285 63
			固定资产投资额(U13)	0.250 05
			社会消费品零售总额(U14)	0.191 35
	社会发展 (U2)	0.250 70	非农人口比重(U21)	0.224 27
			城镇居民人均可支配收入(U22)	0.202 57
			城镇居民人均消费支出(U23)	0.205 44
			床位数(U24)	0.199 68
			卫生机构人员(U25)	0.168 04
	城市环境 (U3)	0.249 97	建成区面积(U31)	0.262 29
			绿化覆盖面积(U32)	0.224 82
			绿地面积(U33)	0.220 78
			人口密度(U34)	0.292 11
	科技文化 (U4)	0.272 15	科研人员数(U41)	0.416 97
			普通高等学校在校学生数(U42)	0.583 03

按照综合评价指数测算公式,根据表5-7中各指标的权重值与该项指标数据的标准化值相乘得数即为该指标的评价值,经过加权求和计算,最终可以得到2000~2013年全国14个世界遗产地城市发展综合指数来表征世界遗

产地的城市发展水平(见表 5-7)。

公式如下:

$$U_i = \sum_{j=1}^{n} W_j \cdot \sum_{j=1}^{n} W_{ij} \cdot X_{ij}$$

式中,U_i 是城市发展水平综合指数;W_j 是评价因子层的各指标权重,W_{ij} 是评价指标层的各指标权重;X_{ij} 是评价指标层的各指标标准化值,n 是相应子系统所包含指标层的数量。

表 5-7　2000～2013 年 14 个世界遗产地城市发展指数及排序

	排序 2000	2000	2001	2002	2003	2004	2005	2006
西安	1	0.193 7	0.203 7	0.210 2	0.221 1	0.230 9	0.251 1	0.266 1
杭州	2	0.187	0.209 7	0.207 6	0.246 7	0.270 7	0.306 9	0.332 4
苏州	3	0.170 7	0.195 8	0.203 9	0.236 8	0.261 6	0.274 3	0.330 5
大同	4	0.123	0.118 5	0.114 5	0.111 8	0.109 3	0.138 5	0.15
张家界	5	0.114 7	0.128 3	0.118 3	0.132 4	0.132	0.146	0.157 8
黄山	6	0.111	0.115 1	0.109 1	0.120 4	0.121 1	0.141 9	0.150 5
泰安	7	0.106 2	0.115 6	0.119 4	0.123	0.128 5	0.130 5	0.142 1
洛阳	8	0.099 4	0.107 2	0.109 8	0.113 2	0.120 1	0.133 8	0.144 1
丽江	9	0.072 2	0.083	0.093 7	0.086 6	0.100 2	0.107 4	0.103 2
承德	10	0.071 7	0.079 8	0.082 7	0.080 8	0.075 5	0.078 7	0.083 4
安阳	11	0.068 1	0.074 4	0.075 1	0.076 8	0.074 8	0.085 2	0.093 4
上饶	12	0.068 1	0.075 1	0.074 9	0.084 9	0.085 6	0.090 8	0.098 7
乐山	13	0.064 6	0.069 6	0.073 7	0.072 3	0.072 6	0.075 4	0.076 8
九江	14	0.057 3	0.078 7	0.068 5	0.075 7	0.093 3	0.094 6	0.100 9
	2007	2008	2009	2010	2011	2012	2013	排序 2013
西安	0.159	0.184	0.204 3	0.234 4	0.262 4	0.292 9	0.335 3	3
杭州	0.289	0.319 1	0.357 3	0.383 8	0.427 7	0.473 4	0.522 8	2
苏州	0.366 9	0.400 9	0.443 9	0.484 4	0.529 7	0.569 6	0.634 3	1
大同	0.159 4	0.170 8	0.198	0.205 5	0.22	0.236 6	0.263 2	6
张家界	0.163 2	0.169 8	0.188 3	0.192 5	0.199 2	0.211 6	0.219 5	7

黄山	0. 165 5	0. 165 3	0. 171 3	0. 176 4	0. 187 3	0. 202 8	0. 217 8	8
泰安	0. 159	0. 184	0. 204 3	0. 234 4	0. 262 4	0. 292 9	0. 335 3	4
洛阳	0. 162 7	0. 178 6	0. 209 9	0. 228 8	0. 246 1	0. 275 3	0. 295 5	5
丽江	0. 105 3	0. 110 7	0. 114 5	0. 119 2	0. 120 1	0. 136 7	0. 145 1	14
承德	0. 089 1	0. 093 5	0. 133 7	0. 147 7	0. 151 1	0. 171 4	0. 189 2	11
安阳	0. 103 4	0. 111 8	0. 134 4	0. 147 9	0. 171 3	0. 190 5	0. 208 6	10
上饶	0. 103 3	0. 108	0. 119 3	0. 128 7	0. 134 3	0. 158 7	0. 178 2	12
乐山	0. 082 3	0. 089 1	0. 111 6	0. 125 1	0. 138 4	0. 158 9	0. 175 8	13
九江	0. 111 8	0. 123 9	0. 150 9	0. 161 5	0. 171 7	0. 196 4	0. 215 9	9

五、世界遗产地城市发展构成要素的变化趋势

（一）城市发展构成要素的时间变化

世界遗产地城市发展 4 个准则层代表了城市发展的四大要素,其中 2013 年得分最高的构成要素是社会发展,其次是经济发展和城市环境,相对较低的是科技文化要素,这说明世界遗产地城市在 2000～2013 年这 14 年的发展过程中城市社会发展水平显著提高,城市经济发展水平和城市环境水平有所提高,相比较而言,城市的科技文化发展水平相对滞后,下一个阶段需要大力发展城市科技和文化(如图 5-13)。

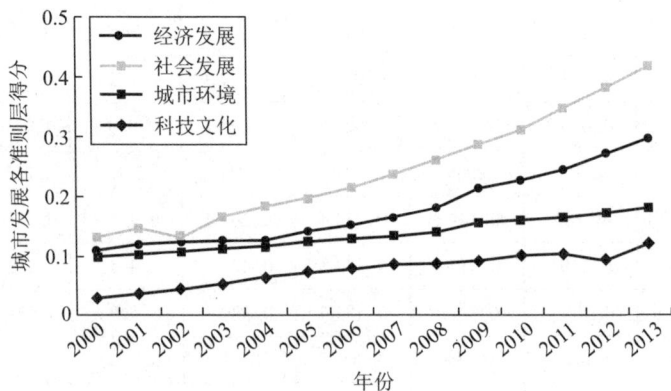

图 5-13　城市发展准则层要素变化趋势（2000～2013 年）

从发展速度来看,在 2000～2013 年间世界遗产地城市发展构成要素中,社会发展水平从 0.129 8 提高到了 0.414 3,提高了 0.284 5,虽然在 2002 年卫生机构床位数和人员数的下降使社会发展水平出现了一定幅度的下降,但社会发展仍是准则层四个要素中提升最快的,说明 14 年间世界遗产地城市社会发展水平的快速发展;经济发展水平有了较明显的提升,从 0.107 6 增加到 0.295 0,尤其是 2009 年增长迅速,出现了近 0.04 的增长,这主要是由于 2008 年全球金融危机背景下抑制的经济活力得到释放,但是在 2003 年也出现了小幅下降,主要是"非典"疫情的影响使第三产业产值有所减少所致;科技文化发展水平增长速度较慢,从 0.028 1 增加到 0.118 5,仅增长了 0.090 3,而且在 2012 年还出现了小幅下降,主要原因是普通高等学校在校学生人数减少引起的;城市环境发展水平的增长速度是四个因素中最慢的,从 2000 年的 0.097 5 增加到 2013 年的 0.178 2,增长值为 0.080 6,究其原因主要是建成区面积增长缓慢所致。虽然增长速度有快有慢,但城市发展的四个构成要素都呈现出增长的态势,从城市可持续发展的角度分析,科学技术水平是城市创新发展的主要动力,而良好的城市环境是城市发展的重要保障,因此,改善城市环境,加强科技文化创新是下一步世界遗产地城市建设的重要内容(如图 5-14)。

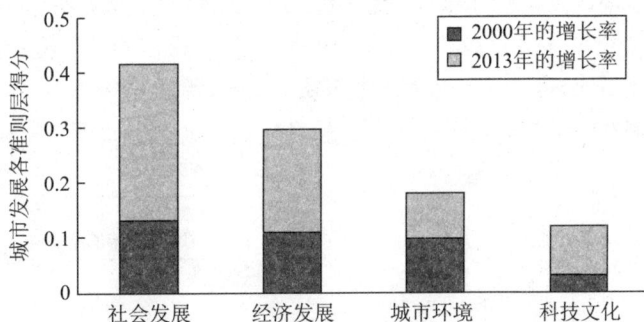

图 5-14　城市发展准则层要素得分(2000 年、2013 年)

(二)城市发展构成要素的空间变化

(1)城市经济发展水平

如图 5-15 所示,从 2000～2013 年 14 个地级行政单元世界遗产地城市的经济发展水平均有所提升,但世界遗产地城市之间的差距略有增大。2000 年经济发展水平最高的城市西安与最低的城市乐山之间的差距是 0.03,到

2013 年经济发展水平最高的城市苏州和最低的乐山之间的差距增加到了
0.57。14 年间苏州超过西安成为我国地级世界遗产地中经济发展水平最高
的城市,苏州、杭州和西安三个遗产地城市的经济发展水平较为突出。2000
年所有地级世界遗产地城市的经济发展综合得分之间的差距较为均匀,而到
2013 年则表现出了梯度集中的显著趋势。

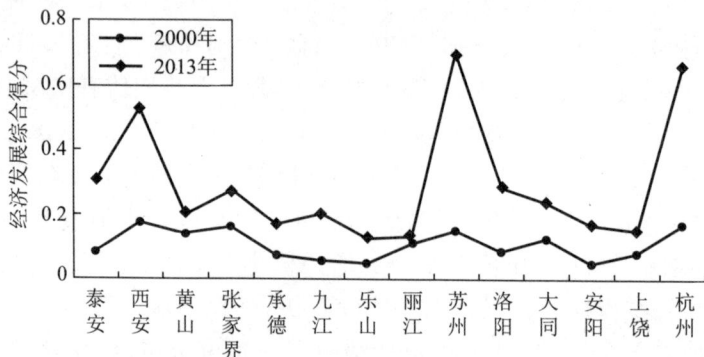

图 5-15　城市经济发展得分变化趋势(2000 年、2013 年)

　　从发展速度看,苏州、杭州、西安经济发展水平的增长量都超过了 0.5,
是 14 个世界遗产地中增长幅度最大的城市,主要原因是这三个城市从 2000
年到 2013 年的人均 GDP 和固定资产投资均呈现出显著的增长;泰安和洛阳
的增长幅度也超过了 14 个遗产地 0.19 的平均增长水水平,是经济发展较快
的世界遗产地城市;而九江、安阳、张家界、大同、承德等 9 个世界遗产地经济
增长幅度在 0.02~0.14 之间,是经济发展较慢的城市(如图 5-16)。

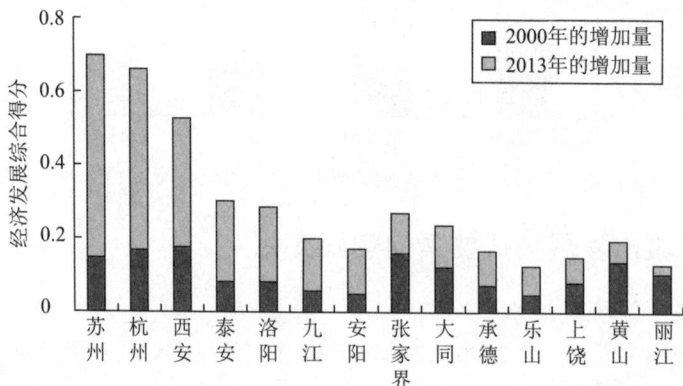

图 5-16　2000 年经济发展综合得分及到 2013 年的增长量

　　将 2013 年的经济发展水平排名情况与 2000 年对比我们可以发现,14 个世界遗产地城市中排名提升的有 5 个,下降的有 6 个,而位次没有发生变化的有 3 个。其中,泰安、九江、洛阳 3 个世界遗产地上升了 4 个位次,是上升位次最多的 3 个城市,说明这 3 个世界遗产地城市的经济发展水平在 14 个世界遗产地中的地位有了显著的提升;相对而言,张家界、黄山和丽江 3 个世界遗产地是排名下降幅度最大的城市,分别从第 3 位、第 5 位和第 7 位下降到第 6 位、第 9 位和第 13 位(如图 5-17 所示)。

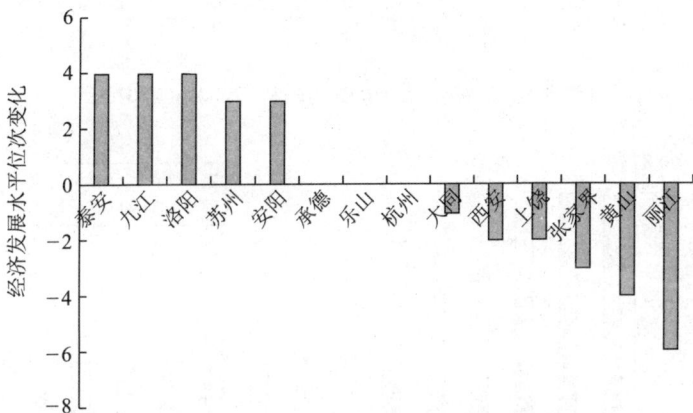

图 5-17　经济发展水平排名变化(2013 年与 2000 年比较)

（2）城市社会发展水平

　　如图 5-18 所示,2000 年到 2013 年,14 个世界遗产地城市的社会发展水平均有了较为显著的提升,而且社会发展水平的城市差异更加明显。2000 年社会发展水平最高的城市杭州和最低的城市丽江之间的差距是 0.23,到 2013 年社会发展水平最高的城市杭州和最低的城市张家界之间的差距增长到 0.30。在此期间,苏州和杭州成为 14 个世界遗产地中社会发展水平最高的城市,而张家界的社会发展水平最低。

　　从发展速度看,苏州和杭州的社会发展增长量都超过了 0.45,是 14 个世界遗产地中社会发展增长最快的城市,究其原因主要是城镇居民人均可支配收入和支出、卫生机构床位数和人员数两个指标实现了显著增长;西安和泰安两个世界遗产地的社会发展增长量也都超过了 14 个遗产地 0.28 的平均水平,是社会发展速度较快的城市;而安阳、乐山、黄山、丽江、承德和张家界 6 个世界遗产地的增长量均低于 0.25,是社会发展速较慢的城市(如图 5-19)。

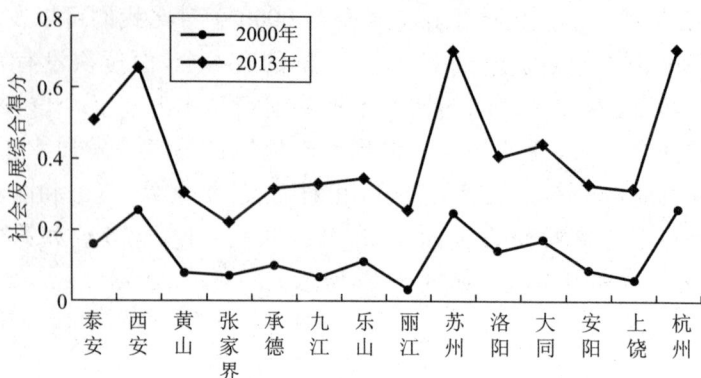

图 5-18　社会发展综合得分变化趋势（2000 年、2013 年）

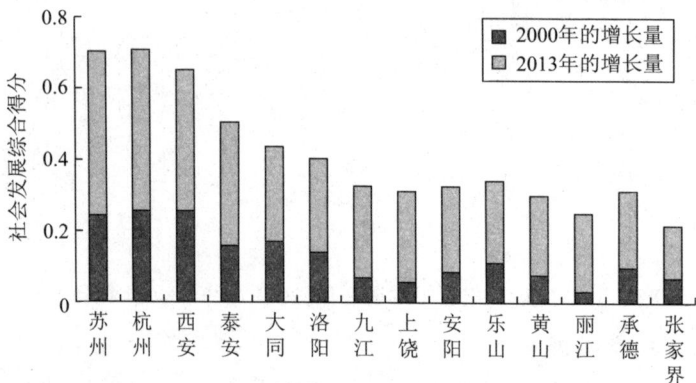

图 5-19　2000 年社会发展综合得分及到 2013 年的增长量

　　将 2013 年 14 个世界遗产地城市的社会发展水平排名与 2000 年相比可以看出，位次上升的有 5 个城市，位次不变的有 2 个城市，位次下降的有 7 个城市。九江和上饶都上升了 5 个位次，说明这两个世界遗产地城市的社会发展水平在 14 个遗产地中的地位显著提升；苏州和丽江也上升了 2 个位次，说明这两个城市的社会发展水平也有一定的提升；位次下降超过 2 个的遗产地有乐山、张家界和承德，其中乐山和张家界的位次下降了 3 个，而承德的位次下降了 5 个，成为 14 个遗产地中社会发展水平下降幅度最明显的城市（如图 5-20）。

　　（3）城市环境发展水平

　　如图 5-21 所示，从 2000 年到 2013 年 14 个世界遗产地的城市环境得分从 0.10 提高到 0.18，提升幅度小于经济发展水平和社会发展水平，同时城市环境水平的区域差异进一步增加。城市环境综合得分最高的城市和最低的城市丽江之间的差距从 2000 年的 0.21 扩大到 2013 年的 0.48。苏州、西安和杭州 3 个城市环境水平在 14 个世界遗产地中优势突出，张家界、承德、九江、乐山、丽江、大同和上饶 7 个世界遗产地城市环境水平低于世界遗产地城市环境 0.18 的平均水平。2000 年城市环境水平最高的世界遗产地是 0.22 的西安，2013 年则是 0.50 的苏州。

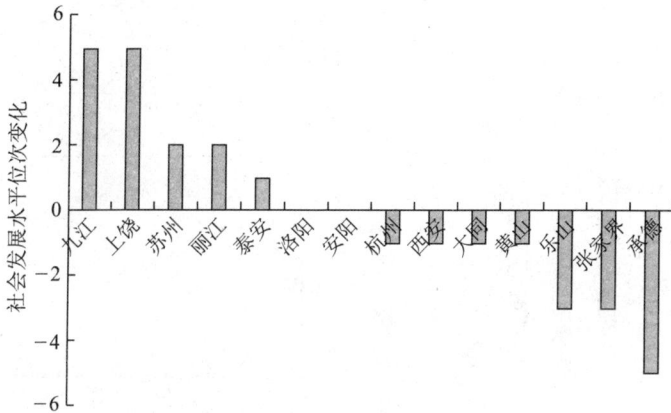

图 5-20　社会发展水平排名变化（2013 年与 2000 比较）

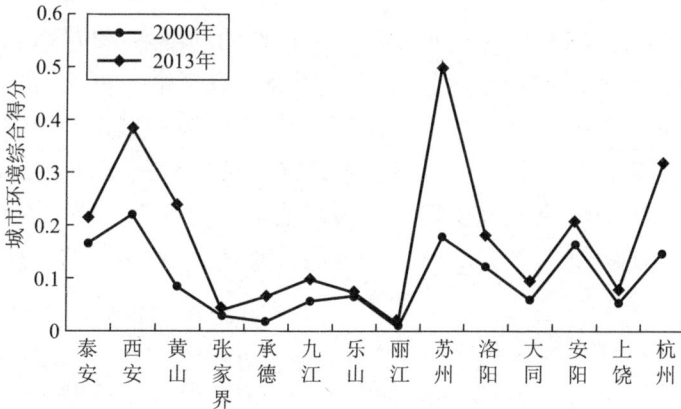

图 5-21　城市环境综合得分变化趋势（2000 年、2013 年）

从发展速度看，世界遗产地中苏州的城市环境得分增长量超过了 0.3，是 14 个世界遗产地中增长幅度最大的城市，这主要是因为苏州的建成区面积从 87 平方千米增加到 727 平方千米，绿地面积从 2 529 平方千米增加到

19 772 平方千米,同时绿化覆盖面积也有了 10 倍以上的增长;杭州、西安和黄山 3 个世界遗产地的城市环境水平的提升幅度均超过了 14 个世界遗产地 0.08 的平均提升水平,是城市环境水平发展较快的遗产地,究其原因主要是与杭州的绿地面积和绿化覆盖面积出现较大幅度增加,西安的建成区面积和绿地面积增加幅度较大,黄山的绿地面积和人口密度增加迅速有关;丽江和乐山的城市环境水平提升幅度都低于 0.01,是 14 个世界遗产地中环境水平提升最慢的城市,主要是因为建成区面积和人口密度的提升幅度有限所致(如图 5-22)。

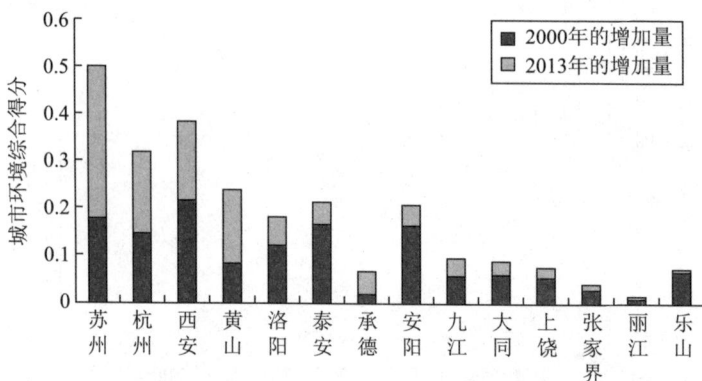

图 5-22　2000 年城市环境综合得分及到 2013 年的增长量

将 2000 年和 2013 年 14 个世界遗产地城市的环境水平位次相比较发现,排名上升和排名下降的城市数量均为 6,此外还有 2 个城市大同和丽江的环境水平排名未发生变化,位次上升的城市和位次下降的城市呈现完全的对称分布。具体而言,黄山、杭州和九江 3 个遗产地位次分别上升了 3 个、2 个、2 个,与之对应的乐山、泰安和安阳 3 个遗产地位次则分别下降了 3 个、2 个、2 个。14 个世界遗产地中排名提升最快的城市是黄山,排名下降最快的城市是乐山(如图 5-23)。

(4)城市科技文化发展水平

如图 5-24 所示,从 2000 年到 2013 年 14 个世界遗产地城市的科技文化发展水平从 0.03 提升到 0.12,是 4 个准则层中提升幅度最小的要素,而且不同城市间的差异进一步增大。科技文化发展水平最高的城市杭州和最低的城市之间的差距由 2000 年的 0.14 扩大到 2013 年的 0.56。2000 年科技文化发展水平最低的城市是丽江,但是经过 14 年的发展,科技文化发展水平从

0.000 4 上升到 0.04,呈现出较大幅度的增长,故到 2013 年科技文化发展水平最低的城市变为张家界,为 0.02。超过 14 个世界遗产地城市科技文化发展水平均值的城市只有 2 个,杭州和苏州。

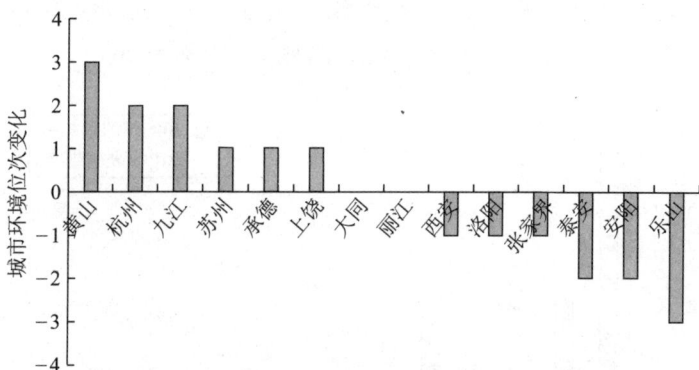

图 5-23   城市环境水平排名变化(2013 年与 2000 比较)

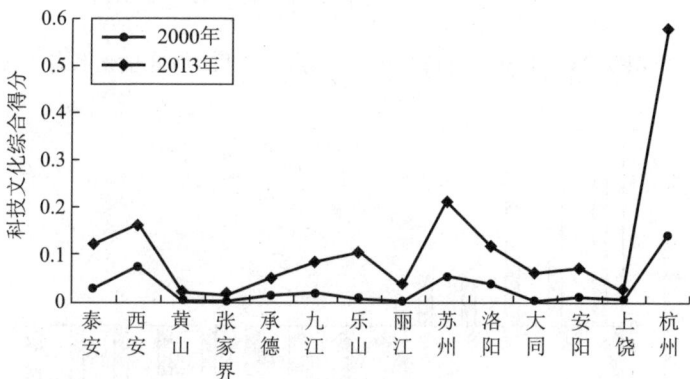

图 5-24   科技文化综合得分变化趋势(2000 年、2013 年)

从发展速度看,14 个世界遗产地城市的科技文化发展水平均实现了一定幅度的增长,杭州、苏州、乐山和泰安的增长幅度都超过了世界遗产地城市科技文化发展水平的均值,其中杭州从 0.14 增加到 0.58,是 14 个世界遗产地中科技文化发展水平提升最快的城市,主要是因为杭州市科研人员的数量在 14 年间增加了 5.59 倍,增长速度较快。科技文化发展水平的提升幅度低于 0.02 的城市有 2 个,分别是黄山和张家界,它们也是 14 个世界遗产地中科技文化发展水平提升最慢的 2 个城市(如图 5-25)。

将 2013 年 14 个世界遗产地城市的科技文化发展水平排名与 2000 年相

比,位次上升的城市有 5 个,位次下降的城市有 7 个,位次不变的城市有 2 个。具体而言,上升位次最多的 3 个城市是乐山、大同和丽江,都上升了 3 个位次,说明这 3 个世界遗产地的科技文化发展水平在 14 个世界遗产地中的地位有所提升;位次下降最多的遗产地是承德,下降了 3 个位次,成为 14 个世界遗产地中科技文化发展水平下降幅度最大的城市(如图 5-26)。

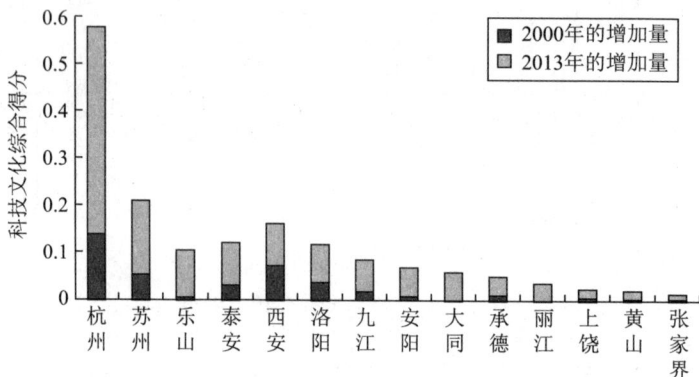

图 5-25　2000 年科技文化综合得分及到 2013 年的增长量

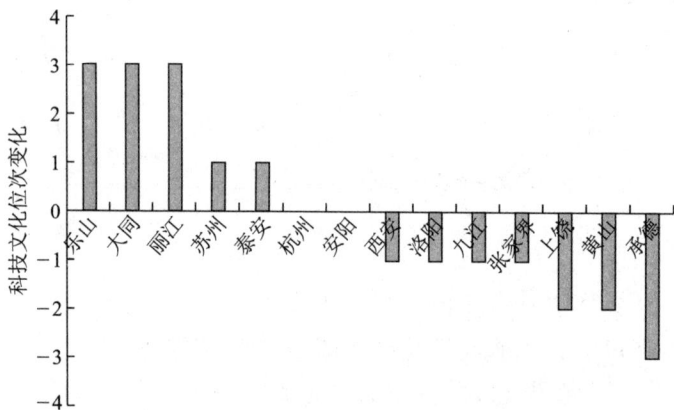

图 5-26　科技文化水平排名变化(2013 年与 2000 比较)

六、世界遗产地城市发展水平的时空演变

(一)城市发展综合指数

据表 5-8 和图 5-27 可知,中国世界遗产地城市发展综合指数从 2000 年

的 0.11 上升到 2013 年的 0.30,增长了 2.72 倍,表现出明显的持续上升趋势。13 年间城市发展综合指数年增长率最低值为 0.4%,出现在 2002 年,最高值为 14.58%,出现在 2009 年,年均增长率达到了 8.35%。

(二)城市发展综合指数的时间演变

为了分析 14 个世界遗产地城市发展指数的时间变化特征,我采用标准差、变异系数、基尼系数、赫芬达尔指数、首位度 5 个指标进行具体分析计算,结果见表 5-8。

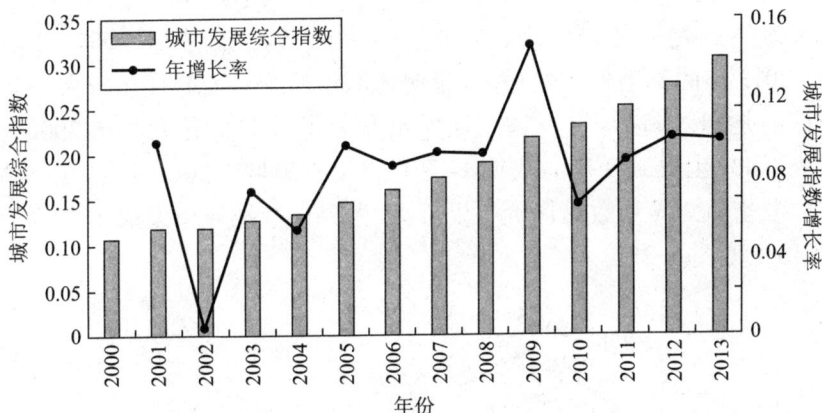

图 5-27　世界遗产地城市发展水平及增长率(2000～2013)

表 5-8　世界遗产地城市发展水平差异评价指标与结果

年份	标准差	变异系数	基尼系数	均衡度	赫芬达尔系数	首位度
2000	0.046 5	0.431 8	0.321 0	0.679 0	0.083 8	1.196 8
2001	0.049 9	0.422 1	0.375 1	0.624 9	0.083 2	1.160 0
2002	0.051 1	0.431 0	0.425 0	0.575 0	0.083 7	1.181 7
2003	0.061 7	0.484 3	0.465 4	0.534 6	0.120 9	1.280 9
2004	0.068 6	0.512 0	0.494 0	0.506 0	0.088 8	1.156 1
2005	0.075 6	0.514 8	0.549 3	0.450 7	0.089 0	1.017 4
2006	0.087 1	0.546 5	0.580 8	0.419 2	0.091 2	1.156 7
2007	0.098 1	0.560 4	0.610 0	0.390 0	0.092 5	1.033 2
2008	0.112 0	0.563 4	0.635 0	0.365 0	0.094 6	1.082 8
2009	0.126 1	0.564 1	0.660 5	0.339 5	0.093 8	1.109 6

年份	标准差	变异系数	基尼系数	均衡度	赫芬达尔系数	首位度
2010	0.130 5	0.564 8	0.673 9	0.326 1	0.092 5	1.022 6
2011	0.147 2	0.580 4	0.691 2	0.308 8	0.094 1	1.130 0
2012	0.155 1	0.584 7	0.692 2	0.307 8	0.092 3	1.015 6
2013	0.171 6	0.590 6	0.713 2	0.286 8	0.092 6	1.105 8

① 标准差是绝对差异变化的反映,世界遗产地城市发展指数的标准差从 2000 年的 0.047 增加到 2013 年的 0.172,说明 14 个世界遗产地城市发展水平的绝对差异表现出逐渐扩大的变化趋势,其中 2007～2008 年、2012～2013 年的标准差增幅最大,说明这两年的绝对差异变化较大。变异系数表征的是相对差异,世界遗产地城市发展指数的变异系数在 2000～2013 年间从 0.432 上升到 0.591,表明 14 个世界遗产地城市的相对差异逐年扩大。综合标准差和变异系数的评价结果可见,世界遗产地城市发展水平差距越来越大,结果见图 5-28。

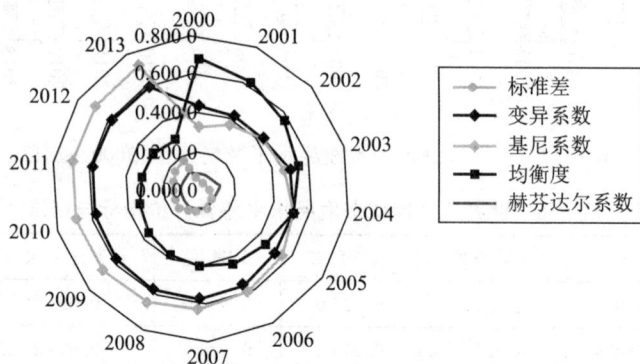

图 5-28　世界遗产地城市发展水平差异评价

② 基尼系数和赫芬达尔系数都是城市发展水平集聚程度的重要反映,世界遗产地城市发展指数的基尼系数从 2000 年的 0.321 上升到 2013 年的 0.713,赫芬达尔系数在 2000～2013 年间也在波动中呈现出上升趋势,表明 14 个世界遗产地城市发展水平的集聚程度正在逐步增加(如图 5-28)。

③ 首位度。2000～2013 年间世界遗产地城市发展指数的首位度从 1.20 下降到 1.11,表明城市发展水平较高的世界遗产地之间的差距在不断缩小。城市发展水平最高的世界遗产地前后分别为西安、杭州和苏州,从 2007 年起

苏州一直保持着世界遗产地城市发展的最高水平。

（三）城市发展指数的空间差异

选取研究期的基期 2000 年和末期 2013 年两个时间截面,按照 14 个世界遗产地城市发展指数和排名先后得到图 5-30 和图 5-31,总结归纳以上两个方面的变化特征,分别分析 14 个世界遗产地城市发展水平的变化趋势。由图 5-30 和图 5-31 可知世界遗产地城市发展水平表现出以下几个方面的空间特征。

① 世界遗产地城市发展已经进入迅速增长阶段,多数遗产地城市发展水平显著提高,但是城市之间的差异逐渐增大。根据图 5-29 显示,2000 年 14 个世界遗产地城市发展水平最高的是西安和杭州,城市发展指数分别为 0.19 和 0.18;城市发展水平最低的是乐山和九江,城市发展指数分别是 0.06 和 0.05。经过 14 年的发展,到了 2013 年城市发展水平最高的遗产地变为苏州,城市发展指数为 0.65,第二位的城市未变依然是杭州,城市发展指数为 0.63;城市发展水平最低的遗产地变为丽江,城市发展指数为 0.15,城市发展水平倒数第二的遗产地未变依然是乐山,城市发展指数为 0.18。城市发展水平最高的遗产地与最低的遗产地之间的差距从 2000 年的 0.14 扩大到 2013 年的 0.51,城市差异进一步增加。各个世界遗产地城市从 2000 年到 2013 年的增长幅度显示,14 个世界遗产地的城市发展水平都表现出较为明显的提升,其中西安、杭州和苏州 14 年间的增长幅度达到了 0.30 以上;城市发展指数增长幅度超过世界遗产地城市发展指数增长幅度均值的世界遗产地有 2 个,洛阳和泰安;城市发展指数增长幅度小于 0.11 的世界遗产地有 3 个,张

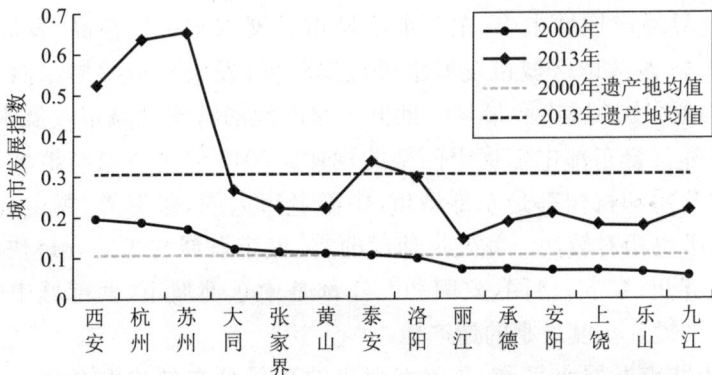

图 5-29　世界遗产地城市发展指数变化(2000 年、2013 年)

家界、黄山和丽江。

② 西安、杭州和苏州 3 个世界遗产地城市发展水平优势突出,稳居前三位,丽江和九江 2 个世界遗产地位次变化显著。西安、杭州和苏州的城市发展指数在我国 14 个世界遗产地城市中始终属于第一集团。从 2000 年到 2013 年城市发展指数的位次变化看,有 3 个世界遗产地的城市发展指数位次没有发生变化,分别是杭州、上饶和乐山;城市发展指数位次上升的世界遗产地有苏州、泰安、洛阳、安阳和九江 5 个,其中上升幅度最大的是九江,从 2000 年的 14 位上升到 2013 年的第 9 位,上升了 5 个位次,泰安和洛阳都上升了 3 个位次,上升幅度明显;城市发展指数位次下降的世界遗产地有西安、大同、张家界、黄山、丽江和承德 6 个,其中下降幅度最大的是丽江,从 2000 年的 9 位下降到 2013 年的第 14 位,下降了 5 个位次,下降幅度最小的是承德,下降了 1 个位次(如图 5-30)。

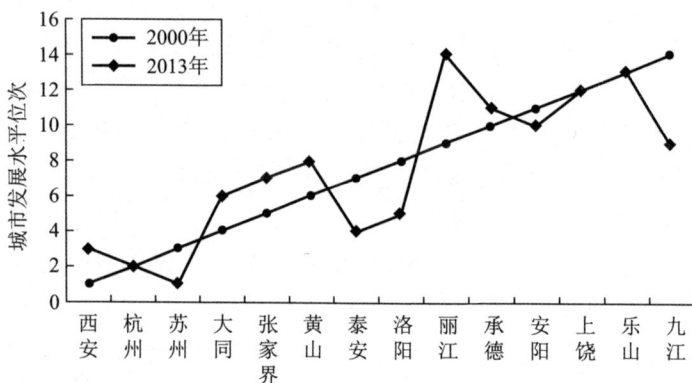

图 5-30 世界遗产地城市发展指数位次变化(2000 年、2013 年)

③ 世界遗产地城市中,东部地区城市发展水平位次最高,发展最快,中部地区次之,西部地区城市发展水平位次较低,发展相对缓慢。西安由于其作为西部地区中心城市和最早一批世界遗产地的特殊性城市发展水平较高,其余城市都符合东部中部优于西部的规律。2013 年世界遗产地城市发展水平最高的苏州和杭州都是东部城市,中部城市大同、张家界、黄山、洛阳的城市发展水平也相对较高。就发展速度而言,城市发展水平上升最快的 5 个世界遗产地苏州、泰安、洛阳、安阳和九江都是中东部城市,西部城市丽江是城市发展水平提升幅度最小的遗产地。

④ 从城市发展水平看,各类型城市的数量分布结构由金字塔型向橄榄

型转变。通过 SPSS 系统聚类分析法对 14 个遗产地城市发展水平进行聚类分析,我们参考城市发展水平的相似度,将 14 个遗产地城市依次划分为 Ⅰ、Ⅱ、Ⅲ 三种类型,具体城市发展水平类型分布见表 5-9。

表 5-9　城市发展水平聚类分析

类 型	2000 年	城市数量	2013 年	城市数量
城市发展水平Ⅰ型	西安、杭州、苏州	3	苏州、杭州、西安、泰安	4
城市发展水平Ⅱ型	大同、张家界、黄山、泰安、	4	大同、洛阳、张家界、黄山、九江、安阳	6
城市发展水平Ⅲ型	洛阳、丽江、承德、安阳、上饶、九江、乐山	7	丽江、承德、上饶、乐山	4

　　根据图 5-31 显示,2000 年,西安、杭州和苏州的城市发展水平在全部世界遗产地城市中处于领先地位,属于城市发展水平 Ⅰ 型世界遗产地,这 3 个城市的城市发展水平最高;大同、张家界、黄山和泰安 4 个城市在全部世界遗产地城市中处于中上游水平,属于城市发展水平 Ⅱ 型世界遗产地;洛阳、丽江、承德、安阳、上饶、九江、乐山 7 个城市聚类为城市发展水平 Ⅲ 型,在全部世界遗产地中处于下游水平,其中九江城市发展水平最低。可见,城市发展水平三种类型的世界遗产地的数量比例为 3∶4∶7,说明世界遗产地城市发展水平类型呈近金字塔形结构。

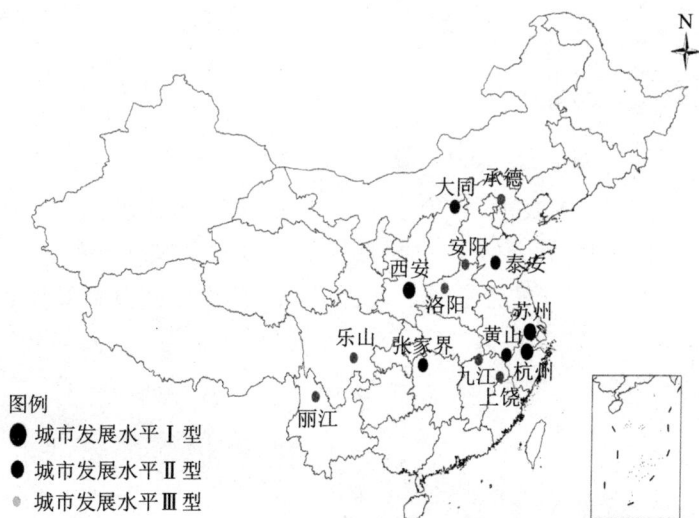

图 5-31　2000 年城市发展水平聚类分析图

2013 年的城市发展水平聚类结果与 2000 年相比产生了一定的变化。城市发展水平Ⅰ型的遗产地数量有所增加，由 3 个变为 4 个，除了原来的西安、杭州和苏州外，泰安从Ⅱ型城市上升为Ⅰ型城市；城市发展水平Ⅲ型，下降幅度较大，苏州从Ⅱ型上升到Ⅰ型；城市发展水平Ⅱ型世界遗产地城市中大同、张家界和黄山类型没有发生变化，洛阳、九江和安阳由Ⅲ型上升为Ⅱ型城市，城市总量增加了 2 个；城市发展水平Ⅲ型遗产地数量由 7 个下降为 4 个，其中丽江是城市发展水平最低的世界遗产地。城市发展水平三种类型的世界遗产地的数量比例为 4∶6∶4，表明世界遗产地城市发展水平结构由金字塔形向橄榄形转变（见图 5-32）。

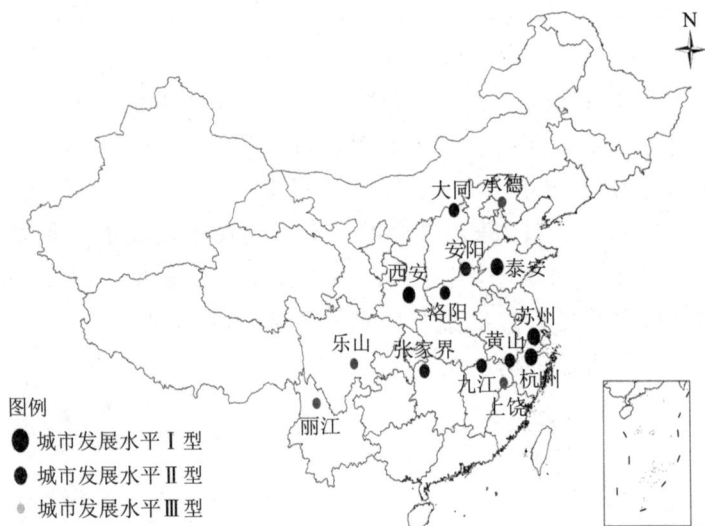

图 5-32　2013 年城市发展水平聚类分析图

可见，经过 14 年的发展，城市发展水平类型提升的世界遗产地有 4 个，没有发生变化的有 10 个，不存在向更低级城市发展类型变动的世界遗产地。我国世界遗产地城市的发展水平显著提升，Ⅰ型、Ⅱ型城市数量所占比重从 2000 年的 50% 上升到 2013 年的 71.43%。但也应该看到，大部分世界遗产地的城市发展水平还是低于全国的平均水平，发展相对滞后。

第6章

中国世界遗产旅游与城市发展的关系评价与类型划分

城市是一个复杂的巨系统，旅游业同样如此，信息化、全球化、网络化、集群化、生态化的发展趋势，对旅游城市的传统发展理念、发展思路提出新的挑战。现实中，供给与需求、规模与效益、速度与质量、政府与市场、经济效益与社会、环境效益、同质性与异质性、竞争与协作成为旅游城市面临的发展困境。旅游城市发展什么，怎样发展，如何评价旅游城市的发展水平和发展能力，引导城市的发展方向，成为理论和实践的发展要求[186]。

一、世界遗产旅游发展与城市发展的关联度分析

（一）世界遗产旅游与城市发展水平的综合评价

依据相应的指标体系和计算公式得出 2000～2013 年世界遗产旅游发展综合指数和城市发展综合指数，结果如图 6-1 所示。总体来说，世界遗产旅游发展综合指数和城市发展综合指数呈现递增的趋势，增幅分别为 0.08 和 0.20，最大值分别为 0.24 和 0.30，说明中国不同世界遗产地的世界遗产旅游发展水平和城市发展水平差距较大，均存在较大的提升空间。

比较世界遗产旅游发展综合指数和城市发展综合指数发现，世界遗产旅游发展综合指数大于等于城市发展综合指数的城市有 8 个，分别为黄山、张家界、承德、九江、乐山、丽江、安阳、上饶，占所有案例城市的 57%，属于城市发展水平滞后于遗产旅游发展的类型；世界遗产旅游发展综合指数小于等于城市发展综合指数的城市有 6 个，其中有 3 个是省会城市，分别为西安、苏州、

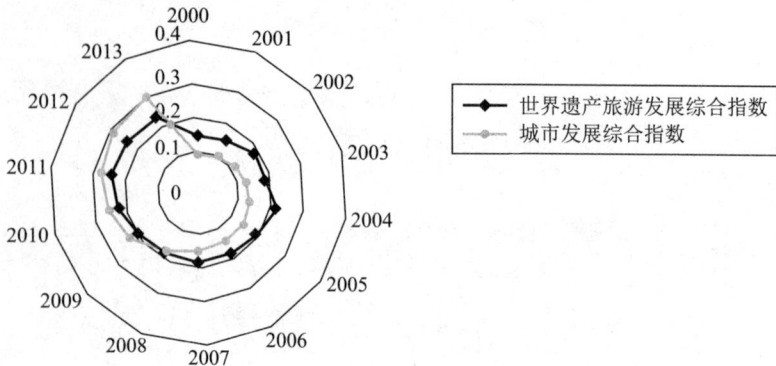

图 6-1　世界遗产旅游发展综合指数和城市发展综合指数(2000～2013 年)

杭州、泰安、洛阳、大同,所占比例为 43%,属于世界遗产旅游发展水平滞后于城市发展水平的类型。结果显示,同样作为世界遗产地,普通的地级市城市发展水平低于世界遗产旅游发展水平,制约了世界遗产旅游业的提升,应加强城市对世界遗产旅游发展的支撑力。但另一些城市则恰恰相反,比如省会城市西安和杭州、东部城市苏州和泰安、资源城市大同等,城市发展水平领先,世界遗产旅游发展相对滞后,应充分发挥依托城市的优势,通过旅游业的产业集聚和产业融合等途径,提高世界遗产旅游业的综合竞争力。

(二)世界遗产旅游与城市发展水平的类型划分

按照世界遗产旅游发展指数与城市发展指数的大小对 14 个世界遗产地进行分类,可以分为 4 种类型(见图 6-2):世界遗产旅游发展指数高、城市发展指数高(双高型);世界遗产旅游发展指数高、城市发展指数低(高低型);世

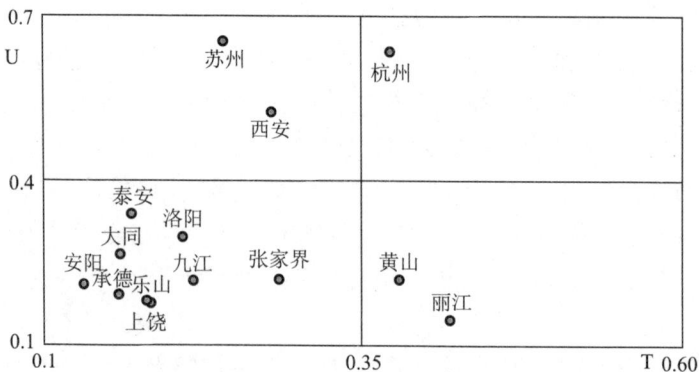

图 6-2　2013 年世界遗产旅游发展指数(T)与城市发展指数(U)四分图

界遗产旅游发展指数低、城市发展指数高(低高型);世界遗产旅游发展指数低、城市发展指数低(双低型)。四种类型的分类标准是分别以世界遗产旅游发展指数和城市发展指数的中间值为界,即以 0.35 和 0.4 为界。四种类型世界遗产地的数量为 1∶2∶2∶9,双高型世界遗产地只有 1 个,就是杭州;高低型世界遗产地有 2 个,黄山和丽江,是旅游驱动城市发展的世界遗产地;低高型世界遗产地也是 2 个,苏州和西安,城市化驱动旅游发展的世界遗产地;双低型世界遗产地数量最多为 9 个,占所有世界遗产地类型的 64.29%,分别是泰安、洛阳、大同、九江、张家界、安阳、承德、乐山和上饶。

(三)世界遗产旅游与城市发展水平的灰色关联分析

采用灰色关联模型,通过计算 2000～2013 年 14 个城市世界遗产旅游发展综合指数与城市发展综合指数之间的关联度,分辨系数取 0.5,我们得到世界遗产旅游发展水平与城市发展水平之间的关联系数为 0.952 4,表明世界遗产旅游与城市发展之间的灰色关联度非常高。

二、世界遗产旅游与城市发展关系的面板数据模型分析

选取 14 个世界遗产地的世界遗产旅游发展指数和城市发展指数为研究变量,通过建立面板数据模型来分析世界遗产旅游与城市发展之间的相互作用关系。为了消除异方差,首先分别取世界遗产旅游发展指数和城市发展指数的自然对数,并用 X_{it}、Y_{it} 分别表示经过对数转换后的面板数据,定义 X_{it} 为第 i 个城市第 t 年的世界遗产旅游发展指数的对数,Y_{it} 为第 i 个城市第 t 年的城市发展指数的对数,采用计量经济学分析软件 Evewis6.0 进行面板数据分析。

(一)面板数据单位根检验

依据自回归系数的不同,面板数据各截面序列既可能存在相同单位根也可能存在不同单位根,所以需要分别进行检验,相同单位根过程下的检验一般采用 LLC 检验方法,不同单位根的检验方法有 Fisher-ADF 检验、Fisher-PP 检验等。为提高单位根检验结果的可靠性,对面板数据变量城市发展水平综合指数和旅游发展水平综合指数采用以上 3 种方法进行单位根检验,检验结

果如表 6-1 所示。表 6-1 检验结果表明:X_{it}、Y_{it} 在 10% 的显著性水平下接受存在单位根的原假设,说明 X_{it}、Y_{it} 均为非平稳时间序列,但其一阶差分 ΔX_{it}、ΔY_{it} 在 1% 显著性水平下拒绝了存在单位根的原假设,说明是平稳的,即 X_{it}、Y_{it} 都是一阶单整的(见表 6-1)。

表 6-1　单位根检验

检验方法	LLC 检验统计量 (P)	Fisher-ADF 检验统计量 (P)	Fisher-PP 检验统计量 (P)	结　论
Y_{it}	15.4100 (1.0000)	0.06791 (1.0000)	0.11261 (1.0000)	非平稳
X_i	1.78482 (0.9629)	31.8904 (0.3726)	35.4813 (0.2256)	非平稳
ΔY_{it}	-3.74750 (0.0001)	59.8095 (0.0010)	67.0422 (0.0001)	平　稳
ΔX_i	-14.3414 (0.0000)	208.392 (0.0000)	216.905 (0.0000)	平　稳

(二)面板数据模型

面板数据或称平行数据,是指包含若干个截面个体成员在一段时间内的样本数据集合,其每一个截面成员都具有很多观测值[187]。相较于截面数据和时间序列数据,面板数据的优势是既包含了时间序列数据也包含了截面数据,这样在很多方面能够丰富我们的研究分析。面板数据的回归模型包括横截面特定系数的模型和时期特定系数的模型[188]。横截面特定系数的面板数据模型的形式:

$$Y_{it} = ai + b_{1i}X_{1it} + b_{2i}X_{2it} + \cdots + b_{ki}X_{kit} + u_{it}$$
$$i = 1, 2, \cdots N \quad t = 1, 2, \cdots T$$

其中,Y_{it} 是因变量,ai 表示截距项,X_{1it},$\cdots X_{kit}$ 是 k 个解释变量,b_{ki} 表示解释变量的系数,N 和 T 分别表示截面成员的个数和样本观测时期数,u_{it} 为随机误差项。

面板数据模型根据截面项解释系数的不同分为混合回归模型、变截距模型和变系数模型。混合回归模型可以写成如下形式:

$$Y_{it} = a + b_iX_{1it} + b_2X_{2it} + \cdots + b_kX_{kit} + u_{it}$$
$$i = 1, 2, \cdots N \quad t = 1, 2, \cdots T$$

变截距模型的回归形式:

$$Y_{it} = ai + b_1X_{1it} + b_2X_{2it} + \cdots + b_kX_{kit} + u_{it}$$

$$i = 1, 2, \cdots N \quad t = 1, 2, \cdots T$$

变系数模型的回归形式：

$$Y_{it} = ai + b_1 X_{1it} + b_{2i} X_{2it} + \cdots + b_{ki} X_{kit} + u_{it}$$
$$i = 1, 2, \cdots N \quad t = 1, 2, \cdots T$$

其中，混合回归模型假设 ai 和 b_{ki} 对于所有的截面个体成员都是相同的；变截距模型的解释变量系数 b_{ki} 相同，截距项 ai 不同；变系数模型截距项 ai 和解释变量系数 b_{ki} 都不同。根据个体影响的不同形式，变截距模型和变系数模型又可以分为固定效应模型和随机效应模型。

（三）面板数据模型选择

我们初步建立面板数据模型为：

$$Y_{it} = a + b X_{it} + u$$

式中解释变量 X_{it} 为第 i 个城市第 t 年的世界遗产旅游发展指数，被解释变量 Y_{it} 为第 i 个城市第 t 年的城市发展指数，其中 $i = 1, 2, 3, 4, \cdots 14$，分别代表 14 个世界遗产城市，$t$ 代表 2000 年到 2013 年的不同年份，u 为随机扰动项。

首先通过协方差分析检验我们所要研究设立的模型属于上述三种类型中的哪一种，检验两个假设：

$$H_0: a_1 = a_2 = a_3 = a_4 = \cdots = a_{15} \text{ 且 } b_1 = b_2 = b_3 = b_4 = \cdots = b_i$$
$$H_1: b_1 = b_2 = b_3 = b_4 = \cdots = b_i$$

首先对假设 H_0 进行检验，如果接受假设 H_0，则不需要进行下一步检验而直接确定样本数据为不变系数模型。如果拒绝假设 H_0，则进一步检验假设 H_1，如果接受假设 H_1，则确定样本数据为变截距模型，如果拒绝假设 H_1，样本数据符合无约束模型。

其中，N 是截面成员个数，T 是每个截面的样本观测时期数，k 是非常数项解释变量的个数，S_1、S_2、S_3 分别是变系数模型、变截距模型和混合回归模型的回归残差平方和，获得 $S_1 = 0.579261$，$S_2 = 0.889412$，$S_3 = 3.282459$ 后手工计算 F_2，F_1，并查找临界值做出判定。

$$F_1 = \frac{(S_2 - S_1) / [(N - 1)k]}{S_1 / [NT - N(k + 1)]} \sim F[(N - 1)k, N(T - k - 1)]$$

$$F_2 = \frac{(S_3 - S_1) / [(N - 1)(k + 1)]}{S_1 / [NT - N(k + 1)]} \sim F[(N - 1)(k + 1), N(T - k - 1)]$$

F 检验结果是 $F_2 = 29.9998 > F(0.95, 28, 180) = 1.539$，拒绝原假设 H_1；$F_1 = 6.884 > F(0.95, 14, 80) = 1.74707$，拒绝原假设 H_0，因此选择变系数模型。

对于固定效应模型和随机效应模型的选择，有时可以采用 hausman 随机效应检验，但是当模型确定为变系数模型时，则应首先考虑样本容量问题，对于截面数据为 14 观察期为 14 的矩阵宜采用固定效应模型，所以最终构建固定效应变系数模型。

表 6-2　世界遗产旅游发展指数和城市发展指数的面板数据模型估计结果

Variable	Coefficient	Std. Error	t-Statistic	Prob.
泰安	1.306993	0.116715	11.19813	0.0000
西安	1.397879	0.075438	18.53028	0.0000
黄山	0.521045	0.056338	9.248613	0.0000
承德	0.694969	0.107366	6.472912	0.0000
张家界	0.560096	0.058225	9.619541	0.0000
乐山	0.628037	0.105059	5.977921	0.0000
丽江	0.332956	0.051923	6.412515	0.0000
苏州	1.639436	0.070585	23.22640	0.0000
洛阳	1.086602	0.101637	10.69103	0.0000
大同	1.091220	0.111277	9.806381	0.0000
安阳	0.945711	0.138004	6.852802	0.0000
上饶	0.856354	0.129457	6.614964	0.0000
杭州	1.473515	0.063611	23.16453	0.0000
九江	0.832962	0.110296	7.552049	0.0000
R-squared	0.878284	Mean dependent var		0.215124
Adjusted R-squared	0.869546	S. D. dependent var		0.174569
S. E. of regression	0.063052	Akaike info criterion		−2.620977
Sum squared resid	0.775223	Schwarz criterion		−2.381898
Log likelihood	290.2026	Hannan-Quinn criter.		−2.524327
Durbin-Watson stat	0.300752			

采用加权与广义最小二乘法进行估计，如表 6-2 所示，D. W. 统计量为 0.300752，R^2 为 0.878284、调整 R^2 为 0.869546 都大于 0.5，说明本文选择广义

最小二乘法进行的模型估计是有效的。另外,所有截面样本数 P 值均为 0.000 0,即在 1% 的显著性水平通过检验。

(四)面板数据模型结果分析

世界遗产旅游与城市发展水平的固定效应变系数模型说明世界遗产旅游发展指数与城市发展指数之间存在明显的正相关关系,R^2 的均值为 0.87,拟合度较高。所以,从 14 个世界遗产地看,世界遗产旅游发展水平是影响城市发展的重要因素。具体而言,从各世界遗产地的估计结果来看,世界遗产旅游发展对城市发展有明显的正向作用,其中泰安、西安、苏州、洛阳、大同、杭州的世界遗产旅游发展对城市发展的带动系数值都大于 1,说明这些世界遗产地的城市发展变动对世界遗产旅游发展变动的敏感度较高,世界遗产旅游发展对城市发展的带动作用明显。

三、世界遗产旅游与城市发展关系的耦合协调模型分析

(一)耦合度模型

耦合度反映的是系统之间或系统内部各要素之间相互作用影响的程度,故可建立旅游业发展与城市发展的耦合度模型:

$$C = \{(T \times U)/(T/2 + U/2)^2\}^{1/K}$$

其中,T、U 分别代表世界遗产旅游发展指数和城市发展指数;K 是调节系数,这里 $K = 2$;C 代表耦合度,取值范围在 $[0, 1]$ 之间。当 $C = 1$ 时,耦合度达到最大值,表征世界遗产旅游与城市发展达到良性共振并趋向有序结构;当 $C = 0$ 时,耦合度达到最小值,表征世界遗产旅游与城市发展完全无关,并向无序发展;C 的取值在 0~0.3 之间,表明世界遗产旅游与城市发展为较低水平的耦合;C 的取值在 0.3~0.5 之间,表明世界遗产旅游与城市发展处于拮抗状态;C 的取值在 0.8~1 之间,表明世界遗产旅游与城市发展高度耦合。

(二)耦合协调度模型

由于世界遗产旅游与城市两大系统各自发展水平存在非平衡性,可能出现世界遗产旅游发展水平与城市发展水平都较低但耦合水平较高的低水平

协调假象。为了客观地反映世界遗产旅游与城市协调发展水平,需构建耦合协调度模型:

$$D = (C \times Z)^{1/2}$$
$$Z = \alpha \times T + \beta \times U$$

式中,D 表征耦合协调度,Z 表征世界遗产旅游与城市发展综合评价指数,α、β 为待定系数,其取值反映二者的相对重要程度。世界遗产旅游与城市发展的相互作用程度是非对称的,世界遗产旅游的发展能够加快城市发展但并不是唯一驱动力,城市发展需要多种要素的综合协调,故借鉴以往研究(张广海,2013;高楠,2013 = 0.4/0.6)将 α、β 分别赋值 0.6 和 0.4。可以看出,耦合协调度的取值范围 $0 < D < 1$,取值越大,协调水平越高,反之越低。

为了进一步直观地反映世界遗产旅游与城市发展耦合协调水平,我们采用均匀分布函数法来确定耦合协调度的区间和等级[189](见表6-3)。

表6-3 耦合协调度等级划分标准

协调等级	耦合协调度	$T \geq U$	$U \geq T$
优质协调	0.90~1.00	城市发展水平滞后	世界遗产旅游发展水平滞后
良好协调	0.80~0.89	城市发展水平滞后	世界遗产旅游发展水平滞后
中级协调	0.70~0.79	城市发展水平滞后	世界遗产旅游发展水平滞后
初级协调	0.60~0.69	城市发展水平滞后	世界遗产旅游发展水平滞后
勉强协调	0.50~0.59	城市发展水平滞后	世界遗产旅游发展水平滞后
濒临失调	0.40~0.49	城市发展水平滞后	世界遗产旅游发展水平滞后
轻度失调	0.30~0.39	城市发展水平滞后	世界遗产旅游发展水平滞后
中度失调	0.20~0.29	城市发展水平滞后	世界遗产旅游发展水平滞后
严重失调	0.10~0.19	城市发展水平滞后	世界遗产旅游发展水平滞后
极度失调	0~0.09	城市发展水平滞后	世界遗产旅游发展水平滞后

(三)耦合度与耦合协调度

采用 14 个世界遗产地城市 2000~2013 年的世界遗产旅游发展综合指数值与城市发展综合指数值,带入相关公式,测算二者的耦合度 C 和耦合协调度 D,结果如图6-3所示。C、D 的取值在 0~1 之间,数值越大,说明世界遗产旅游与城市发展的耦合协调水平越高。

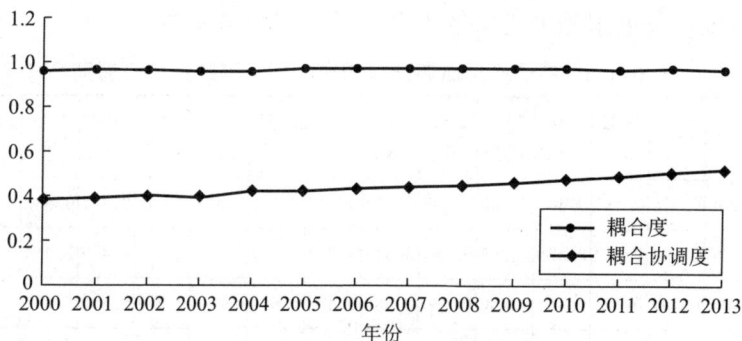

图 6-3 　世界遗产旅游与城市发展水平耦合度与耦合协调度

（1）耦合度

从整体趋势分析,2000～2013 年间世界遗产旅游与城市发展的总体耦合度 C 从 0.957 上升到 0.975,平均值为 0.969,最小值都超过了 0.95,体现出较平稳的发展态势,表明世界遗产旅游发展与城市发展之间存在紧密的关联,世界遗产旅游发展水平与城市发展水平处于相对稳定的高水平耦合阶段。从数值大小分析,C 值在 2004 年达到最小值,究其原因主要是 2004 年第 28 届世界遗产大会在苏州召开,世界遗产旅游受到前所未有的重视,促进世界遗产旅游综合水平出现较为明显的提升,而同期城市发展水平并未出现显著上升,使得耦合度降到最低。C 值在 2010 年达到最大值,是世界遗产旅游与城市发展同步提升带来的显著耦合共振的结果。从年际变化分析,世界遗产旅游发展与城市发展的耦合水平可以分为 2 个阶段:2000～2005 年为第 1 阶段,这 6 年耦合度变化幅度较大,围绕平均值来回震荡;2006～2013 年为第 2 阶段,这 8 年耦合度振幅很小,基本维持在平均值以上。

（2）耦合协调度评价

从耦合协调度 D 和耦合等级来看,世界遗产地的旅游业与城市发展水平的耦合协调度不断上升,耦合协调状况不断提升,协调发展等级也从失调状态转变为协调状态(见表 6-4)。表 6-4 的数据量化了 2000～2013 年间 14 个世界遗产地世界遗产旅游发展与城市发展的耦合协调度,协调水平最高的城市是杭州,从 2000 年的濒临失调上升到 2013 年的初级协调,综合协调水平也达到了勉强协调。西安和苏州的协调度也从濒临失调逐步上升至初级协调。

从整体趋势分析,2000～2013 年间世界遗产旅游与城市发展的总体耦合协调度 D 从 0.368 上升到 0.502,体现出平稳上升的态势,表明了世界遗产旅游与城市发展水平处于持续上升的低水平协调阶段。

表6-4　世界遗产地旅游业与城市发展水平的耦合协调度

城市	2000年	2001年	2002年	2003年	2004年	2005年	2006年	2007年	2008年	2009年	2010年	2011年	2012年	2013年	平均值
遗产地	0.368	0.378	0.385	0.384	0.408	0.408	0.416	0.427	0.429	0.442	0.455	0.472	0.487	0.502	0.426
泰安	0.334	0.346	0.362	0.325	0.363	0.364	0.373	0.379	0.399	0.418	0.437	0.449	0.464	0.473	0.500
西安	0.460	0.471	0.476	0.457	0.480	0.480	0.486	0.497	0.484	0.490	0.519	0.538	0.557	0.600	0.472
黄山	0.411	0.411	0.456	0.413	0.455	0.437	0.452	0.470	0.476	0.484	0.501	0.541	0.547	0.551	0.475
张家界	0.408	0.423	0.432	0.455	0.488	0.477	0.498	0.493	0.476	0.479	0.494	0.507	0.508	0.507	0.364
承德	0.320	0.333	0.355	0.354	0.355	0.338	0.345	0.361	0.352	0.387	0.382	0.396	0.405	0.414	0.367
九江	0.308	0.337	0.310	0.317	0.328	0.339	0.354	0.364	0.372	0.392	0.403	0.417	0.432	0.466	0.359
乐山	0.314	0.321	0.328	0.315	0.356	0.345	0.352	0.358	0.353	0.358	0.379	0.397	0.420	0.426	0.450
丽江	0.394	0.408	0.420	0.445	0.441	0.445	0.436	0.445	0.448	0.458	0.464	0.475	0.501	0.521	0.526
苏州	0.415	0.429	0.446	0.444	0.509	0.528	0.519	0.533	0.547	0.565	0.599	0.607	0.622	0.601	0.404
洛阳	0.348	0.363	0.352	0.325	0.367	0.379	0.406	0.408	0.409	0.429	0.438	0.466	0.481	0.490	0.393
大同	0.360	0.355	0.359	0.361	0.392	0.389	0.390	0.390	0.393	0.407	0.407	0.425	0.425	0.443	0.341
安阳	0.307	0.312	0.305	0.340	0.323	0.310	0.319	0.343	0.345	0.351	0.353	0.370	0.391	0.399	0.342
上饶	0.296	0.294	0.303	0.299	0.310	0.325	0.323	0.340	0.360	0.376	0.365	0.376	0.401	0.425	0.541
杭州	0.437	0.454	0.463	0.464	0.496	0.510	0.528	0.546	0.556	0.572	0.605	0.622	0.642	0.679	0.500

从年度变化来看,世界遗产旅游与城市发展的耦合协调水平总体上可分为3个阶段:第1阶段是从2000年到2003年,在这4年间世界遗产旅游与城市发展处于轻度失调状态,世界遗产旅游与城市发展间的矛盾较多,影响到二者的可持续发展;第2阶段是从2004年到2011年,这8年间世界遗产旅游与城市发展处于濒临失调状态,但协调状况不断改善,持续向好;第3阶段是从2012年到2013年,这2年世界遗产旅游与城市发展的协调度继续提升达到勉强协调等级,但这种协调仍然处于初级水平,两者之间相互带动、相互促进的作用还不明显,协同效应也较低。主要原因在于逐年提高的城市发展水平改善了旅游目的地的供给条件和环境,促进了世界遗产旅游业的转型升级,而世界遗产旅游的发展又进一步促进了城市产业结构的优化,改善了城

市的生态环境,提升了城市的整体形象,二者的互动关系稳步向良性发展,协调发展程度得到进一步加强,但还属于较低层次协调。

通过对数值大小分析,D 值的最小值为 0.368,出现在 2000 年,究其原因是 2000 年世界遗产旅游发展综合指数和城市发展综合指数都处在较低水平,故而协调度出现最低水平;D 的最大值为 0.502,出现在 2013 年,只达到勉强协调的等级,主要是因为北京、西安、苏州、杭州等遗产地世界遗产旅游发展指数显著高于城市发展指数,而张家界、黄山、承德、丽江、上饶等遗产地世界遗产旅游发展水平显著快于城市发展水平,造成二者的协调度指数偏低。

(四)协调水平的时间演变

利用 Spearman 秩相关系数法,对 14 个世界遗产地 2000～2013 年间的世界遗产旅游发展水平、城市发展水平以及二者耦合协调度的时序变化趋势进行分析。秩相关系数法的相关公式如下:

$$R_n = 1 - \left[6 \times \sum_{i=1}^{N} d_i^2 \middle/ (N^3 - N) \right]$$

$$d_i = X_i - Y_i$$

其中,R_n 为秩相关系数,X_i 为评价值按从小到大的顺序排列时周期 1 至周期 N 的序号,Y_i 为评价值按时间排列的序号,d_i 为变量 X_i 和变量 Y_i 间的差值,N 为样本周期数。比较秩相关系数 R_n 的绝对值与秩相关系数统计表中临界值 W_p 的大小,当 $|R_n| \geqslant W_p$ 时,表明评价值的变化趋势存在显著性意义。如果 $R_n > 0$,说明评价值呈现出上升趋势;如果 $R_n < 0$,说明评价值呈现出下降趋势。T_R_n 表示世界遗产旅游发展综合评价值的秩相关系数,U_R_n 表示城市发展综合评价值的秩相关系数,D_R_n 表示世界遗产旅游发展与城市发展协调度的秩相关系数。

根据秩相关公式分别计算 2000～2013 年 14 个世界遗产地的世界遗产旅游发展综合评价值、城市发展综合评价值及旅游发展与城市发展协调度的秩相关系数,从而得出各个城市 T_R_n、U_R_n 和 D_R_n 指标的时间变化差异,计算结果如图 6-4 所示。

查询秩相关系数统计表可知,在 0.01 的置信水平下,$N = 14$ 时的 $W_p = 0.645$,通过 R_n 的绝对值与 W_p 的比较,可以得出 14 个世界遗产地世界遗产旅游发展与城市发展协调度的时序变化特征。14 个世界遗产地的 D_R_n 最小值为 0.855,均大于临界值 W_p,其中 12 个城市的 D_R_n 大于 0.90,说明所有城市世界遗产旅游发展与城市发展的协调度均表现出明显的上升趋势。

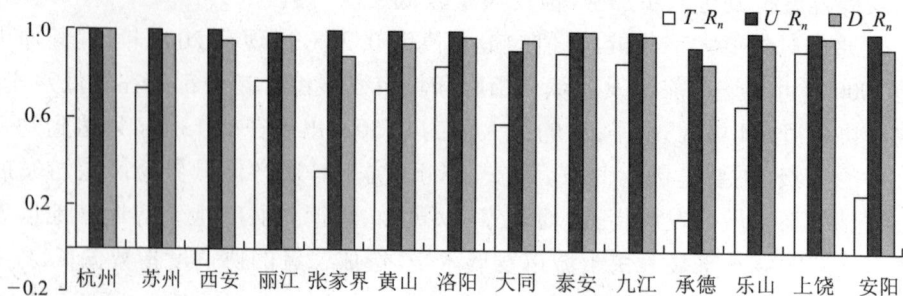

图6-4 世界遗产旅游发展水平、城市发展水平与二者协调度的秩相关系数变化

首先分析 T_R_n 指标，T_R_n 的绝对值大于等于 W_p 的世界遗产地有 9 个，分别是杭州、苏州、丽江、黄山、洛阳、泰安、九江、乐山、上饶、安阳，表明这些城市世界遗产旅游发展水平在 2000～2013 年间得到了显著的提升；T_R_n 的绝对值小于等于 W_p 但大于零的世界遗产地有 4 个，分别是张家界、大同、承德、安阳，表明它们的世界遗产旅游发展水平仅有小幅提升；只有西安的 T_R_n 为负值，表明其世界遗产旅游发展水平出现了小幅度的倒退。

其次分析各城市的 U_R_n 值，全部 14 个世界遗产地都表现出 $U\_R_n \geqslant W_p$，其中，有 5 个遗产地的 U_R_n 值等于 1，分别是苏州、西安、洛阳、泰安、上饶，说明 2000～2013 年间 14 个世界遗产地的城市发展水平得到了显著的提升。

由秩相关系数表的分析可见，在 2000～2013 年间，我国世界遗产旅游发展与城市发展的质量普遍较高，但城市发展水平整体上要优于旅游业发展水平，并且二者表现出越来越显著的协调发展特征。从世界遗产旅游发展与城市发展的整体协调水平来看，秩相关系数达到 0.996，表现出显著的上升趋势。

（五）协调水平的空间特征

世界遗产旅游发展与城市发展的协调度不仅表现出一定的时序演变规律，同时还显现出一定的空间布局变化。选择世界遗产旅游发展与城市发展协调度在 2000 年、2007 年和 2013 年这 3 年的截面数据，我们结合表6-3 对 14 个世界遗产地的协调度等级进行划分，并绘制 14 个世界遗产地协调发展等级和水平的空间分布图，来分析其空间特征。

（1）协调水平的空间差异——2000 年

2000 年 14 个城市世界遗产旅游发展与城市发展耦合协调度的平均值为 0.368，平均协调水平等级为轻度失调，这与图 6-5 显示的情况是一致的，大多数城市世界遗产旅游与城市发展协调水平等级普遍偏低，集中在濒临失调和轻度失调两个等级，等级最高的 1 个遗产地是濒临失调型，等级最低的 1 个遗产地是中度失调型。

图 6-5　世界遗产旅游与城市协调发展水平空间差异（2000 年）

世界遗产旅游发展与城市发展协调等级为濒临失调的有五个城市，西安、杭州、苏州、黄山和张家界，是所有遗产地中协调等级最高的。这五个城市的耦合协调度的平均值为 0.426，各地世界遗产旅游发展水平与城市发展水平在 14 个世界遗产地中的排名都位于前六名，故是全部世界遗产地中协调等级较高的城市。其中西安的协调水平得分最高，原因是西安的世界遗产旅游发展水平与城市发展水平在 14 个遗产地中都处于最高水平，再加上世界遗产旅游发展与城市发展之间互为因果关系，呈现出正相关的发展态势；丽江、大同、洛阳、泰安、承德、乐山、九江、安阳 8 个世界遗产地的协调水平为轻度失调等级，承德、乐山、丽江、安阳、九江 5 个世界遗产地的城市发展水平滞后于世界遗产旅游发展水平，耦合度和耦合协调度都偏低是导致协调水平较低的主要原因，而泰安、洛阳、大同 3 个世界遗产地是由于世界遗产旅游发展水平与城市发展水平都相对较低，呈现出低水平均衡的状态，故而属于轻度失调型;协调等级最低的是上饶,D 值为 0.296,究其原因是上饶的世界遗产旅游发展水平排名位于最末位,城市发展水平排名倒数第三位,都非常低且不均衡。

(2)协调水平的空间差异——2007 年

2007 年,14 个世界遗产地旅游业发展与城市发展耦合协调度的平均值上升到 0.423,苏州、杭州、丽江、洛阳、上饶都实现了协调等级的提升,剩余 9 个遗产地虽然协调等级没有变化但耦合协调度也都有所提升,14 个城市世界遗产旅游发展与城市发展的耦合协调度整体上提升了一个等级(如图 6-6)。

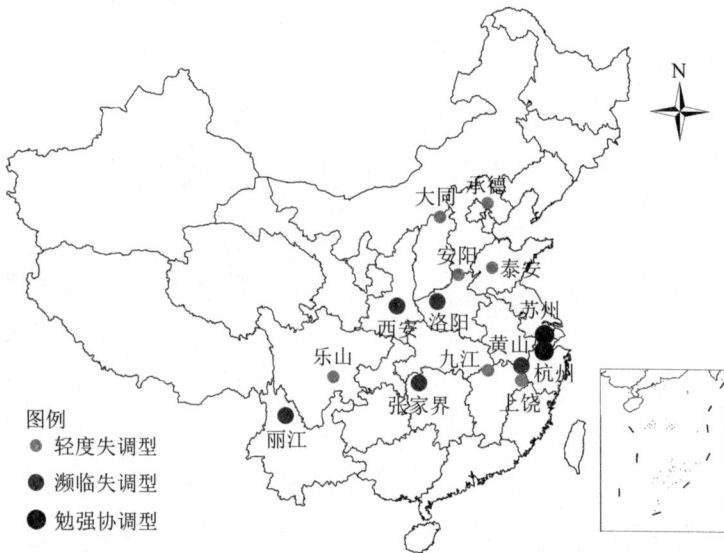

图 6-6　世界遗产旅游与城市协调发展水平空间差异(2007 年)

具体分析,杭州和苏州的耦合协调度超过了西安,领先于其他 12 个世界遗产地,分别达到 0.546 和 0.533,进入勉强协调阶段。这两个城市的世界遗产旅游发展指数和城市发展指数在世界遗产地中均列前五名,也都是 14 个世界遗产地的较高水平,加上二者的良性互动使协调等级一直处于 14 个世界遗产地的最高水平;丽江、洛阳的协调等级从轻度失调上升到濒临失调,再加上原来位于此级别的西安、黄山、张家界,濒临失调型世界遗产地总数依然是 5 个,这 5 个城市均匀地分布在中西部地区,其中西安、洛阳是省会城市,丽江、黄山、张家界都是本省旅游发展的优势城市;7 个轻度失调型世界遗产地中除了上饶实现了协调等级的上升其余都保持不变,但协调度有所提升,同时中度失调遗产地已经消失。

（3）协调水平的空间差异——2013年

如图6-7所示，2013年，14个城市世界遗产旅游发展与城市发展耦合协调度的平均值达到0.50，耦合协调度在规模和等级上都得到了全面的提升，二者的协调水平越来越高，进入协调发展阶段的世界遗产地数量占到了42.86%，进入濒临失调及以上阶段的世界遗产地数量占到了85.71%。

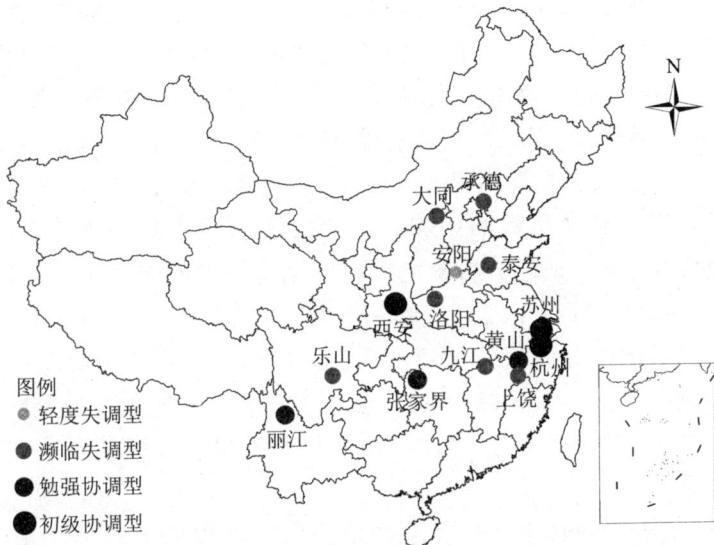

图6-7　世界遗产旅游与城市协调发展水平空间差异（2013年）

初级协调型城市有3个，分别是杭州、苏州和西安，它们是14个城市中世界遗产旅游与城市发展协调等级最高的世界遗产地，西安的协调水平上升了两个等级，从濒临失调等级进入初级协调等级，杭州和苏州的协调水平则继续提升，从勉强协调上升到初级协调等级；黄山、丽江、张家界3个世界遗产地进入到勉强协调的行列；等级未发生变化的洛阳、泰安与新升级的九江、大同、乐山、上饶、承德同时居于濒临失调等级。可见，13个世界遗产地旅游发展与城市发展的耦合协调度都达到了协调水平，只有安阳依旧是轻度失调等级。

从整体的空间变化过程来看，2000～2013年间14个城市世界遗产旅游发展与城市发展耦合协调度的分布范围覆盖了从中度失调到初级协调五个协调类型，协调水平的最高等级由濒临失调上升了两个等级达到初级协调，协调水平的最低等级由中度失调上升了一个等级达到轻度失调。其中高等级协调类型的城市数量逐渐增加,低等级协调类型的城市数量越来越少,每个城市的耦合协调度都有明显的提高,除了安阳外每个世界遗产地都出现了至少一个等级的上升,其中苏州、杭州和上饶提升了两个等级,从濒临失调上升到勉强协调,说明这两个城市的世界遗产旅游发展水平与城市发展水平实现了均衡上升,成为我国东部地区世界遗产地发展的领头羊。

从增长速度看,2000~2007年,14个世界遗产地耦合协调度的平均增加值为0.058。杭州和苏州这两个世界遗产地的耦合协调度增长幅度都超过了0.10,是15个世界遗产地中协调水平提升最快的城市,其中苏州的耦合协调度上升了0.118,在所有城市中位居第一。主要原因是这一阶段杭州和苏州的世界遗产旅游发展指数增加值都超过了0.045,城市发展综合指数增加值都超过了0.179,两个指数的增加值在15个世界遗产地中都排名前三位,二者实现了良性互动,促进了两个世界遗产地协调度的快速提升。黄山、张家界、丽江、洛阳和九江5个遗产地耦合协调度的增加值也都超过了0.05,属于本阶段协调水平提升较快的城市。西安、大同、安阳3个世界遗产地耦合协调度增加值小于0.04,是14个世界遗产地中协调水平发展最慢的城市。究其原因主要是3个城市世界遗产旅游发展指数增长缓慢甚至出现了倒退致使整体协调度增速缓慢。

2007~2013年间14个世界遗产地耦合协调度的平均增加值为0.076,相比较上一阶段,增长速度出现显著提高。杭州耦合协调度的增加值达到0.134,取代苏州成为增长幅度最大的世界遗产地。泰安、西安、九江3个遗产地的耦合协调度增加值都超过了0.090,成为协调水平增长较快的城市。安阳、大同、承德3个世界遗产地的耦合协调度增加值不足0.060,是协调水平发展最缓慢的城市。究其原因,安阳和大同的旅游发展与城市发展综合指数的增加值都低于世界遗产地的平均增加值近0.03,故而呈现出低级耦合的状态影响协调水平的提升。

四、世界遗产旅游与城市发展的协调类型分析

根据世界遗产旅游与城市协调发展水平的评价结果,可以按世界遗产旅游与城市协调发展关系的现状,将世界遗产地划分为世界遗产旅游与城市良性协调型、世界遗产旅游与城市初步协调型和世界遗产旅游与城市低度协调

型三种基本类型(如表 6-5 所示)。

表 6-5　世界遗产旅游与城市协调发展类型图

城　市	协调度	协调发展类型
杭州	0.679	良性协调型
苏州	0.601	
西安	0.600	
黄山	0.551	初步协调型
丽江	0.521	
张家界	0.507	
洛阳	0.490	
泰安	0.473	
九江	0.466	
大同	0.443	
乐山	0.426	
上饶	0.425	
承德	0.414	
安阳	0.399	低度协调型

　　良性协调型城市世界遗产旅游发展水平和城市发展水平都较高,世界遗产旅游的发展带动了城市名气、人气和才气的集聚,促进了城市发展水平的提高,同时城市发展水平的提升又完善了旅游目的地的综合接待功能,创造了更广阔的旅游市场,为世界遗产旅游的发展提供了保障和支撑,加速了世界遗产旅游发展的进程,二者达到相互促进,向着共同繁荣的目标推进。良性互动型世界遗产地有杭州、苏州和西安。

　　初步协调型城市世界遗产旅游与城市发展处于中级协调水平,又可以根据驱动因素的不同进一步分为世界遗产旅游驱动型和城市驱动型两种类型。初步协调型城市数量较多,是三种协调类型城市中数量最多的,共有 10 个城市,分别是黄山、丽江、张家界、洛阳、泰安、九江、大同、乐山、上饶和承德。其中,黄山、丽江、张家界属于世界遗产旅游驱动型,世界遗产旅游发展水平高于城市发展水平。世界遗产旅游驱动型城市,世界遗产旅游资源开发较早,旅游价值、吸引力和品牌效应优势显著,遗产旅游业是城市的主要支柱产业和城市经济收入的主要来源,其产业结构从第一产业直接跨越式向第三产业主导转变,而城市其他方面依靠遗产旅游发展带动,通过旅游开发带动旅游基础设施配套建设,进而带来行政区划的调整升级等,城市发展相对滞后。这种类型世界遗产地城市的特征包括:产业结构以旅游业为主导,城市发展过程较短,城市发展的底蕴较浅,城市功能的完善围绕旅游主题进行。其余7个城市属于城市驱动型,这些城市的政治地位、经济基础、产业优势和文化环境等是城市发展的主要驱动因素,城市发展快于世界遗产旅游发展,对旅游者的综合接待能力较强,服务水平较高。世界遗产旅游与城市的非同步发展是导致世界遗产地未达到良性协调级别的主要原因。

低度协调型城市的世界遗产旅游与城市协调水平最低,处于此种类型的城市只有1个即安阳,其世界遗产旅游发展水平和城市发展水平均相对落后,尤其是世界遗产旅游发展水平是14个世界遗产地中的最低值。

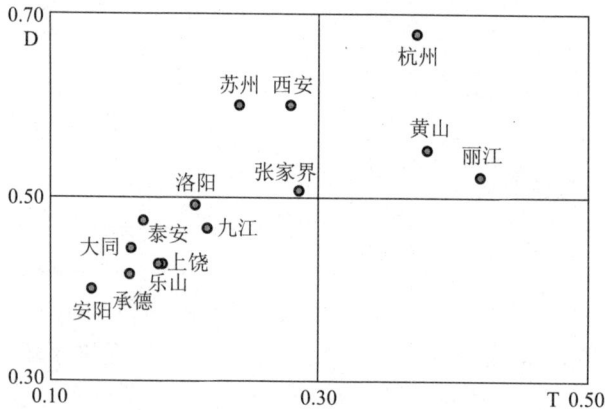

图 6-8 2013 年世界遗产地城市旅游发展指数与协调度指数类型划分图

第7章

中国世界遗产旅游与城镇发展相互关系的实证分析——以曲阜为例

在中国，一般意义上的城市指的是地级及以上级别的行政单位，县级行政单位都统称为城镇，最基础的行政单元是村级行政单位的村镇。《世界遗产名录》中对我国世界遗产地界定的最小地理单元是城镇。第六章关于世界遗产地旅游与城市发展关系分析的对象是14个地级行政单位世界遗产地，本章世界遗产地旅游与城镇关系分析的对象是县级行政单位城镇。由于缺乏统计数据的支撑，无法获得所有世界遗产地城镇的旅游与城市发展相关数据，因此本章我们以世界遗产地城镇曲阜为例，在2000～2013年的世界序列数据的基础上，分析世界遗产地曲阜旅游与城镇发展的相互关系。

一、世界遗产地城镇曲阜现状

拥有"孔庙、孔林、孔府"的世界遗产城市曲阜是位于山东省西南部的县级市，总面积895.93平方千米，人口64万，是我国古代伟大的思想家、教育家孔子的故乡和儒家文化发祥地。以"孔子故里、东方圣城"闻名于世的曲阜是国务院首批公布的24个全国历史文化名城之一和中国首批优秀旅游城市之一，也是东方文化最重要发祥地之一，具有独特的优势和影响力。除了世界文化遗产"三孔"，曲阜现存文物300余处，有重点文物保护单位111处（国家级5处，省级11处），明故城（"三孔"）景区被评为首批国家5A级旅游景区，孔子文化节被评为中国十大节庆活动之一。作为山东省唯一的世界文化遗产地，在城镇化的大背景下，曲阜的旅游业取得了蓬勃的发展。

1991～2013 年间,曲阜的非农业人口比重由 10.95％上升到 42.9％,旅游收入从 0.9 亿元增加到 107 亿元,增长了 119 倍,年均增长率为 28％。

二、"三孔"世界遗产价值分析

(一)历史研究价值

历史研究价值是指世界遗产"三孔"客观存在于历史发展长廊中,在它的发展过程中与当时的政治、经济、文化、思想等方面都有着密切的联系。从这些方面可以折射出一个地区或一个群体的发展史,可以进一步地去了解当时历史发展的轨迹。"三孔"留下了中国封建社会两千多年发展的印记,在最初的时候人们只是把它用来祭祀,而随着历史的发展与社会的进步,教育功能出现了,是封建社会的思想、道德和传统文化等构成的有机整体,同时也是中华民族物质财富和精神财富的复合载体。同时,"三孔"世界遗产的发展留下了丰富的历史资料。"三孔"是以中国传统建筑艺术为代表的综合艺术形式的集中体现,"三孔"是中国儒学发展的重要象征,也是儒学传播的重要见证,是封建统治阶级进行对人民文化道德教育的重要场所。中国古代祭孔活动的兴衰可以通过对有关"三孔"所保存的历史信息进行整理和研究,通过历史信息的整理可以反应出中国封建时代中央和地方政治、经济及文化发展的状况。

(二)审美和艺术价值

(1)建筑美

世界文化遗产"三孔"古建筑群的这种对称结构所展现的庄严、规矩、井井有条体现了中国历史悠久的理性精神。因此,将建筑整体分开来看,同基督教、伊斯兰教和佛教建筑相比、似乎略显平淡,并无出彩之处。但若从建筑群整体看,却能够彰显其与众不同的方正结构和严肃雄浑的气势。其建筑胜在整体的搭配协调所成的布局结构而并非单个建筑的样貌形态。看似普通、简单的个体建筑却在严谨、井井有条的布局下创造出复杂的群体结构,"三孔"建筑严格的对称之中蕴含大量变化,多样的变化之中又内含统一,中轴对称的结构之美清晰可见。孔庙的固有建筑部分如棂星门、大成门、大成殿、尊经阁、明伦堂、崇圣祠都充分展现了我国古代建筑群的艺术美。我国的古代文庙建筑多布局门、坊、殿、堂、阁、亭等,各自有自己之风格特色,又能和谐融洽形成整体,展现出中国"三孔"多姿多彩的外形美。曲阜的孔庙大成殿须弥座台基高达 2 米,斗拱交错,金碧辉煌,气势磅礴,中央巨龙盘旋口中含珠,檐下傲然挺立 28 根巨型石柱,规模浩大,建筑艺术水平登峰造极,因此其与故宫太和殿和泰安岱庙天既殿合称东方三大殿,体现了中国历史建筑的高超水平。

（2）丰富艺术形式美

世界文化遗产"三孔"建筑之艺术美不仅仅体现在其方正、严谨、肃穆、气势恢宏的各样建筑,还蕴含于其他多彩的艺术表现形式中,如雕塑、匾联、园林植物等,"三孔"多彩、丰富的艺术表现形式浑然天成,塑造了"三孔"建筑浓浓的艺术之美。以曲阜孔庙为例,其诸多雕刻都是中国石雕历史中的上乘之作,如大成殿的石柱雕龙,可称为石雕历史上的珍品。"三孔"还富含碑刻和匾额的珍贵历史文物佳品,有着价值连城的不同类型碑刻(是中国古代建筑史上的文物建筑宝库)。匾额同样是"三孔"建筑多彩艺术形式美不可或缺的重要构成,以大成殿的九方匾额最负盛名。"三孔"的碑刻和匾额还富含书法艺术之美,其兼具各种不同字体,各有其独特之处,在书法历史上艺术价值极高。同时"三孔"建筑群中的多植柏树及槐树,多彩园林植物、弥足珍贵的植物资源也是我国"三孔"建筑艺术美的重要组成部分。

（3）文化内涵美

世界文化遗产"三孔"建筑是包括儒家文化在内的中华物质文明和精神文明的特殊传承载体,点缀"三孔"建筑之中的砖瓦、草木皆蕴涵着丰富多样和深厚的文化底蕴。以"三孔"古建筑的名称为例,近乎所有建筑物的名字都出自历史典故,如"金声玉振"、"权星"、"大成"等均彰显了儒家文化对我国古代建筑文化的影响。孔庙建筑群在中国古代的文化功能的精髓在主要存在于以祭祀为主题的非常多的古之圣贤名流的塑像和木主牌位。"三孔"中特有的祭孔乐舞和礼仪则更是融乐、歌、舞于一体的复合艺术表现形式。祭孔乐来源自孔子崇敬推重的"韶"乐,古色古香、婉转悠扬,高贵优雅,而舞姿则穿劲有力、神形兼备,祭孔礼仪场面恢弘,使严肃的祭孔氛围同"三孔"建筑整体相辅相成,相得益彰,共同构成我国古文庙艺术美的完整和谐画面。总而言之,中国"三孔"建筑各种元素各具特色却又相互映衬、互为补充,浑然天成,合力塑造了中国"三孔"建筑登峰造极却又不乏古朴优雅的文化内涵美[190]。

（三）科学研究价值

科学研究价值是指"三孔"这种文化遗产作为历史上的客观存在所能够给人类提供重要的、有价值的科学知识和信息。"三孔"内所具有的历史资源，包含了对现在研究的有用的科学信息，对当今的艺术学、考古学等学科领域都具有宝贵的科学研究价值。"三孔"内各种各样的建筑在漫长的历史时期内不断被修缮、扩建及重建，在客观上在推动中国从古代到现代的建筑技艺的发展，也反映出我国文物保护技术的进步，"三孔"文化遗产在这方面具有不能抹煞的积极作用。

（四）文化传承和文化认同价值

从时代性方面来说，传统文化是历史上汇集而成的一种民族文化，具有时代性不强的显著特征（一般来说，传统文化是历史上汇集而成的一种民族文化，因而总体上传统文化的时代特征不强）。同时，在现代化迅猛推进的当下，传统文化在区分我们与世界其他民族中扮演了重要的角色。传承中华传统文化、增强文化认同的关键是要求我们继承、借鉴、创新自己的文化与历史，取其精华，去其糟粕。世界文化遗产"三孔"不仅物质财富，更承载着宝贵的精神财富，现在"三孔"已不再单纯指代"孔庙、孔林、孔府"，同时还表征着丰厚的中华文化积淀、悠久历史。经历了五千多年的文化洗礼，"三孔"的作用已经不仅仅是作为历史纪念建筑，"三孔"文化受到当前社会大众的广泛关注，既体现了中华民族的人文传统，更象征着中华民族的优秀文化。集著名的教育家、思想家与政治家于一身的孔子，在中华两千年的文化发展中，通过其思想和言语对中国人的生活、思想和行为起着重要影响。儒家文化推动了中国社会的发展和进步，作为后人，我们要传承其中的精华部分。在经济全球化背景下，我们要寻求文化的异同，"三孔"作为儒家文化的典型代表，对中华文化的传播和发扬意义重大。

（五）现实文化教育价值

"三孔"作为教育文化遗产，对广大青少年教育意义重大，能够帮助青少年扩充历史知识、提升文化修养，推动社会主义精神文化建设。从"三孔"的价值来看，除了纪念价值、科研价值、经济价值、美学价值等，还有文化价值、教育价值。尤其是作为重要的文化教育场所，"三孔"的文化教育价值更为突出。

一直以来,"三孔"存在的意义在于对大众进行文化道德教育、传扬中华优秀传统文化。但是,随着现代社会和高科技的快速发展,以及学校教育的广泛普及,"三孔"的文化教育功能正逐渐丧失。中国正处于改革开放的转型时期,经济高速发展的同时,"三孔"应该是培养国民人文素养,对青少年进行文化宣传的最佳场所。青少年以虔诚的态度拜祭"三孔",回顾先贤的事迹和作品,体悟他们的刻苦求学精神。"三孔"不但为他们展示了博大精深的中华文化,更提升了他们的民族自豪感。

三、世界遗产旅游与城镇发展水平测度

(一)评价指标体系

与14个世界遗产地旅游与城市发展相关数据相比,曲阜世界遗产旅游与城镇发展相关数据的年限更长,旅游相关统计数据的指标更具体,数据更丰富。根据世界遗产地旅游与城市发展水平评价指标选取的原则、方法和步骤,在曲阜世界遗产旅游与城镇发展相关统计数据特点的基础上,对原有评价体系进行了调整,构建了适合曲阜世界遗产旅游与城镇发展水平的评价体系。评价体系在旅游发展水平与城镇发展水平这两个目标层下,还包括7个准则层和20个指标层。

(1)世界遗产旅游发展水平评价指标

世界遗产旅游发展水平评价包括旅游产业结构合理化准则、旅游产业结构高度化准则和旅游产业结构效益准则。旅游产业结构合理化准则表征旅游产业增长的速度及各部门之间的比例关系;旅游产业结构高度化准则表征以技术进步为标志的旅游产业各生产要素配置的效率及创收能力;旅游产业结构效益准则表征旅游产业各部门的结构优势和竞争力水平。

如表7-1所示,这3个准则层下还包括8个指标层,旅游总收入年增长率反映了旅游产业发展的速度和规模,用相邻两年旅游总收入的增加值在基年旅游总收入中所占的比重表示。区位熵反映了旅游产业的区域分布的集中度水平,其计算公式为:

$$K = \frac{e_{ij}}{e_j} \bigg/ \frac{E_j}{E}$$

式中,i代表旅游产业,j代表区域,e_{ij}代表曲阜市旅游总收入,e_j代表曲阜市国内生产总值,E_j代表山东省旅游总收入,E代表山东省国内生产总值。

旅游企业密度反映了旅游业对城市经济状况的影响程度,用旅游企业规模与城市面积之比表示。旅游产业在第三产业中所占比重反映了旅游产业在第三产业中所占的份额;旅游产业的高度化水平,用旅游社会总收入与第三产业产值之比表示;高需求弹性部门的收入在总收入中所占的比重反映了旅游产业内部各部门的高度化水平,用娱乐部门和商品销售部门收入占旅游总收入的比重表示,这些部门对应的是旅游者的高弹性需求,满足的是旅游者高层次的需要。旅游外汇收入在旅游总收入中所占比重反映了旅游高端市场对旅游业的贡献度。旅游产业在第三产业中所占比重、高需求弹性部门收入在旅游总收入中所占比例和旅游外汇收入在旅游总收入中所占比例这3个指标分别反映了旅游产业的产值构成高度化、技术构成高度化和市场构成高度化水平。

旅游产业结构效果指数 T31(W)反映了旅游产业内部门结构对旅游经济的贡献度,旅游产业竞争力效果指数 T32(U)反映了旅游产业内各部门的竞争力水平和增长潜力,二者共同表征了旅游产业的结构效益水平,计算公式为:

$$W = \frac{\sum_{j=1}^{n} K_{j,0} B_{j,t}}{\sum_{j=1}^{n} K_{j,0} B_{j,0}} \div \frac{\sum_{j=1}^{n} B_{j,t}}{\sum_{j=1}^{n} B_{j,0} B_{j,t}}, \quad U = \frac{\sum_{j=1}^{n} K_{j,t} B_{j,t}}{\sum_{j=1}^{n} K_{j,0} B_{j,t}}$$

其中,

$$K_{j,0} = \frac{b_{j,0}}{B_{j,0}}, \quad K_{j,t} = \frac{b_{j,t}}{B_{j,t}}$$

式中,设基年期和终年期区域旅游产业的总规模分别为 b_0 和 b_t,并按照一定的原则,把区域旅游产业分为 n 个产业部门,第 j 个产业部门在基年期和终年期的规模分别为 $b_{j,0}$ 和 $B_{j,t}$,($j = 1, 2, \cdots, n$)。相应的,上级区域在基年期、终年期的经济总规模和第 j 个产业部门的规模分别为 B_0、B_t、$B_{j,0}$ 和 $B_{j,t}$。

(2)城镇发展水平评价指标

在城镇发展水平评价系统中,人口城镇化是城镇化的核心内容,经济城镇化是城镇化的物质基础,社会城镇化是城镇化的发展动力,空间城镇化是城镇化的环境保障,本书从人口、经济、社会、空间四个方面表征曲阜市的城镇化水平。

如表7-1所示,城镇化水平评价体系包括4个准则层下的12个指标层。

其中,城镇人口密度(U11)即单位城镇面积上的人口数量,用城镇人口与城镇面积的比值表示,反映了城镇人口的密集程度;非农业人口比重(U12)反映了城镇人口的非农化水平,很多研究都单独使用这个指标来衡量城镇化水平,计算公式为:非农人口比重 = 非农业人口数量/人口总数;人口自然增长率(U13)反映了城镇人口的发展速度,表明了人口自然增长的趋势和幅度,人口自然增长率为正表示城镇人口规模的扩张,反之表示城镇人口规模缩小,计算公式为:人口自然增加数/同期内平均人数。城镇人口密度、非农业人口比重和人口自然增长率分别从人口集中度、人口的非农化和人口规模三个方面体现了人口城镇化的水平。

表 7-1　曲阜市旅游产业结构水平与城镇化水平评价指标体系及权重

目标层	准则层	权　重	指标层	权　重
世界遗产旅游发展水平(T)	旅游产业结构合理化(T1)	0.190 85	旅游总收入年增长率(T11)	0.271 35
			区位熵(T12)	0.372 45
			旅游企业密度(T13)	0.356 20
	旅游产业结构高度化(T2)	0.301 52	旅游总收入占第三产业的比重(T21)	0.321 80
			高需求弹性部门收入占旅游总收入的比重(T22)	0.312 09
			旅游外汇收入占旅游总收入的比重(T23)	0.366 11
	旅游产业结构效益(T3)	0.507 63	旅游产业结构效果指数(T31)	0.529 31
			旅游产业竞争力效果指数(T32)	0.470 69
城镇发展水平(U)	人口城镇化(U1)	0.239 28	城镇人口密度(U11)	0.386 50
			非农业人口比重(U12)	0.351 15
			人口自然增长率(U13)	0.262 34
	经济城镇化(U2)	0.273 37	城镇经济密度(U21)	0.319 81
			人均 GDP(U22)	0.320 99
			第三产业占 GDP 比重(U23)	0.359 21
	社会城镇化(U3)	0.259 62	固定资产投资(U31)	0.333 96
			人均社会消费品零售额(U32)	0.342 05
			城镇居民人均可支配收入(U33)	0.323 99
	空间城镇化(U4)	0.227 73	建成区面积占市区面积的比重(U41)	0.321 06
			城镇人均居住面积(U42)	0.361 19
			建成区绿化覆盖率(U43)	0.317 75

城镇经济密度(U21)用城镇GDP与城镇面积的比值表示,反映了单位面积的城镇空间创造的地区生产总值;人均GDP(U22)是地区生产总值与城镇人口总数的比值,代表了城镇经济活动的价值,是衡量城镇综合经济实力的最佳指标;第三产业占GDP比重(U23)是指城镇第三产业产值与地区生产总值之比,反映了城镇的产业结构和经济活力,是城镇化向深层次发展的表现,比值越大,说明产业结构高级化水平越高,相应的经济的城镇化水平也越高。城镇经济密度、人均GDP和第三产业占GDP比重从经济效益和产业结构方面体现了经济的城镇化水平。

固定资产投资(U31)是进行社会再生产的必要条件,是社会发展的先导力量,反映了城镇基础设施的完善度和城镇社会环境的优化水平;人均社会消费品零售额(U32)反映了城镇的消费水平和实际购买力,是城镇发展水平尤其是第三产业发展水平的反映;城镇居民人均可支配收入(U33)是指城镇居民家庭的全部现金收入中能够用于安排日常生活的那部分,反映了城镇居民的生活状况和城镇经济发展的质量。固定资产投资、人均社会消费品零售额和城镇居民人均可支配收入分别从投资水平、消费水平和收入水平三个方面反映了社会城镇化的水平。

建成区面积占市区面积的比重(U41)是建设用地构成的闭合区域的面积占市区总面积的比例,反映了农村地域向非农地域转化的水平;城镇人均居住面积(U42)表征了城镇居民居住空间的大小,反映了城镇空间的集聚程度;建成区绿化覆盖率(U43)是指城镇建成区的乔木、灌木、草坪等所有植被的垂直投影面积占建成区的百分比,反映了城镇空间环境的绿化水平,体现了城镇的环境质量。建成区面积占市区面积的比重、城镇人均居住面积和建成区绿化覆盖率分别从城镇用地类型、城镇居住空间和城镇环境三个方面体现了空间的城镇化水平。

(二)评价方法

(1)指标权重和综合评价指数测算

首先根据5.1.3的权重计算方法求各指标的权重,根据标准化数据进一步计算评价因子层指标的数值和权重,然后通过加权平均法对旅游产业结构水平综合指数和城镇化水平综合指数进行定量测算,公式如下:

$$T_i = \sum_{k=1}^{3} Z_k \cdot \sum_{j=1}^{n} W_j \cdot X_{ij}$$

$$U_i = \sum_{k=1}^{4} Z_k \cdot \sum_{j=1}^{n} W_j \cdot X_{ij}$$

式中，T_i 是旅游产业结构水平综合指数；U_i 是城镇化水平综合指数；Z_k 是评价因子层的各指标权重，W_j 是评价指标层的各指标权重；X_{ij} 是评价指标层的各指标标准化值，n 是相应子系统所包含指标层的数量。

（2）数据来源

综合上述分析，我们选取世界遗产地曲阜作为案例地对旅游发展水平与城镇发展水平进行评价，并对二者的关系进行研究。本书数据主要来源于 1991～2013 年的《曲阜市统计年鉴》、《山东旅游统计便览》、《山东统计年鉴》和《中国城市统计年鉴》。

（三）评价结果分析

为了更直观地展示曲阜市旅游产业结构水平和城镇化水平的时序变化过程，结合综合评价指数计算公式，得到旅游产业结构水平与城镇化水平指数绘制图 7-1。

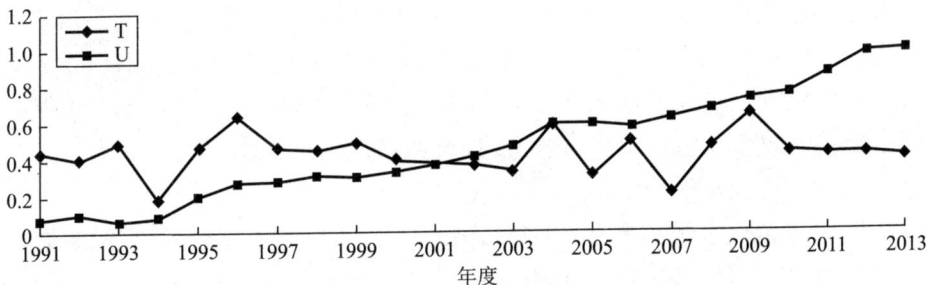

图 7-1　曲阜世界遗产旅游产业结构水平与城镇化水平指数

由图 7-1 可知，1991～2013 年间，曲阜世界遗产旅游产业结构水平呈现出不断波动的趋势，而曲阜城镇化水平呈现出持续上升的趋势。由曲阜市世界遗产旅游产业结构水平指数 T 和城镇化水平指数 U 可知，T 的均值为 0.393，U 的均值为 0.435，曲阜市世界遗产旅游产业结构水平与城镇化水平都不高且旅游产业结构水平落后于城镇化水平。因此曲阜市应充分依托城市经济发展、设施完善、环境建设带来的有利条件，促使世界遗产旅游产业的创新发展，提高旅游产业的合理化、高度化水平和结构效益，实现旅游产业结构的优化升级。

（1）世界遗产旅游产业结构水平评价

根据上述方法计算出曲阜世界遗产旅游产业结构水平指数（T）（如图7-1）。从时序变化的特征看，曲阜市旅游产业结构水平指数在2009年出现最大值0.64，1994年出现最小值0.18，呈现出震荡稳定交替出现的动态变化趋势。其中，1993～1997年和2003～2009年为两个震荡期，最大震荡幅度分别达到0.45和0.43，指数最大值和最小值都出现在这两个阶段内，其余年份都相对稳定于0.37～0.49之间的水平。究其原因，1994年国民经济的硬着陆带来的人民币贬值及通货膨胀，使旅游业备受打击，旅游产业结构高度化值（T2）出现最小值0.27，旅游产业结构的合理化水平和效益也相对偏低从而导致旅游产业结构评价指数最小值的出现。2003年"非典"和2008年亚洲金融危机的外在影响使当年的旅游需求暂时无法实现，而在随后会迅速释放，带来旅游产业的大发展，使旅游产业结构效益值（T3）在2009年达到最大值0.86，成为旅游产业结构指数出现最大值的主要影响因素。

通过分析可知，旅游产业结构高度化水平与旅游产业结构综合水平一致性最高，说明社会分工和科技进步上存在的优势是旅游产业结构优化的主要动力；旅游产业结构效益水平对旅游产业结构综合水平影响较大；旅游产业结构合理化水平不是影响旅游产业结构综合水平的重要因素。因此，曲阜市旅游产业应进一步向资源的深度开发和产出高附加值的方向发展，提高生产要素配置的效率和结构优势，进一步提升旅游产业结构水平的竞争力。

（2）城镇化水平评价

曲阜城镇化水平指数在1991～2013年的23年间有了较大幅度的提升，城镇化水平指数U从1991年的0.07上升到2013年的0.98，除了1993年和2006年分别出现了0.04和0.01的小幅下跌外，其余年份始终处于上升态势。期间在1995年和2011年分别出现0.12和0.11的大幅上涨。究其原因，城镇化水平指数的持续上升主要是经济城镇化指数（U2）和社会城镇化指数（U3）以21%和27%的平均年增长率不断增加的结果，城镇化水平指数的波动主要是由于人口城镇化指数（U1）在1993年出现最低值0.07，空间城镇化水平指数（U4）在2011年出现最大值0.88。1995年、2006年人口城镇化指数和空间城镇化指数都出现与城镇化水平指数同方向的较大波动。

其中，经济城镇化水平与城镇化综合水平一致性最高，说明经济发展的质量和产业结构的优化是城镇化的主要动力；社会城镇化水平和人口城镇化水平是城镇化综合水平的重要影响因素，非农人口的增加、城市基础设施的完善和市民收入的提高对城镇化进程有较大的影响;空间城镇化对城镇化综合水平的推动作用并不显著。

（3）世界遗产旅游产业结构水平与城镇化水平指标权重评价

在世界遗产旅游产业结构水平评价体系所包含的全部指标中,权重最大的是旅游产业结构效益指标,达到 0.507 63,表明构成旅游产业结构水平指标体系的最主要内容是旅游产业结构的效益水平,其中旅游产业结构效果指数权重值优于旅游产业竞争力效果指数权重值 0.058 62;旅游产业结构高度化指标权重其次,为 0.301 52,反映了旅游产业结构高度化水平也是旅游产业结构水平的重要组成部分,其中旅游外汇收入占旅游总收入的比重（T23）指标权重值最大为 0.366 11;旅游产业结构合理化水平指标权重最小,其中区位熵（T12）指标权重值最大为 0.372 45,说明旅游产业的集聚水平是影响旅游产业合理化水平的重要因素。

总体看来,城镇化水平评价体系包含的 4 个准则层指标的权重值不存在较大差异,说明每个指标都对衡量城镇化水平有重要影响。按照权重值由大到小依准则层指标次排列为经济城镇化、社会城镇化、人口城镇化和空间城镇化,相应的指标权重分别为 0.273 37、0.259 62、0.239 28 和 0.227 73。表明经济城镇化指标是城镇化水平最重要的评价指标,社会城镇化和人口城镇化指标是衡量城镇化水平的重要内容,空间城镇化指标影响最小。

指标层各指标权重值之间的差异均较小,城市人口密度、第三产业产值占 GDP 比重、人均社会消费品零售额和城镇人均居住面积 4 个指标的权重值分别为本准则层的最大值,依次是 0.386 50、0.359 21、0.342 05、0.361 19,即这 4 个指标是 12 个城镇化水平衡量指标中最重要的,表明城市人口的密集程度、产业结构、消费结构和人居环境是影响城镇化水平的重要因素。

四、世界遗产地旅游与城镇发展关系评价

（一）协整分析模型

第一,单位根检验。在分析世界遗产旅游产业结构水平与城镇化水平之间的关系时,首先检验这两列时间数据序列的平稳性,原因在于两个非平稳时间数据序列间的回归很有可能会呈现表面看上去非常好的伪回归结果（Granger & Newbold,1974）,但是,如果出现旅游产业结构水平与城镇化水平两列时间数据序列之间"一起漂移"或同步的现象,则可能不存在伪回归问

题[191]。本文将借助 ADF 检验(Augmented Dickey-Fuller test,即增广的 DF 检验)判断时间序列的平稳性。

第二,协整检验。同阶单整的两个序列之间是否存在长期的均衡关系,可以通过 Engle-Granger 两步法进行检验(Engle, Granger, 1987)。首先计算非均衡误差,得到残差项组成的时间序列,然后对该序列进行稳定性检验。如果残差项时间序列是平稳的,则可以说明两变量之间是存在协整关系的,否则就不能通过协整检验,二者之间也就不存在协整关系。

第三,因果关系检验。Granger 因果关系检验是检验内生变量能否作为外生变量对待的有效方法。它用以解决 x 是否引起 y 的问题,即能够在多大程度上被过去的 x 解释,加入 x 的滞后期是否使得解释程度提高。假如一个变量受到其他变量的滞后影响,可以认为两变量之间存在 Granger 因果关系[192]。

(二)模型结果分析

世界遗产旅游产业结构水平与城镇化水平密切相关,具体到二者关系的性质,包括是否存在长期的均衡关系,是否存在因果关系以及因果关系的方向是什么,本书通过协整检验和 Granger 因果关系检验进一步分析。

(1)单位根检验

根据表 7-2 中 ADF 检验的结果数据,时间序列 LnT 和 LnU 的 t 统计值在 1%、5% 和 10% 的水平下均不能拒绝原假设,说明旅游产业结构水平时间序列(LnT)和城镇化水平时间序列(LnU)都存在单位根,不是平稳序列,经过一阶差分后的序列 LnT(1)和 LnU(1)的 t 统计值均小于三种显著性水平下的临界值,能够拒绝原假设,是一阶单整的,记为:LnT(1)～I(1),LnU(1)～I(1)。

表 7-2　LnT、LnU 和残差 e 的 ADF 检验结果

变　量	检验类型 (C, T, K)	t 统计值	各显著性水平下的临界值			检验结果
			1%	5%	10%	
LnT	(C, T, 0)	−1.070 468	−3.808 546	−3.020 686	−2.650 413	非平稳
LnU	(C, T, 0)	−3.099 130	−3.788 030	−3.012 363	−2.646 119	非平稳
LnT(1)	(C, T, 1)	−4.237 871	−3.808 546	−3.020 686	−2.650 413	平稳
LnU(1)	(C, T, 1)	−4.622 106	−3.831 511	−3.029 970	−2.655 194	平稳
e	(0, 0, 1)	−5.016 944	−3.831 511	−3.029 970	−2.655 194	平稳

（2）协整检验

从单位根检验的结果看,世界遗产旅游产业结构水平（LnT）和城镇化水平（LnU）两个时间序列数据都是一阶单整的,我们通过进行协整检验来论证二者之间是否存在长期的均衡关系。接下来运用 E-G 两步法检验（Engler & Granger, 1987）曲阜市旅游产业结构水平和城镇化水平之间是否存在长期的均衡关系,即检验回归残差项 e 是否存在单位根,此处采用单位根检验中使用频度最高的 ADF 检验。根据 AIC 与 SC 最小准则,确定了最佳滞后阶数为 1。检验结果显示（表 2）,t 统计值 −5.016944 小于显著性水平为 1%、5% 和 10% 时的临界值,不存在单位根,即残差序列 e 是平稳序列,序列 LnT 和 LnU 之间存在协整关系,表明曲阜市旅游产业结构水平与城镇化水平之间存在长期的均衡关系。

（3）Granger 因果关系检验

协整检验的结果表明世界遗产旅游产业结构水平和城镇化水平之间存在长期均衡关系,而这种长期均衡是否构成因果关系及产生原因的方向尚需进一步检验。本文对原序列进行了 Granger 因果关系检验,检验结果见表 7-3。Granger 因果关系检验的结果对滞后长度的变化是很敏感的,滞后期数不同,因果关系的检验结果也不尽相同。因此本文在进行 Granger 因果关系检验时,选择了滞后 1 期到 4 期 4 个不同的滞后期分别进行了检验[193]。

表 7-3　格兰杰因果关系检验结果

滞后阶数	原假设 H_0	F 统计值	H_0 成立的概率（P-值）
1	LnT 不是 LnU 的格兰杰原因	1.857 25	0.189 8
	LnU 不是 LnT 的格兰杰原因	1.874 10	0.187 8
2	LnT 不是 LnU 的格兰杰原因	7.343 61*	0.006 0
	LnU 不是 LnT 的格兰杰原因	1.520 07	0.250 5
3	LnT 不是 LnU 的格兰杰原因	5.945 40*	0.010 0
	LnU 不是 LnT 的格兰杰原因	2.540 88	0.105 5
4	LnT 不是 LnU 的格兰杰原因	2.288 33	0.139 1
	LnU 不是 LnT 的格兰杰原因	1.822 77	0.208 7

注:* 表示统计量在 5% 显著水平上拒绝原假设。

验证结果表明,滞后 1 期和滞后 4 期时"LnT 不是 LnU 的格兰杰原因"

和"LnU 不是 LnT 的格兰杰原因"的原假设均不能被拒绝,说明曲阜世界遗产旅游产业结构水平和城镇化水平之间不存在因果关系。滞后 2 期和 3 期时"LnT 不是 LnU 的格兰杰原因"的假设被拒绝而反向假设不能被拒绝,存在 LnT 到 LnU 的单向因果关系,说明曲阜世界遗产旅游产业结构水平是城镇化水平的 Granger 原因。

第8章

中国世界遗产旅游与城市协调发展的路径分析

结合第六章中世界遗产旅游与城市发展协调度的评价结果与世界遗产旅游与城市协调发展类型的划分，中国世界遗产旅游与城市协调发展的路径可分为良性协调型世界遗产地发展路径、初步协调型世界遗产地发展路径和低度协调型世界遗产地发展路径。

一、良性协调型世界遗产地发展路径

根据世界遗产旅游发展水平、城市发展水平及二者之间的协调水平的评价结果，世界遗产旅游与城市发展良性协调型世界遗产地有杭州、苏州和西安，其协调度都达到了 0.6 以上，位列全部世界遗产地中前三名。2013 年杭州的世界遗产旅游发展指数与城市发展指数的排名分别为第三位和第二位，2000 年到 2013 年，杭州世界遗产旅游发展指数年均增长率为 5.40％，城市发展指数年均增长率为 9.93％；2013 年苏州的世界遗产旅游发展指数与城市发展指数的排名分别为第六位和第一位，从 2000 年到 2013 年苏州世界遗产旅游发展指数年均增长率为 3.74％，城市发展指数年均增长率为 11％；2013年西安的世界遗产旅游发展指数与城市发展指数的排名分别为第五位和第三位，从 2000 年到 2013 年西安世界遗产旅游发展指数年均增长率为 2.24％，城市发展指数年均增长率为 7.79％。上述数据显示，良性协调型世界遗产地的世界遗产旅游与城市发展基础雄厚，增长迅速，表现出良好的发展趋势。同时这 3 个世界遗产地的世界遗产旅游发展指数和城市发展指数也都全部世界遗产地前 5 名范围中,是世界遗产旅游发展水平与城市发展水平双高的世界遗产地。良性协调型世界遗产地虽然是三类世界遗产地中协调水平最高的一类,但是通过第六章得到的协调指数可知其协调指数的最大值刚刚接近 0.70,协调水平还有很大的上升空间,需要经过中级协调、良好协调才能达到优质协调水平。

良性协调型世界遗产地应该走世界遗产旅游与城市共同主导的发展路径,以建设世界级综合遗产旅游目的地为发展目标。以世界遗产为核心资源,将世界遗产旅游发展融入世界遗产地城市建设,以遗产旅游提升城市实力,通过遗产旅游与城市、遗产旅游者与居民、遗产旅游近程市场与远程市场的共生发展,实现"宜居、宜业、宜游"的世界级智慧遗产旅游目的地的发展目标。在共同主导的良性协调型世界遗产地发展路径指导下,具体提出以下发展建议:

(一)发展智慧遗产旅游

良性协调型城市世界遗产旅游相对成熟,创新是进一步发展的关键,而创新离不开网络技术的支持。良性协调型城市可以凭借相对较好的信息通讯技术基础,实现以电子产品为载体的旅游信息采集、分析和传输,通过智慧旅游实现世界遗产旅游的创新发展。智慧遗产旅游是遗产旅游者个体在旅游活动过程中所接受的"泛在化"的基于旅游者个体特殊需求而主动提供的旅游信息服务[194]。与传统旅游服务相比,智慧遗产旅游具有旅游服务智能化、旅游管理数字化和旅游体验个性化的特征和优势[195]。

(1)构建智慧旅游政府公共服务系统

智慧旅游政府公共服务系统提供的是具有明显公益性质的无偿服务,以满足所有旅游者的共同需求为目标,应包括旅游交通信息、旅游安全信息、旅游公共服务信息和旅游环境信息等部分。首先,政府公共服务系统为旅游者提供丰富、及时、便捷、可比的旅游信息,同时旅游管理部门也可以获得关于信息使用者实时数据信息,科学准确地掌握旅游市场的动向,以便更加高效为旅游者提供服务。其次,政府公共服务系统承担着旅游目的地形象建设、旅游行业市场监管的重要任务,是全方位宣传世界遗产地旅游形象,实时处理旅游投诉,监管旅游行业市场行为的有效手段,是重要的旅游行情监控中心,旅游投诉处理中心和应急控制调度中心。

（2）建设智能旅游网站

数据显示，2015 年我国在线旅游市场的交易总额达到 5900 亿元，这些都是通过旅游网站的智能查询、预定、支付等实现的。通过建设智能旅游网站，为旅游者提供一系列的有偿产品和服务，助力旅游者实现完美的出游计划。职能旅游网站主要包括综合性旅游网站，可以满足"食、住、行、游、购、娱"各方面的需要；包括旅游景区、旅游饭店和旅行社在内的各类旅游企业网站，主要提供旅游企业相关信息和产品。随着移动客户端旅游市场的日益增长，职能旅游网站的移动客户端开发和完善显得尤为重要。世界遗产地智能网站建设主要是吸引大型职能旅游电子商务企业落户城市，并通过产业聚集和产业关联效应推动城市的发展。

（二）建设智慧城市

虽然良性协调型世界遗产地城市发展指数增长迅速，取得了城市发展的优异成绩，具备了较好的产业基础、环境基础、信息基础和技术基础，但仍然属于粗放型增长，带来了一系列的"城市病"，也面临着稳增长、调结构、转方式、促发展的艰巨任务。良性协调型世界遗产地城市发展各指标的测度显示世界遗产地城市的科技文化水平是影响城市发展指数的重要因素，建设智慧遗产旅游城市是提升城市科技文化水平，促进城市发展水平提升的有效途径。在良性协调型世界遗产地城市的工业化、城镇化和信息化达到现有发展水平的前提下，其下一步的发展重点是通过智慧城市建设从规模增长转变为质量增长，实现城市经济增长的倍增和发展方式的转换，通过城市的可持续发展为遗产旅游的发展提供强有力的全面保障。智慧城市以技术创新、资源节约和可持续发展为目标，将智能技术与城市设施建设、居民活动、城市空间相结合，形成满足居民生产生活的智能基础设施、智慧公共服务和智慧产业等智慧应用功能，以及融入智慧发展理念的城市空间结构。

（1）智慧经济建设

智慧城市建设在以物联网、云计算、人工智能等信息技术进步为基础的同时，也对互联网、无线通讯技术等信息技术提出更高的要求，通过智慧城市建设，发展智慧型产业，改造传统产业，一方面通过更有效地利用各种资源节约能源和成本，实现传统产业的升级改造，发展集约型经济，另一方面加强技术创新、发展新兴的智慧型产业，实现产业结构的转型升级，促进生态、低碳经济发展，提高城市创新发展能力和运行效率。

（2）智慧环境建设

智慧城市环境建设的目标是实现城市不同功能区的协同发展，优化城市空间环境。一个智慧城市包括便捷、时尚的社区，具有创新能力强、生态环保的产业园区，具有电子商务引领，满足购物消费和文化休闲功能的商贸区，具有可接入互联网、公共交通方便联系的公园绿地和开敞空间，重视历史建筑、文化街区的保护。

（3）智慧管理建设

智慧城市建设的重要内容之一就是进行一体化数据平台的开发建设，为满足居民生产生活和遗产旅游者需要的智能基础设施和智慧公共服务提供条件，同时一体化数据平台节约了城市管理的运营成本，提高了公共服务的能力和效率。智慧管理建设的第二个重要内容就是监督和评价城市在目标实现、规划建设、基础设施运行、公共服务效率、环境保护、创新经济发展等多方面的管理工作。

二、初步协调型世界遗产地发展路径

根据世界遗产旅游与城市发展协调水平的评价结果，世界遗产旅游与城市发展初步协调型的世界遗产地数量较多，按照世界遗产旅游发展水平与城市发展水平的差异这类世界遗产地需要进一步细分为城市发展滞后型和世界遗产旅游发展滞后型。鉴于世界遗产旅游与城市发展之间互为因果关系，本书针对城市发展滞后型世界遗产地提出世界遗产旅游主导，旅游推动城市的发展路径，以促进二者协调程度的提升并最终达到优质协调水平；世界遗产旅游发展滞后型世界遗产地可以选择城市发展主导，城市推动旅游的发展路径，通过城市综合实力的提升为世界遗产旅游的发展创造更多的有利条件，进而促进二者良性互动、协调发展。

第五章对初步协调型世界遗产地旅游与城市发展评价体系各个指标测度的结果显示，准则层指标中对世界遗产旅游发展影响力最大的指标是世界遗产旅游规模，每个准则层下影响力最强的指标有接待入境旅游人数、旅游外汇收入占旅游总收入的比重和人均旅游花费增长率；准则层指标中对世界遗产地城市发展影响最大的是科技文化，每个准则层下影响力最强的指标包括第三产业占 GDP 的比重、非农人口比重、人口密度和普通高等学校在校学生数。因此，针对初步协调型世界遗产地的发展路径，要在综合考虑此类型世界遗产旅游产业规模、发展速度、产业结构和城市经济、社会、环境、科技文化各方面影响因素的基础上,重点分析遗产旅游产业结构和城市科技文化两个重要影响因素,并根据不同世界遗产地具体指标的得分情况识别提高世界遗产旅游与城市协调发展水平的关键因素,达成世界遗产旅游与城市协调持续发展的目标。

（一）城市发展滞后的初步协调型世界遗产地发展路径

城市滞后的初步协调型世界遗产地的发展以世界遗产旅游为主导,把遗产旅游业作为城市发展的支撑产业和推进力量,通过遗产旅游强大的集聚效应和乘数效应,先推动相关产业的发展,再通过相关产业的辐射扩散作用带动整个城市经济的发展,并进一步推动城市社会矛盾的解决、生态环境的改善、文化的保护与传承和居民生活质量的改善等,即遵循世界遗产旅游主导的发展路径。

第五章的测度结果显示,世界遗产地的旅游产业结构效益指标得分偏低是制约城市滞后型初步协调世界遗产地旅游发展水平进一步提升的主要因素。遗产旅游结构效益可以分为遗产旅游部门结构效益、遗产旅游地域结构效益、遗产旅游组织结构效益、遗产旅游产品结构效益和遗产旅游所有制结构效益。提高遗产旅游结构效益的关键是不断促进各种内部结构的合理化、高级化和均衡化,实现旅游产业结构的优化和升级,进而推动世界遗产旅游的发展。

（1）发展高弹性行业,改善遗产旅游部门结构

根据旅游消费者抽样调查数据显示,在围绕"食、住、行、游、购、娱"六大旅游基本要素形成的各细分行业中,"行、住、游"相关支出所占比例过高,"食、购、娱"消费明显不足,而这三个部门都属于高消费弹性的部门,主要原因是旅游供给侧的有效供给不足,下一步要通过大力发展旅游餐饮业、旅游购物业和休闲娱乐业,增加有效供给。首先,在旅游餐饮方面,加强对世界遗产地饮食文化内涵的挖掘,不仅要做到对传统美食的推陈出新,而且要注意结合地方特色的饮食环境和饮食礼仪等,不断增加产品的附加价值,提高旅游餐饮的市场吸引力。其次,在旅游购物方面,旅游特色商品的开发不足一直是限制旅游购物的关键因素,要通过遗产旅游特色商品的设计和生产、遗产旅游特色商店的设立等环节入手提高旅游特色商品的质量。最后在休闲娱乐方面,要改变传统遗产旅游重观光轻体验的现状,通过休闲娱乐项目的

开发丰富遗产文化的艺术表现形式,增加遗产旅游者参与的机会。

(2)科学规划布局,优化遗产旅游地域结构

遗产旅游的科学发展要树立"大旅游"的理念,利用资源的地域差异性和功能复杂性,通过跨区域的旅游合作,实现资源共享、利益互惠。传统的遗产旅游管理是以行政区划为范围进行的属地管理,对于跨行政区域分布的世界遗产资源尤其是线路遗产资源,包含扩展项目的遗产资源的旅游开发往往相互雷同,困难重重,首先,重视世界遗产的旅游腹地建设,完善综合旅游服务中心的职能。在世界遗产保护的核心区之外,形成综合旅游服务中心。其次,加强区域合作与交流,进行跨区域的遗产旅游项目规划,开发跨区域性的遗产旅游产品。在已有的行政区划限制下,以资源和利益共享为原则,通过统一规划、属地管理、股份合作的形式联合进行综合性世界遗产旅游项目的开发。再次,做好世界遗产资源与其他类型旅游资源的互补性开发,满足进程市场、远程市场与海外市场的不同需求。

(3)改革旅游企业,完善遗产旅游组织结构和所有制结构

为了完善遗产旅游的组织结构和所有制结构,使遗产旅游组织由单一的数量增长型转变为数量、质量和效益综合增长型,首先,在世界遗产地范围内按照营业收入、市场前景、社会信誉等方面的排名遴选世界遗产地旗舰旅游企业,进行重点扶持和培育,增加跨区域大型旅游集团和跨国旅游集团的数量,增强其竞争力,上市旅游企业还可以通过多种再融资方式实现并购与重组。其次,以大遗产旅游的观念为指导,在创新管理体制,激发企业活力的基础上,通过资源融合、市场融合、功能融合和技术融合等途径拓宽产业融合的广度,扩展产业融合的深度。再次,以世界遗产旅游大项目为载体,以遗产旅游企业为平台,以资金为纽带,吸引各类企业和民间资本参与旅游项目建设,加大旅游投资和旅游融资的力度,大力推进符合世界遗产旅游与城市协调发展总体定位的旅游项目开发,使其成为世界遗产地发展的引擎。最后,利用遗产旅游中入境旅游市场较成熟的优势,通过跨国经营、连锁经营、品牌输入(出)等形式积极开展国际合作,提升世界遗产旅游国际化水平,完善旅游企业的所有制结构。

(4)深化遗产旅游产品开发,丰富遗产旅游产品结构

旅游产品的深度开发是扩大遗产旅游规模,形成遗产旅游竞争优势的关键。现有的世界遗产旅游产品类型单一、参与度与体验性较低,市场竞争力不强,旅游消费机会较少,旅游经济的规模效应和集聚效应较低。随着遗产

旅游者对个性和体验的追求,对世界遗产文化内涵的开发是深化遗产旅游产品改革的重点。依托世界文化遗产资源、世界自然遗产资源以及世界文化与自然双重遗产资源,开展历史文化名城游、城堡要塞游、宫殿与园林游、宗教建筑游、陵墓墓地游、特殊建筑、工矿交通遗产设施与巨型雕塑游、遗址岩画游、乡村田园与环境游、特殊地貌游、山景游、天然名胜区游、水景游、动植物生境区游等多种类型的旅游,开发自行游、自驾游、徒步游等多种旅游形式。此外,依托世界遗产资源所蕴含的历史文化、民俗文化和宗教文化等等,设计具有广泛参与性与娱乐性的文化体验活动,把遗产旅游上升到文化传播、文化欣赏与文化体验的高度,通过搭配不同层次的旅游服务接待设施,形成全方位、多元化的遗产旅游产品体系。

总之,围绕"食、住、行、游、购、娱"旅游基本要素和"商、养、学、闲、情、奇"旅游发展要素,增加多种类型、不同档次的遗产旅游产品,以满足旅游市场细分化的需求,推动遗产旅游结构效益的提升。

(二)世界遗产旅游发展滞后的初步协调型世界遗产地发展路径

世界遗产旅游滞后的初步协调型世界遗产地的发展路径应以城市发展为主动力,通过城市经济、社会、环境、科技文化各方面实力的提升为世界遗产旅游的发展提供产业、资金、基础设施、公共服务、人才、技术、管理、需求等多种有利条件,带动世界遗产旅游产业规模的扩大,全面释放世界遗产旅游的产业功能,进而加快世界遗产旅游的发展速度,实现世界遗产旅游与城市协调发展、相互推动的目标,即城市发展主导的发展路径,具体内容如下。

(1)城市公共服务体系化,增强遗产旅游功能

第一,公共设施体系建设。为了避免遗产旅游者与遗产地城市居民产生城市公共设施使用上的冲突,要在城市发展过程中综合考虑本地居民对公共设施的需求增加和遗产旅游者对公共设施的使用需求,统筹二者需求的共性与个性,建设具有层次性的公共设施体系。城市公共设施建设的第一层次是面向遗产旅游者和居民的交通设施、文化设施、体育设施、休闲娱乐设施和购物设施,比如市内交通站点、博物馆、艺术剧院、体育场(馆)、城市公园、游乐场、综合购物中心、商业步行街等。城市公共设施建设的第二层次主要是面向旅游者的旅游接待设施、商务设施、信息设施,包括饭店、旅行社、会展中心、旅游集散中心、游客服务中心等。通过公共设施的完善,不仅可以提高世界遗产地的城市品质,满足城市居民的日常需求,更使遗产旅游者"行之方

便、游之尽兴、住之舒适、吃之味美、购之丰富、娱之快乐"[196]。

第二，公共服务体系建设。以全域旅游与全要素旅游为发展方向，构建四位一体的世界遗产地公共服务体系，实现世界遗产旅游与城市的协调发展。第一是以遗产旅游者的需求为导向统筹城市公共服务资源，在城市规划、城市环境、城市交通、城市街区、城市科技文化等各个方面的建设中都植入遗产旅游发展的视角，坚持"城市即是景区，景区也是城市"的发展理念，推动整个世界遗产地城市的旅游化发展。第二是重视遗产旅游软环境建设，加强遗产旅游者和遗产旅游供给企业双方的诚信意识、安全责任和环境保护的教育培训，通过服务补偿、政策支持等方式促进旅游服务环境的建设。第三是城市交通体系建设。良性协调型世界遗产地的旅游大交通基础较好，关键是立体交通的建设和各种交通方式之间的无缝连接。第四是完善遗产旅游安全预警体系，建立由政府、行业协会、保险公司和遗产旅游者共同承担的旅游应急救援体系。

（2）城市环境景观化，改善遗产旅游环境

第一，自然环境生态化。世界遗产旅游以遗产地环境的空间转换和遗产旅游体验为基础，而自然环境的生态化和宜居化会提高遗产旅游活动的舒适度。为了满足遗产旅游者的环境要求，国家通过国家园林城市、全国卫生城市、全国生态城市等的评比活动，推动城市自然环境的改善，世界遗产地城市应该针对国家相关的评价标准进行自然环境的综合整治，从空气质量、环境卫生、绿化覆盖率等方面推进自然环境的生态化，为世界遗产旅游的发展提供自然环境保障。

第二，建筑环境景观化。城市建筑不仅有功能价值，本身就是"凝固的音乐"。城市建筑的景观化要求城市重视建筑的美观化和协调化，注重楼宇、雕塑、桥梁等建筑元素的景观点缀作用，争取做到"建一物，添一景"，充分发挥建筑的景观点缀功能，使城市建筑更好的体现城市独特的风格与特色，营造城市优质的旅游环境。不仅如此，反映城市特色、体现建筑创新的很多城市标志性建筑本身就会引起众多遗产旅游者的兴趣，丰富遗产旅游者在世界遗产地的旅游活动内容。比如北京的鸟巢和水立方，除了作为体育设施的基本功能外，也成为很多来北京的旅游者不可错过的必游之地。

（3）资源配置旅游化，发展遗产旅游经济

数据分析显示，旅游滞后型世界遗产地的第一产业、第二产业相对比较发达，城市产业结构中旅游产业所占份额有待提高。因此，为了实现通过城市发展推动遗产旅游的目标,要围绕遗产旅游需求调整第一、二产业的资源配置。具体说来,第一产业的资源应该大规模生产能满足遗产旅游者基本生活需求的粮食、蔬菜、禽畜产品、特色水果等农副产品;第二产业要大力发展旅游商品加工生产企业,依靠世界遗产地丰富的土特产资源,提高土特产资源的深加工水平和规模化生产能力,并发挥独特的传统工艺品生产技术特长,坚持传统工艺手工生产。

三、低度协调型世界遗产地发展路径

低度协调型世界遗产地的发展坚持政府主导,依靠政府的引导扶持保障世界遗产旅游与城市协调发展的路径是由低度协调型世界遗产地的发展现状决定的。根据第六章对协调类型的划分,低度协调型世界遗产地只有一个城市,即安阳。由第五章与第六章的测度结果可见,2013年安阳的世界遗产旅游发展指数为0.13,在世界遗产地城市中排14名,是最低值;城市发展指数为0.21,在世界遗产地城市中排名为第10位;二者协调度为0.399,也是世界遗产地的最低值。以上数据表明安阳的世界遗产旅游发展水平和城市发展水平普遍较低,并造成二者落后的协调水平。这导致低度协调型世界遗产地表现出缺乏资金积累,完善的基础设施,良好的投资环境,高品位的旅游项目等。要转变这一现状,无论是世界遗产旅游发展还是城市发展,都需要坚持当地政府主导,对世界遗产旅游与城市发展给予合理规划和积极引导,通过资金支持、政策扶植等手段,营造世界遗产旅游与城市发展的良好环境,保障二者的协调持续发展。

(一)科学规划

"政府主导"的低度协调型世界遗产地发展路径首先体现在政府通过制定城市发展规划和旅游发展规划,用长远的眼光,对未来一定时期内世界遗产旅游与城市的发展方向、目标和路径做出规划。在城市规划方面,要融入遗产旅游发展的要素需求并征求旅游相关部门及专家的意见,综合考虑遗产旅游者在城市交通、土地、水利、环境、建设等各方面的需求,增强城市的旅游服务功能。在旅游发展规划方面,既要有长期的整体发展规划,又要根据遗产资源的分布情况,做好遗产景区的控制性详细规划、旅游服务中心选址建设规划、旅游商品开发规划等专项规划。在政府的主导下,采取专家主持、部门协作、公众参与的方式,通过研究城市规划的发展战略,结合对城市现状的数据分析,统筹安排重大基础设施争取实现共建共享,科学预测未来的市场需求,创新性的完成规划的编制工作,提高规划编制的水平,对世界遗产地旅游与城市的协调发展提供科学指导。2014年发布的《国务院批转发展改革委关于2014年深化经济体制改革重点任务意见的通知》指出,推动经济社会发展规划、土地利用规划、旅游发展规划、生态环境保护规划等"多规合一"。利用这个"多规合一"的机会,低度协调型世界遗产地要在政府的主导下,根据世界遗产旅游与城市协调发展的理念,组织多方力量积极进行"多规合一"的准备工作。

(二)政策扶持

制定世界遗产旅游与城市结合发展政策。地方财政的乏力使低度协调型世界遗产地的基础设施相对缺乏和落后,为了更好的利用有限的建设资金,通过政策引导将城市建设为世界遗产景区旅游服务中心,将旅游接待设施建设与城市基础设施建设合二为一,减少所需资金的同时,还有助于旅游产业部门在城市附近形成集聚,加强游客流、居民流、物流、资金流的空间集聚与扩散,为城市发展提供永续动力,实现世界遗产旅游与城市的协同发展。

加强基础设施建设,解决制约世界遗产旅游与城市发展的瓶颈。基础设施的投资金额巨大、投资回报率低、投资回收期长,这就使企业或者无力投资,或者不愿投资,需要政府成为投资主体,充分发挥政府的力量增加基础设施投入,同时通过投资示范作用和吸引基础设施投资的财政税收政策鼓励社会资本的投入,加快基础设施的建设,为快速便捷服务遗产旅游行业和城市各产业提供物质基础。

(三)人才保障

旅游企业虽然是劳动密集型产业,但未来旅游产业的竞争是人才的竞争。在信息网络技术为基础的今天,旅游产业的合理化、高级化和均衡化目标的实现,需要大批具有专业知识和技能的旅游人才。所以,我国应加强旅游人力资源建设,旅游企业内部完善用人机制,改善企业人员结构,为我国旅游经济的发展提供强有力的人才保障。

(1)建立立体旅游教育体系,以"大旅游"观念促进旅游教育的发展。

在我国建立全面、立体的旅游教育体系,建立起包括旅游专业院校、旅游企业在职人员、旅游行业协会、旅游行政部门等在内的多层次多元化的教育体系。不断加强对旅行社、酒店等管理层人才的培养,提高从业人员的职业技能和综合素质,在人才供给层面不断满足旅游产业的发展,不断完善我国旅游教育。

(2)规范旅游行业用人制度,完善人才机制,改善人员结构。旅游行业要在全行业范围内营造尊重知识和人才的氛围,努力培养和吸引优秀人才,建立和完善人才引进、培养和使用机制。各旅游企业对从业人员的录用、培养方面,要严格规范用人制度,让旅游从业人员定期参加培训,提高专业技能和能力。改善人员结构,拓宽人才来源渠道,除校园招聘、社会公开招聘外,着力培养旅游职业经理人等,这都有利于旅游产业向着高级化的方向发展。

(3)引进、培育专门的管理、经营人才,提高整体从业人员素质。我国目前旅游人才结构不合理,缺乏高端的旅游专业人才;在整体旅游企业中,中高级管理人员水平有限、旅游服务人员整体素质偏低。因此,需要引进和培育专门的管理人才,从管理层面促进旅游产业结构的优化,还要提高整体旅游从业人员素质从而提高旅游服务质量,促进旅游经济的增长。

(四)法律保障

对利益最大化的追求常常使企业行为忽视可持续发展的要求,与世界遗产旅游与城市协调发展的目标背道而驰,因此制定与完善世界遗产地城市与旅游业相关的法律、法规,明确各利益相关者的权利责任,加强对世界遗产地城市、世界遗产旅游的监督管理,是实现协调发展必不可少的。首先,应该学习和遵守国际组织、国际会议通过的与世界遗产保护先关的公约、文件,比如《雅典宪章》、《保护世界文化和自然遗产公约》、《实施世界遗产公约的操作指南》、《世界遗产地的旅游管理》等;坚持贯彻国家相关法律、法规和文件,包括《中华人民共和国旅游法》、《中华人民共和国环境保护法》、《中华人民共和国文物保护法》、《风景名胜区条例》、《关于进一步加强世界遗产保护管理工作的通知》等;坚持贯彻省级层面上的旅游条例、旅游行政处罚办法等管理规范,并进一步结合世界遗产地城市自身发展的特点和存在的问题,因地制宜地制定世界遗产旅游开发、世界遗产地保护相关的实施标准和操作细则,明确世界遗产地开发利用中各个利益相关者的权利责任,规范和监督遗产旅游资源开发建设,科学发展世界遗产旅游业,最大限度的降低经济发展对资源和城市带来的破坏，按照经济效益、社会效益和环境效益相统一的原则，保障世界遗产旅游与城市的可持续发展。其次，在做到有法可依的基础上，还要明确相关执法机关的权利责任，强化执法队伍管理和建设，提高执法人员素质，做到有序、有效的执法监督和管理，为世界遗产旅游与城市的和谐发展提供法律保障。

第 9 章

结　语

一、主要研究结论

（1）世界遗产旅游与城市发展水平

根据世界遗产旅游与城市发展指数的测度结果，2000～2013 年间中国世界遗产旅游与城市的发展水平均有所提升，但世界遗产旅游与城市发展水平的空间差异显著。世界遗产旅游发展水平优势突出的是丽江、张家界和黄山，城市发展水平优势突出的是杭州、苏州和西安。世界遗产旅游与城市发展水平从高到低可分为 Ⅰ 型、Ⅱ 型和 Ⅲ 型。2000～2013 年间每种世界遗产旅游发展类型的城市数量比从 1∶3∶10 变为 3∶5∶6，城市发展类型的城市数量比从 3∶4∶7 变为 4∶6∶4。

（2）世界遗产旅游与城市发展之间存在正相关关系

在世界遗产旅游与城市发展相互作用理论分析的基础上，运用灰色关联度模型得出世界遗产旅游发展综合指数与城市发展综合指数之间的关联系数为 0.952 4，说明世界遗产旅游发展综合指数与城市发展综合指数之间的关联度相当高。固定效应变系数模型结果显示世界遗产旅游发展综合指数与城市发展综合指数之间具有明显的正相关关系，6 个世界遗产地的旅游发展对城市发展的带动系数大于 1。

（3）世界遗产旅游与城市协调发展关系的时空演变

从时间上看，中国世界遗产旅游与城市协调发展关系正经历一个从低度协调逐渐向高度协调发展的过程，最低协调级别从 2000 年的中度失调型上升到 2013 年的轻度失调型,最高协调级别从 2000 年的濒临失调上升到 2013 年的初步协调,实现了两个协调等级的上升。从空间上看,杭州、苏州和西安的世界遗产旅游与城市协调发展水平最高,安阳世界遗产旅游与城市协调发展水平最低。

(4)世界遗产旅游与城市协调发展的类型

根据对中国 14 个世界遗产地旅游与城市协调发展水平的测度结果将我国世界遗产地分为 3 个基本类型,其中杭州、苏州和西安旅游与城市协调发展程度较高,属于世界遗产旅游与城市良性协调发展型;黄山、丽江、张家界、洛阳、泰安、九江、大同、乐山、上饶和承德属于世界遗产旅游与城市初步协调发展型,其中黄山、丽江和张家界 3 个世界遗产地的城市发展水平相对滞后,应该选择旅游驱动型发展模式,而洛阳、泰安、九江、大同、乐山、上饶和承德 7 个世界遗产地的旅游发展水平相对滞后,应该选择城市驱动型发展模式;安阳属于世界遗产旅游与城市低度协调发展型,应该选择城市为主、旅游为辅的发展模式。

二、不足之处与进一步研究的方向

(1)世界遗产旅游与城市发展评价指标体系有待完善

在世界遗产地统计数据的限制条件下,评价指标选取代表性和全面性还有待加强,评价体系的科学性与合理性有待提高。因此在以后的研究中要进一步修正、完善世界遗产旅游与城市发展评价指标体系尤其是世界遗产旅游发展水平评价指标体系。

(2)研究对象的代表性

本文的研究对象是地级行政单位的世界遗产地城市,下一步应该扩大研究对象的范围,而且研究区域可以细化到更小的地域单元如世界遗产景区,进行包含所有世界遗产项目的中微观尺度的世界遗产旅游与城市发展关系的深入研究。

参考文献

[1] 冷志明,张铁生. 我国世界遗产地的旅游研究进展及展望[J]. 人文地理,2009,6: 111-115.

[2] 卢松,张捷,李东和,杨效忠,唐文跃. 旅游地居民对旅游影响感知和态度的比较——以西递景区与九寨沟景区为例[J]. 地理学报,2008(6): 646-656.

[3] 孙业红. 农业文化遗产地旅游发展潜力研究[M]. 北京:中国环境科学出版社,2011. 3.

[4] T. Ashworth, E. Ashworth. Rapid method for measuring thermal conductivity of rock cores and its preliminary use for finding the thermal resistance of cracks[J]. International Journal of Rock Mechanics and Mining Sciences & Geomechanics Abstracts, 1991, 28(6): A346.

[5] Edwards, Jonathan R. The UK Heritage Coasts: An assessment of the ecological Impacts of tourism[J]. Annals of Tourism Research, 1987, 14(1): 71-78.

[6] Garrod, Brian, Fyall, Alan. Heritage Tourism: A question of definition[J]. Annals of Tourism Research, 2001, 28(4): 1049-1052.

[7] Poria, Yaniv, Burler, Richard, Airey, David. Clarifying Heritage Tourism[J]. Annals of Tourism Research, 2001, 28(4): 1047-1049.

[8] Porter S. An examination of measurement methods for valuing heritage assets using a tourism perspective[J]. Qualitative Research in Accounting & Management, 2004, 1(2): 68-92.

[9] Spennemann D H R. Extreme cultural tourism from Antarctica to the Moon[J]. Annals of Tourism Research, 2007, 34(4): 898-918.

[10] Kim S S, Wong K K F, Cho M. Assessing the economic value of a world heritage site and willingness-to-pay determinants: A case of Changdeok Palace[J]. Tourismmanagement, 2007, 28(1): 317-322.

[11] Kinghorn N, Willis K. Valuing the components of an archaeological site: An

application of choice experiment to Vindolanda, Hadrian's Wall[J]. Journal of Cultural Heritage, 2008, 9(2): 117-124.

[12] Bowitz E, Ibenholt K. Economic impacts of cultural heritage research and perspectives[J]. Journal of Cultural Heritage, 2009, 10(1): 1-8.

[13] Tuan T H, Navrud S. Capturing the benefits of preserving cultural heritage[J]. Journal of cultural heritage, 2008, 9(3): 326-337.

[14] Sanna U, Atzeni C, Spanu N. A fuzzy number ranking in project selection for cultural heritage sites[J]. Journal of Cultural Heritage, 2008, 9(3): 311-316.

[15] Fladmark, J. M. , Habgood, J. Cultural Tourism: Papers Presented at the Robert Gordon University Heritage Convention[M]. London: Donhead Publishing. 1994.

[16] Seyed Koorosh Sarvarzadeh, Syed Zainol Abidin. Problematic Issues of Citizens' Participation on Urban Heritage Conservation in the Historic Cities of Iran[J]. Procedia - Social and Behavioral Sciences, 2012, 50: 214-225.

[17] Zerafinas binti Abu Hassan, Mohd Abdul Kadir bin Jailani, Faizah Abd. Rahim. Assessing the Situational Analysis of Heritage Tourism Industry in Melaka[J]. Procedia-Social and Behavioral Sciences, 2014, 130(5): 28-36.

[18] Tutur Lussetyowati. Preservation and Conservation through Cultural Heritage Tourism. Case Study: Musi Riverside Palembang[J]. Procedia-Social and Behavioral Sciences, 2015, Volume 184(5): 401-406.

[19] Timothy, Dallen J. Tourism and the personal Heritage Experience[J]. Annals of Tourism Research, 1997, 24(3): 751-754.

[20] Prentice, Richard C. , Witt, Stephen F. , Hamer, Claire. Tourism as Experience: The case of heritage Parks[J]. Annals of Tourism Research, 1998, 25(1): 1-24.

[21] Brown, Terence J. Antecedents of Culturally Significant Tourist Behavior[J]. Annals of Tourism Research, 1999, 26(3): 676-700.

[22] Herbert, David. Literary Places, Tourism and the Heritage Experience[J]. Annals of Tourism Research, 2001, 28(2): 312-333.

[23] Poria, Yaniv, Butler, Richard, Airey, David. The Core of Heritage Tourism[J]. Annals of Tourism Research, 2003, 30(1): 238-254.

[24] Chen C F, Chen F S. Experience quality, perceived value, satisfaction and

behavioral intentions for heritage tourists[J]. Tourism Management, 2010, 31(1): 29-35.

[25] Garrod, Brian, Fyall. Alan: Managing heritage Tourism[J]. Annals of Tourism Research, 2000, 27(3): 682-708.

[26] Hall, Michael, Wouters, Mariska. Managing Nature Tourism in the Sub-Antarctic[J]. Annals of Tourism Research, 1994, 21(2): 355-375.

[27] World Heritage Reports: Periodic Report and Action Plan Europe 2005-2006[R]. UNESCO World Heritage Centre, 2007.

[28] Orsi F, Geneletti D. Using geotagged photographs and GIS analysis to estimate visitor flows in natural areas[J]. Journal for Nature Conservation, 2013, 21(5): 359-368.

[29] Drost, Anne. Developing Sustainable Tourism for World Heritage Sites[J]. Annals of Tourism Research, 1996, 23(2): 479-483.

[30] Van der Borg, Jan, Costa, paolo, Gotti, Giuseppe. Tourism in European heritage cities[J]. Annals of Tourism Research, 1996, 23(2): 306-321

[31] Russo, Antonio Paolo. The "Vicious Circle" of Tourism Development in Heritage Cities[J]. Annals of Tourism Research, 2002, 29(1): 195-182.

[32] Ewen Michael. Antiques and tourism in Australia[J]. Tourism Management, 2002, 23(2): 117-125.

[33] Hazen H. "Of outstanding universal value": The challenge of scale in applying the world heritage convention at national parks in the US[J]. Geoforum, 2008, 39(1): 252-264.

[34] Dutta M, Husain Z. An application of multicriteria decision making to built heritage. The case of Calcutta[J]. Journal of Cultural Heritage, 2009, 10(2): 237-243.

[35] Hardiman N, Burgin S. Recreational impacts on the fauna of Australian coastal marine ecosystems[J]. Journal of environmental management, 2010, 91(11): 2096-2108.

[36] Huang C H, Tsaur J R, Yang C H. Does world heritage list really induce more tourists? Evidence from Macau[J]. Tourism Management, 2012, 33(6): 1450-1457.

[37] Kaltenborn B P, Thomassen J, Wold L C, et al. World Heritage status as

a foundation for building local futures? A case study from Vega in Central Norway[J]. Journal of Sustainable Tourism, 2013, 21(1): 99-116.

[38] Browne, Rita-Jean, Nolan, Mary Lee. Western Indian Reservation Tourism Development[J]. Annals of Tourism Research, 1989. 16(3): 360-376.

[39] Edwards, J. Arwel, Llurdes i Coit, Joan Carles. Mines and Quarries: Industrial Heritage Tourism[J]. Annals of Tourism Research, 1996, 23(2): 341-363.

[40] T. Chang, C., Milne, Simon, Fallon, Dale, Pohlmann, Corinne. Urban Heritage Tourism: The global-local nexus[J]. Annals of Tourism Research, 1996, 23(2): 284-305

[41] Seale, Ronald G. A Perspective from Canada on Heritage and Tourism[J]. Annals of Tourism Research, 1996, 23(2): 484-487.

[42] Inglis, David, Holmes, Mary. Highland and other Haunts: Ghosts in Scottish Tourism[J]. Annals of Tourism Research, 2003, 30(1): 50-63.

[43] Greg Richards. Production and consumption of European cultural tourism[J]. Annals of tourism research, 1996, 23(2): 261-283.

[44] Wall, G. Ecotourism: Old Wine in New Bottle? [J]. Trends, 1994, 31(2): 4-9.

[45] Hvenegaard, G. T. Ecotourism: Astatus report and conceptual framework[J]. The Journal of Tourism Studies, 1994, 5(2): 24-35.

[46] Gordon Waitt. Consuming heritage perceived historical authenticity[J]. Annals of Tourism Research, 2000, 27(4): 835-862.

[47] Cevat Tosum. Challenge ofsustainable tourism development in the developing world: the case of Turkey[J]. Tourism Management, 2001, 22: 289-303.

[48] 王大悟. 对生态旅游的若干重要认识[J]. 桂林旅游高等专科学校学报, 1999, 10(2)

[49] Prentice. R. C. Tourism and Hehtage Attractions[M]. London: Routledge, 1993. 23.

[50] U rry J. The Tourist Gaze: Leisure and Travel in Contemporary Societies[M]. London: Sage, 1990. 130.

[51] Nuryanti W. Heritage and postmodern tourism[J]. Annals of Tourism Research, 1996, 23(2): 249-260.

[52] Tunbridge，J. & Ashworth，G. J. Dissonant Heritage. The management of the past as a resource in conflict[J]. Wiley，Chichester，1996.

[53] G arrod，Brian，Fyall，Alan. Heritage Tourism：A question of definition. Annals of Tourism Reseacrh，200l，28(4)：1049-1052.

[54] OXFORD. Advanced learner's dictionary(seventh edition)[Z]. Oxford：Oxford University Press，2005. 699-700.

[55] Carmen，J，Sorensen，Marie L S. Heritage Studies：Methods and Approaches. New York：Routledge，2009. 11

[56] 张韩枝. 旅游与遗产保护：基于案例的理论研究[M]. 天津：南开大学出版社，2008：1.

[57] 杨志刚. 文化遗产：新意识与新课题[J]. 复旦学报(社会科学版)，1997(4)：2-3.

[58] 商务印书馆辞书研究中心. 新华词典(2001年修订版)[Z]. 北京：商务印书馆，2001(1)：161.

[59] 徐嵩龄. 第三国策：论中国文化与自然遗产保护[M]. 北京：科学出版社，2005. 3-4

[60] 辞海[Z]. 上海：上海辞书出版社，2000. 1279.

[61] 汉语大词典(第6册)[Z]. 上海：汉语大词典出版社，1990. 1515

[62] 国务院. 国务院关于加强文化遗产保护的通知 [EB/OL]. http：//www. gov. cn/gongbao/content/2006/content_185117. htm，2005. 12. 22/2014. 11. 23.

[63] 张朝枝. 旅游与遗产保护：政府治理视角的理论与实证[M]. 北京：中国旅游出版社，2006. 11：10.

[64] 杨桂芳，丁文婕，葛绍德. 世界文化遗产：丽江古城旅游环境研究[M]. 北京：民族出版社，2005. 1.

[65] 武斌. 沈阳故宫与世界文化遗产[M]. 沈阳：辽宁大学出版社，2007(12)：13-14.

[66] 武斌. 沈阳故宫与世界文化遗产[M]. 沈阳：辽宁大学出版社，2007(12)：14.

[67] 杨桂芳，丁文婕，葛绍德. 世界文化遗产：丽江古城旅游环境研究 [M]. 北京：民族出版社，2005. 4.

[68] Yale，P. From Tourist Attractions to Heritage Tourism[M]. Huntingdon：ELM

Publications，1991.

[69] Garrod，Brian，Fyall，Alan. Heritage Tourism：A question of definition. Annals of Tourism Reseacrh，2001，28(4)：1049-1052.

[70] Lowethal，D·Dilemmas of preseravtion[A]. In Lowenthal，D. and Binney. Mou" past before US[M]. London：Temple Smith. 1981.

[71] urry，John. The Tourist Gaze：Leisure and Travel in Contemporary Societies[M]. London：Sage，1990.

[72] Methuen Howsion. R-The heritage industry：Britain in a cliraace of decline[M]. London：1987.

[73] Yaniv Poria，Richard Butler，etc. Clarifying heritage tourism[J]. Annals of Tourism Research. 2001，28(4)：1047-1049.

[74] 田应华，刘军林，陈国生. 旅游社会学概论[M]. 北京：中国物资出版社，2011(6)：30

[75] 戴伦·J·斯蒂芬·W，博伊德. 遗产旅游[M]. 北京：旅游教育出版社，2007(2)：274.

[76] 刘庆余，弭宁，张立明. 遗产旅游的概念与内涵初探 [J]. 国土与自然资源研究，2008，(1)：75-76.

[77] 王艳平. 遗产旅游管理[M]. 武汉：武汉大学出版社，2008. 12.

[78] 彭顺生. 世界遗产旅游概论[M]. 北京：中国旅游出版社，2008(8)：24.

[79] 李燕琴. 世界遗产与旅游[M]. 北京：北京大学出版社，2012(12)：37.

[80] 刘新静. 世界遗产教程[M]. 上海：上海交通大学出版社，2010(3)：35.

[81] Shackley，M.（ed.）Visitor Management：Case Studies from World Heritage Sites[M]. Butterworth—Heinemann. 1998.

[82] 艾伦·法伊奥，布赖恩·加罗德，安娜·利斯克. 旅游吸引物管理新的方向（郭英之）[M]. 大连：东北财经大学出版社，2005. 139.

[83] Thorsell，J. and Sigaty，T.（2001）. Human use in World Heritage natural sites：a global inventory. Tourism Recreation Research，26. 85-101.

[84] 刘易斯·芒福德. 倪文彦、宋俊岭. 城市发展史 —— 起源、演变和前景[M]. 北京：中国建筑工业出版社，1989. 1.

[85] 连玉明. 中国城市综合竞争力报告[M]. 北京：中国时代经济出版社，2009. 6.

[86] 许学强，周一星，宁越敏. 城市地理学[M]. 北京：高等教育出版社，

2009. 19-21.

[87] 连玉明. 中国城市综合竞争力报告[M]. 北京:中国时代经济出版社, 2009. 6.

[88] 中国大百科全书总编辑委员会. 中国大百科全书(中国地理)[M]. 北京:中国大百科全书出版社, 2008.

[89] 唐启国. 城市发展论[M]. 北京:中国工商出版社, 2008.

[90] 王秉安. 区域竞争力理论与实证[M]. 北京:航空工业出版社, 2000. 169-201.

[91] 张文. 中国旅游目的地发展研究报告2005[M]. 北京:旅游教育出版社, 2006. 4.

[92] 谢彦君. 基础旅游学(第二版)[M]. 北京:中国旅游出版社, 2004. 162-163.

[93] 欧阳正宇. 非物质文化遗产旅游开发研究[D]. 兰州大学, 2012. 43-45.

[94] 唐恢一, 陆明. 城乡规划系统工程广义城市学[M]. 哈尔滨:哈尔滨工业大学出版社, 2013. 4.

[95] 董增刚. 城市学概论[M]. 北京:北京大学出版社, 2013. 56-57.

[96] 袁义才. 公共经济学新论[M]. 北京:经济科学出版社, 2007. 28.

[97] 张晓燕. 山岳型世界文化遗产地旅游环境质量评价与优化研究:以武当山为例[M]. 武汉:武汉大学出版社, 014. 58.

[98] 肖锡维. 西班牙世界文化遗产保护工作及其启示[D]. 对外经济贸易大学, 2006

[99] Unesco, conwention concerning the Protection of the world cultural and natural heritage[M]. Paris: 1972.

[100] 徐嵩龄. 中国遗产旅游业的经营制度选择—兼评"四权分离与制衡"主张[J]. 旅游学刊, 2003, 18(4):30-37.

[101] 陈耀华, 刘强. 中国自然文化遗产的价值体系及保护利用[J]. 地理研究, 2012, 31(6):1111-1120.

[102] 梁学成, 刑晓玉. 对我国世界遗产品牌价值的保护策略研究[J]. 人文地理, 2007, (5):110-113.

[103] 郭剑英, 王乃昂. 敦煌旅游资源非使用价值评估[J]. 资源科学, 2005, 27(5):187-192.

[104] 李燕琴. 世界遗产与旅游[M]. 北京:北京大学出版社, 2012. 39.

[105] 艾伦·法伊奥,布赖恩·加罗德,安娜·利斯克. 郭英之译. 旅游吸引物管理新的方向 [M]. 大连:东北财经大学出版社,2005. 136.

[106] 艾伦·法伊奥,布赖恩·加罗德,安娜·利斯克. 郭英之译. 旅游吸引物管理新的方向 [M]. 大连:东北财经大学出版社,2005. 137.

[107] 陶伟. 中国"世界遗产"的可持续旅游发展研究[M]. 北京:中国旅游出版社,2001. 2.

[108] 武斌. 沈阳故宫与世界文化遗产[M]. 沈阳:辽宁大学出版社,2007. 13.

[109] 陶伟. 中国"世界遗产"的可持续旅游发展研究[M]. 北京:中国旅游出版社,2001. 3.

[110] 武斌. 沈阳故宫与世界文化遗产[M]. 沈阳:辽宁大学出版社,2007. 12.

[111] 石云霞. 中国旅游文化概论[M]. 天津:南开大学出版社,2013. 130.

[112] 陶伟. 中国"世界遗产"的可持续旅游发展研究 [M]. 北京:中国旅游出版社,2001. 1.

[113] 武斌. 沈阳故宫与世界文化遗产[M]. 沈阳:辽宁大学出版社,2007. 13.

[114] 武斌. 沈阳故宫与世界文化遗产[M]. 沈阳:辽宁大学出版社,2007. 13.

[115] 陶伟. 中国"世界遗产"的可持续旅游发展研究 [M]. 北京:中国旅游出版社,2001. 1.

[116] 张超,杨秉赓. 计量地理学基础[M]. 北京:高等教育出版社,1991.

[117] 陈沙沙. 峨眉山—乐山大佛混合遗产的可持续发展研究[D]. 北京:中国地质大学,2012. 19-20.

[118] 王昕,韦杰,胡传东. 中国世界遗产的空间分布特征[J]. 地理研究,2010,11:2080-2088

[119] 彭顺生. 世界遗产旅游概论[M]. 北京:中国旅游出版社,2008. 42.

[120] 柳建平,吉亚辉. 城市经济学[M]. 兰州:兰州大学出版社,2010. 9.

[121] 陆林. 旅游城市化:旅游研究的重要课题[J]. 旅游学刊,2005,(4):10.

[122] 张佰瑞. 北京旅游就业效应和就业乘数分析[J]. 北京社会科学,2010,(1):38-41.

[123] 申葆嘉. 市场经济机制与旅游市场竞争[J]. 旅游学刊, 1998, 1: 18-20.

[124] 章锦河. 基于生态足迹的区域旅游环境影响研究[M] 合肥: 安徽人民出版社, 2009. 11.

[125] 唐晓云, 闵庆文. 农业遗产旅游地的文化保护与传承——以广西龙胜龙脊平安寨梯田为例[J]. 广西师范大学学报(哲学社会科学版), 2010, 46(4): 121-124.

[126] 唐晓云. 古村落旅游社会文化影响: 居民感知、态度与行为的关系——以广西龙脊平安寨为例[J]. 人文地理, 2015, 130(1): 135-142.

[127] 唐雪琼, 车震宇. 哈尼村寨旅游开发的社会文化影响的初步研究——以元阳县箐口村为例[J]. 红河学院学报, 2004, 2(3): 79-82.

[128] 孙晓亚, 邓明艳. 遗产旅游对遗产地社会文化的影响及控制策略[J]. 乐山师范学院学报, 2007, 22(9): 74-77.

[129] 邹统钎. 旅游目的地管理[M]. 北京: 高等教育出版社, 2011. 193.

[130] 孙九霞, 马涛. 旅游对目的地社会文化影响研究新进展与框架[J]. 求索, 2009, (6): 72-74.

[131] 孙晓亚, 邓明艳. 遗产旅游对遗产地社会文化的影响及控制策略[J]. 乐山师范学院学报, 2007, 22(9): 74-77

[132] 周霄. 民俗旅游的人类学探析[J]. 湖北民族学院学报(哲学社会科学版), 2002, (5): 10-13.

[133] 李维云, 张跃西, 魏鸿雁. 旅游对接待地社会文化的影响初探[J]. 甘肃农业业, 2005, 11: 102.

[134] 舒晶. 旅游承载力及测度[J]. 北京第二外国语学院学报, 2001(3): 14-18.

[135] 唐雪琼, 车震宇. 哈尼村寨旅游开发的社会文化影响的初步研究——以元阳县箐口村为例[J]. 红河学院学报, 2004, 2(3): 79-82.

[136] 保继刚, 苏晓波. 历史城镇的旅游商业化研究[J]. 地理学报, 2004(3): 427-436

[137] 孙晓亚, 邓明艳. 遗产旅游对遗产地社会文化的影响及控制策略[J]. 乐山师范学院学报, 2007, 22(9): 74-77.

[138] 孙九霞, 王心蕊. 丽江大研古城文化变迁中的"虚无"与"实在": 以酒吧发展为例[J]. 旅游学刊, 2012, 27(9): 73-82.

[139] 李维云,张跃西,魏鸿雁. 旅游对接待地社会文化的影响初探[J]. 甘肃农业,2005,(11):100.

[140] 张波. 论旅游对接待地社会文化的积极影响——以云南丽江为例[J]. 云南民族大学学报(哲学社会科学版),2004,21(04):68-71.

[141] 邵甬. 城市遗产的概念及其保护[J]. 理想空间,2004,(4):14-19.

[142] 陶伟,岑倩华. 历史城镇旅游发展模式比较研究——威尼斯和丽江城市规[J]. 2006,30(5):76-82.

[143] 保继刚,苏晓波. 历史城镇的旅游商业化研究[J]. 地理学报. 2004,(3):427-436.

[144] 周永广. 旅游业环境管理. 浙江大学出版社:2005(7). 4.

[145] 陶伟,岑倩华. 历史城镇旅游发展模式比较研究——威尼斯和丽江城市规[J]. 2006,30(5):76-82.

[146] 章锦河. 基于生态足迹的区域旅游环境影响研究[M]. 合肥:安徽人民出版社,2009(4):153.

[147] 章锦河. 基于生态足迹的区域旅游环境影响研究[M]. 合肥:安徽人民出版社,2009(4):9.

[148] Colin Arrowsmith, Robert Inbakaran. Estimating environmental resiliency for the Grampians National Park, Victoria, Australia:a quantitative approach[J]. Tourism Management, 2002, 23:295-309.

[149] 黎洁. 旅游环境管理研究[M]. 天津:南开大学出版社,2006. 19.

[150] 谢春山. 旅游产业的区域效应研究——以大连市为例[M]. 长春:东北师范大学,2009.

[151] PAGE S J. 1995. Urban tourism[M]. London:Routledge.

[152] ROSS S, WALL G. 1999. Evaluation ecotourism:the case of North Salawes Indonesia[J]. Tourism Management, 20(6):673-682.

[153] 王小梅. 对打造绿色环保经济型酒店的思考[J]. 党史博采(理论),2005,10:46-48.

[154] 张岚. 旅游产业的区域效应研究[M]. 沈阳:辽宁师范大学,2009.

[155] 蒋文举,朱联锡,李静,邓文. 旅游对峨眉山生态环境的影响及保护对策[J]. 环境科学,1996,(6):48-51.

[156] 蒋文举,朱联锡,李静,邓文. 旅游对峨眉山生态环境的影响及保护对策[J]. 环境科学,1996,(6):48-51.

[157] 李贞,保继刚,覃朝锋. 旅游开发对丹霞山植被的影响研究[J]. 地理学报,1999,53(6):554-561.

[158] 王岚. 旅游环境承载力研究[M]. 北京:中国农业出版社,2010. 50.

[159] 武正军,李义明. 生境破碎化对动物种群存活的影响[J]. 生态学报,2003,11:2424-2435.

[160] 刘婕. 旅游开发对九寨沟生态系统体系和民族文化多样性的影响研究[D]. 成都:四川大学,2005.

[161] 王岚. 旅游环境承载力研究[M]. 北京:中国农业出版社,2010. 50.

[162] Smithra. Beach resorts:amodelof development evolution[J]. Landscape and urban planning,1991,21(3):189-210.

[163] 苏平,党宁,吴必虎. 北京市环城游憩带旅游地类型与空间结构特征研究[J]. 地理研究,2004,23(3):403-410.

[164] 苏平,党宁,吴必虎. 北京市环城游憩带旅游地类型与空间结构特征研究[J]. 地理研究,2004,23(3):403-410.

[165] 王资荣,郝小波. 张家界国家森林公园环境质量变化及对策研究[J]. 中国环境科学,1988,8(4):23-30.

[166] 陆林. 旅游的区域环境效应研究——安徽黄山市实证分析[J]. 中国环境科学,1996,16(6):418-420.

[167] 崔凤军. 1995,论旅游环境承载力[J]. 经济地理,15(1):105-109.

[168] 牛生明,金发军,等. 新疆天池自然保护区生态环境变化及驱动因子分析[J]. 中国西部科技,2015,14(5):109-112.

[169] 李贞,保继刚,覃朝锋. 旅游开发对丹霞山植被的影响研究[J]. 地理学报,1999,53(6):554-561.

[170] 刘春艳,李文军. 自然保护区旅游的非污染生态影响评价[J]. 中国环境科学,2001,21(5):399-403.

[171] 董成森. 森林型风景区旅游环境承载力研究——以武陵源风景区为例[J]. 经济地理,2009,29(1):160-164.

[172] 刘继韩. 对承德避山庄旅游环境保护的意见[J]. 旅游学刊,1999,(2):42-43

[173] 张成渝,谢凝高. 真实性和完整性原则与世界遗产保护[J]. 北京大学学报(哲学社会科学版),2003,40(2):65.

[174] 章锦河. 基于生态足迹的区域旅游环境影响研究[M]. 合肥：安徽人民出版社，2009.04，153.

[175] 谢风媛. 省域旅游业发展差异及对经济增长的影响研究[D]. 大连市：大连理工大学，2010.

[176] 王红国，李娟文. 我国旅游业综合实力评价及地域分异规律研究[J]. 湖北大学学报（自然科学版），2004，（4）：360-363.

[177] 顾江，侯祥鹏. 我国省际旅游业综合发展实力比较研究——兼论江苏旅游业的发展[J]. 产业经济研究，2005，（4）：72-78.

[178] 林强. 区域旅游业发展水平评价研究[D]. 济南市：山东大学，2008

[179] 钱磊. 中国旅游业发展的省区差异及变化分析[D]. 上海市：华东师范大学，2012.

[180] 陈怡宁. 耦合视角下的旅游城市成长理论与实证研究. 北京市：北京交通大学，2014.

[181] 王新越，秦素贞，吴宁宁. 新型城镇化的内涵、测度及其区域差异研究[J]. 地域研究与开发，2014，（4）：69-75.

[182] 叶裕民，黄壬侠. 中国新型工业化与城市化互动机制研究[J]. 西南民族大学学报（人文社科版），2004，（6）：1-10

[183] 李明秋，郎学彬. 城市化质量的内涵及其评价指标体系的构建[J]. 中国软科学，2010，（12）：182-186.

[184] 方创琳，王德利. 中国城市化发展质量的综合测度与提升路径[J]. 地理研究，2011，（11）：1931-1946.

[185] 曾志伟，汤放华，易纯，宁启蒙. 新型城镇化新型度评价研究——以环长株潭城市群为例[J]. 城市发展研究，2012，（3）：125-128

[186] 陈怡宁. 耦合视角下的旅游城市成长理论与实证研究. 北京市：北京交通大学，2014.

[187] 樊欢欢，张凌云. EVIEWS 统计分析与应用[M]. 北京市：机械工业出版社，2009.

[188] 刘佳，奚一丹. 长三角滨海旅游经济差异时空演化及形成机理[J]. 华中师范大学学报（自然科学版），2015，04：630-639.

[189] 廖重斌. 环境与经济协调发展的定量评判及其分类体系——以珠江三角洲城市群为例[J]. 热带地理，1999，19（2）：171-177.

[190] 中国文庙文化遗产价值及利用研究[D]. 山东大学，2008.45-50.

[191] 张广海,闫颖. 基于 VAR 模型的旅游业与城市经济发展相关性分析——以世界遗产地曲阜为例[J]. 江苏商论,2015,03:65-71.

[192] 唐晓华,李绍东. 中国装备制造业与经济增长实证研究[J]. 中国工业经济. 2010,(12):27-36.

[193] Oh C. O. The contribution of tourism development to economic growth in the Korean economy[J]. Tourism Management,2005,26(01):39-44.

[194] 李云鹏,胡中州,黄超,段莉琼. 旅游信息服务视阈下的智慧旅游概念探讨[J]. 旅游学刊,2014,05:106-115.

[195] 管倩. 智慧旅游提升旅游体验途径研究[D]. 北京林业大学,2013.

[196] 熊亚丹. 旅游城市化与城市旅游化关系探讨——兼论城市与旅游互动发展的保障路径构建[J]. 商业时代,2013,18:127-129.